《医学生职业发展与创新创业指导》
编审人员

主　审　熊泽金　胡旺平

主　编　胡　芳　季春元

副主编　谢　平　袁先雄　李尔舒

编　委　（以姓氏汉语拼音为序）

韩　旭　胡　芳　季春元　李尔舒　罗雪芹

王阿楠　王　慧　王　涛　王　颖　谢　平

杨璐榕　尹文娟　袁先雄　张　祝

医学生职业发展
与创新创业指导

主编 胡 芳 季春元

中国教育出版传媒集团

高等教育出版社·北京

内容提要

本教材分为上、下两篇。上篇从立德树人的角度出发,引导医学生树立正确的职业价值取向,掌握培养医学职业能力及社会适应能力的方法等。此外,在使医学生掌握求职材料准备、求职技巧运用的同时,教会医学生合理地规划大学生活,科学地规划职业生涯,引导学生珍惜、利用好大学时光。下篇为医学生的创新创业教育。创新教育从创新精神培养入手,介绍培养创新思维的具体方法,具有很强的实用性;创业教育重点培养医学生的创业精神和实践能力,鼓励医学生进行力所能及的创业实践,响应国家"大众创业、万众创新"的号召。

全书在党的二十大精神指引下,理论联系实际,语言简明,案例丰富,对高职医学生就业和创新创业具有很强的指导性,适合高等职业教育医药卫生类各专业使用。

图书在版编目(CIP)数据

医学生职业发展与创新创业指导 / 胡芳,季春元主编. --北京:高等教育出版社,2023.5(2025.7重印)
    ISBN 978 - 7 - 04 - 060177 - 0

    Ⅰ.①医… Ⅱ.①胡… ②季… Ⅲ.①医学院校-大学生-职业选择-教材 Ⅳ.①G647.38

中国国家版本馆 CIP 数据核字(2023)第 035659 号

医学生职业发展与创新创业指导

YIXUESHENG ZHIYEFAZHAN YU CHUANGXINCHUANGYE ZHIDAO

策划编辑	吴　静	责任编辑	陈鹏凯	封面设计	马天驰	版式设计　徐艳妮
责任校对	张　然	责任印制	刘弘远			

出版发行	高等教育出版社		网　　址	http://www.hep.edu.cn
社　　址	北京市西城区德外大街 4 号			http://www.hep.com.cn
邮政编码	100120		网上订购	http://www.hepmall.com.cn
印　　刷	天津鑫丰华印务有限公司			http://www.hepmall.com
开　　本	787mm×1092mm　1/16			http://www.hepmall.cn
印　　张	12.75			
字　　数	300 千字		版　　次	2023 年 5 月第 1 版
购书热线	010-58581118		印　　次	2025 年 7 月第 3 次印刷
咨询电话	400-810-0598		定　　价	39.00 元

前　言

党的二十大报告指出,坚持为党育人、为国育才,全面提高人才自主培养质量。为紧跟时代步伐,顺应实践发展,以满腔热忱对待一切新生事物,拓展认识的广度和深度,我们不断创新高职医学生就业与创新创业教育教学理念,组织编写了本书。

当前,高职医学生就业面临着用人单位新增岗位不足,对学历层次要求提高等外部挑战,也存在就业、择业观固化,创新创业动能不足等自身因素。因此,帮助高职医学生树立科学的就业观、择业观、创新创业观,提高其就业能力、就业质量、创业能力,拓宽其职业规划和职业发展思路,显得迫切而重要。

近年来,有关大学生职业发展和创新创业教育方面的教材多如雨后春笋,但能为高职医学生提供科学的就业指导和创新创业教育的教材却不多。本书编写组与时俱进,以党的二十大精神为指引,紧紧把握就业创业教育的形势变化,在"学习金字塔理论"和"以学生为中心教学法理论"的基础上,结合新时代高职医学生的特点,开发了更具针对性和实效性的《医学生职业发展与创新创业指导》。

本书立足于高职医学生的实际需要,内容既有普适性,也有针对性。本书上篇主讲医学生的职业生涯规划,注重使学生在学业、自我管理、社会实践、社会适应等方面有所获益,激励高职医学生利用好大学时期宝贵的时光,培养自主学习能力、树立终身学习的理念,全面完善自我、发展自我;树立科学的职业观,掌握求职择业的方法和技巧,具备可持续发展的职业能力。下篇重点培养医学生的创新创业能力,提升综合素质。从培养创新意识和创新精神入手,使高职医学生掌握创新思维的特点、创造性思维的方法,充分发掘自身潜力,在此基础上传授其创业知识、创业技巧,利用好专业知识和专业特长,拓宽自己的职业领域。

本书编写分工如下:袁先雄、王阿楠第一章;谢平、李尔舒、杨璐榕第二章;王颖第三章;罗雪芹、尹文娟第四章;张祝第五章;韩旭第六章;胡芳第七章;王涛第八章;王慧第九章;季春元第十章。全书由熊泽金、胡旺平主审,由季春元、胡芳审校定稿。

创新创业教育仍有许多开拓性的工作需要不断探索,在使用本书的过程中,恳请业内专家和广大师生不吝赐教,使本书不断完善,更加有利于学生的职业发展。

编　者

2022 年 12 月

目　　录

上篇　医学生职业规划与就业教育

下篇　医学生创新创业教育

上篇　医学生职业规划与就业教育

第一章　绪　　论

第一节　职业的相关概念

一、职业、职业生涯、就业

(一) 职业

1. 职业的含义

职业是人类社会发展到一定阶段的产物,是指人们从事相对稳定的、有收入的、专门类别的社会劳动。职业是人的一种社会活动和生活方式,又是一种经济行为。它对于每个人都极为重要,是一个人社会地位的一般性表现,也是一个人的权利、义务和职责。

人们从不同的角度出发,对职业的概念有不同的论述。中国自古就有"职业"一词,从词义的角度解释,"职"有"社会责任""权利与义务"的含义,而"业"则是以某种特殊的技能"从事某种业务""完成某种事业"。美国社会学家塞尔兹认为,职业是一个人为了不断地取得收入而连续从事的具有市场价值的特殊活动,这种活动决定着从事它的那个人的社会地位。杜威从实用主义哲学观点出发,认为职业是人们可以从中得到利益的一种生存活动。日本职业专家保谷六郎认为,职业是有劳动能力的人为了生活而发挥个人能力,向社会贡献而连续从事的活动。

2. 职业的分类

世界各国国情不同,其划分职业的标准有所区别。

(1) 国外的分类:根据西方国家的一些学者提出的理论,在国外职业一般有 3 种分类方法。

1) 按脑力劳动和体力劳动的性质、层次进行分类。这种分类方法把工作人员划分为白领工作人员和蓝领工作人员两大类。白领工作人员包括技术人员、管理人员、办事员、推销员、打字员、速记员、文书、会计、店员、教师、医师、律师、普通职员等;蓝领工作人员包括工矿工人、农业工人、建筑工人、码头工人、仓库管理员等。这种分类方法明显地表现出职业的等级性。

2)按心理的个别差异进行分类。这种分类方法是根据美国著名的职业指导专家霍兰德创立的"人格-职业"类型匹配理论,把人格类型划分为6种,即现实型、研究型、艺术型、社会型、企业型和常规型,与其相对应的是6种职业类型。

3)依据各个职业的主要职责或"从事的工作"进行分类。这种分类方法比较普遍,以两种代表示例。其一,是国际标准职业分类,它把职业由粗至细分为4个层次、8个大类、83个小类、284个细类、1 506个职业项目,总共列出职业1 881个。其中8个大类是:① 专家、技术人员及有关工作者;② 政府官员和企业经理;③ 事务工作者和有关工作者;④ 销售工作者;⑤ 服务工作者;⑥ 农业、牧业、林业工作者及渔民、猎人;⑦ 生产和有关工作者、运输设备操作者和劳动者;⑧ 不能按职业分类的劳动者。这种分类方法便于提高国际职业统计资料的可比性和国际交流。其二,是加拿大《职业岗位分类词典》的分类,它把分属于国民经济中主要行业的职业划分为23个主类,主类下分81个子类,489个细类,7 200多个职业。此种分类对每种职业都有定义,逐一说明了各种职业的内容及从业人员在普通教育程度、职业培训、能力倾向、兴趣、性格以及体质等方面的要求,有较大的参考价值。

(2)我国的职业分类:根据人力资源和社会保障部颁布的《中华人民共和国职业分类大典》(2022年版),可将我国职业归为8个大类、79个中类、449个小类、1 636个职业。与2015年版相比,2022年版维持8个大类总体结构不变,增加了法律事务及辅助人员等4个中类、数字技术工程技术人员等15个小类、"碳汇计量评估师""乡村建设工匠""电力交易员"等。取消职业包括"电报业务员"等。

3. 职业的基本特征

根据职业产生的发展历史及其对人类社会发展的影响,职业具有以下特征:

(1)产业性:一个国家,一个社会,就大的方面可以分为三类产业。第一产业和第二产业都是物质生产部门,第三产业虽然并不生产物质财富,但却是社会物质生产和人民生活必不可少的部门。在传统农业社会,农业人口比重最大;在工业化社会,工作领域中的职业数量和就业人口显著增加;在科学技术高度发达和经济发展迅速的社会,第三产业职业数量和就业人口显著增加。

(2)行业性:行业是根据生产工作单位所生产的物品或提供服务的人不同而划分,它是按企业、事业单位、机关团体和个体从业人员所从事的生产或其他社会经济活动性质的同一性来分类。某行业的职业内部,其劳动条件、工作对象、生产工具、操作内容相同或相近。由于环境的同一,人们就会形成同一的行为模式,有共同的语言习惯和道德规范。不同职业间存在着很大的差异,劳动条件、工作对象、工作性质等都不相同。随着社会的进步和发展,新的职业(如经纪人等)将会不断涌现,各种职业间的差异也会不断变化。

(3)职位性:职位是指一定的职权和相应责任的集合体。职权和责任是组成职位的两个基本要素。职权相同,责任一致,就是同一职位。在职业分类中每一种职业都含有职位的特性。从社会需要角度来看,职业并没有高低贵贱之分,但是现实生活中由于对从事职业的素质要求不同以及人们对职业的看法或舆论的评价不同,职业便有了层次之分,这种职业的不同层次往往是由于不同职业体力和脑力劳动的付出、收入水平、工作任务的轻重、社会声望、权力地位等因素决定的。

（4）组群性：无论以何种依据来划分职业都带有组群特点。如科学研究人员中包含哲学、社会学、经济学、理学、工学、医学等工作者；再如咨询服务事业包括科技咨询工作者、心理咨询工作者、职业咨询工作者等。

（5）时空性：随着我国人口老龄化程度持续加深和新冠疫情影响，职业化变迅速，人力资源社会保障部、国家市场监督管理总局、国家统计局联合发布新增老年健康评估师、核酸检测员、社群健康助理员、食品安全管理师等职业。除弃旧更新外，同一种职业的活动内容和方式也会发生变化，所以职业的划分带有明显的时代性，不同时代有不同的热门职业。我国就业曾出现过的"参军热""公务员热"，后又发展到"下海热""外企热"等，都反映出特定时期人们对某种职业的热衷程度。

4. 职业的要素

根据职业的定义，职业由下列要素构成。

（1）职业名称：职业的符号特征，它一般由社会通用的称谓来命名，如医师、教师。

（2）职业主体：从事一定社会分工的劳动者，必须具有承担该职业活动所需的资格和能力。

（3）职业客体：职业活动的工作对象、内容、劳动方式和场所等。

（4）职业报酬：通过职业活动所取得的各种报酬。

（5）职业技术：劳动者在从事职业活动中所运用的自然技术、社会技术和思维技术的总和。职业要素体现了职业是整体与个体的连接点，社会整体依靠个体通过职业活动来推动和实现发展目标，个体则通过职业活动对整体作出贡献，并获取一定的回报以维持生活。整个社会因众多的职业分工和劳动者的工作而构成人类共同生活的基本结构。

5. 职业与专业的对应关系

由于社会的分工，人们从事着不同的工作，在国民经济不同的产业、行业领域中有成千上万种不同的职业。专业是学业门类，它是从学科与技术的角度进行划分的。尽管专业和职业有很大的不同，但两者之间是密切相连的。不管学什么专业，大体上可以知道将来要从事的职业领域。如学工科的可以在不同的产业或行业中担任技工、技术员、技师等；学服务的可以担任服务员、营业员、售票员等；学医药卫生专业的，可以担任医师、护士、药剂师等。

专业与职业的对应关系是：一个专业可以对应一个具体的职业，也可以对应一个职业群，或几个相关的职业群。如医药院校的临床医学专业，可以在医院做临床医师、保健师，也可以从事预防检验、卫生防疫、卫生科普宣传等相关工作，还可以个体开诊所，当个体医师。

职业群一般由基本操作技能相通，工作内容、社会作用以及从业者所应该具备的素质接近的若干个职业所构成。作为一个医学院校的大学生，所学的专业所对应的职业群有以下几类：

（1）临床医学专业所对应的职业群：临床医师、保健师、预防检验、卫生防疫、卫生科普宣传等。

（2）护理专业所对应的职业群：临床护理、家庭护理、康复保健、预防检验、卫生防疫、卫生科普宣传等。

（3）药剂专业所对应的职业群：医院药房、零售药店、药品生产、药品化验检验、药品营销、药品科普宣传等。

（4）医学影像、影像技术专业所对应的职业群：医学影像诊断、医疗器械维修、医疗器械销售等。

（5）康复治疗技术专业所对应的职业群：康复治疗保健按摩、康复保健指导、康复科普宣传等。

（6）医疗美容技术专业所对应的职业群：美容技师、美容导师、美容讲师和美容督导等。

（二）职业生涯

职业生涯是指一个人在工作、生活中所经历的职业或职位的总称。有的学者认为，职业生涯包括人的一生中与工作相关的活动、行为、态度、价值观、愿望等，是一个有机整体。一个人的职业生涯是一个漫长的、动态的过程，可以遵循传统观念，一生只从事一种职业，持续而稳定地在该岗位上晋升；也可以根据个人的兴趣、能力、价值观及工作环境的变化而经历不同的岗位、职业，甚至行业。由于每个人受到家庭、民族、国度等环境的影响不同，接受的教育不同，思想、观念、价值观等方面的不同，使职业生涯具有不同的个性色彩。

英国著名剧作家、诗人莎士比亚认为，人生就是一部作品，谁有生活理想和实现的计划，谁就有好的情节和结尾，谁便能写得十分精彩和引人注目。职业生涯是人生中追求自我实现的重要阶段。人的生命价值，在一定意义上说，就在于其职业生涯方面的成就和成功。在一个人有限的生命中，职业生涯往往占有绝对重要的位置。有统计资料显示，大部分人职业生涯时间占可利用社会时间的 70%~90%，伴随我们的大半生，甚至更长。拥有成功的职业生涯才可能实现完美人生，因此，职业生涯对人生具有重要的意义。

首先，职业生涯是满足人生需求的重要手段。现代人大部分时间是在社会组织中度过的，作为个人生命中投入时间和精力最多的人生组成部分，职业生涯使我们体验到幸福和快乐；相对而言，人的素质越高，精神需求就越多，对职业生涯的期望也就越大。

其次，职业生涯是促进人的全面发展的重要手段。现代人追求全面发展，随着生活水平的提高，人们的自我意识逐步增强；人们在渴望拥有健康、知识、能力、良好的人际关系的同时，也渴望事业上有所建树，并享有幸福和谐的家庭生活和丰富多彩的休闲时光。

（三）就业

就业是指具有劳动能力的公民在法定的劳动年龄内，依法取得从事某种比较稳定报酬的社会劳动的过程。就业应具备 3 个基本条件：① 从事社会劳动；② 得到社会承认；③ 要有一定的报酬或收入。

《教育部办公厅关于进一步做好普通高校毕业生就业统计与核查工作的通知》（教学厅函〔2021〕19 号）将高校毕业生的就业去向划分如表 1-1 所示。

表 1-1　高校毕业生就业去向统计分类

分类	包含内容	包含的毕业去向
就业	协议和合同就业	签就业协议形式就业
		签劳动合同形式就业
		应征义务兵
		科研助理、管理助理（区分具体情况）
		国家基层项目（区分具体情况）
		地方基层项目（区分具体情况）
	自主创业	自主创业
	灵活就业	其他录用形式就业
		自由职业

分类	包含内容	包含的毕业去向
升学	升学	升学(区分具体情况) 出国、出境
未就业	暂不就业	不就业拟升学 其他暂不就业(区分具体情况)
	待就业	待就业(区分具体情况)

二、行业

(一)行业的含义

行业是指其按生产同类产品或具有相同工艺过程或提供同类劳动服务划分的经济活动类别,如饮食行业、服装行业、机械行业等。《国民经济行业分类》(GB/T 4754—2022),将行业划分为 20 个门类,97 个大类。这 20 个门类依次为:A 农、林、牧、渔业;B 采矿业;C 制造业;D 电力、热力、燃气及水生产和供应业;E 建筑业;F 批发和零售业;G 交通运输、仓储和邮政业;H 住宿和餐饮业;I 信息传输、软件和信息技术服务业;J 金融业;K 房地产业;L 租赁和商务服务业;M 科学研究和技术服务业;N 水利、环境和公共设施管理业;O 居民服务、修理和其他服务业;P 教育;Q 卫生和社会工作;R 文化、体育和娱乐业;S 公共管理、社会保障和社会组织;T 国际组织。

(二)行业发展的规律

行业的发展必然遵循由低级的自然资源开采利用和低级的人工劳务输出,逐步转向规模经济、科技密集型、金融密集型、人才密集型、知识经济型;从输出自然资源,逐步转向输出工业产品、知识产权、高科技人才等。

(三)医疗卫生行业的前景

随着人口的老龄化和民众生活的日益富裕,医疗卫生服务行业将成为最有前景的行业之一。不仅是医师和护士,营养师、美容师、按摩师、针灸师、家庭护士都将成为热门职业,医疗卫生行业的丰厚收入将与旅游业和娱乐业的收入相媲美。

三、职位

(一)职位的含义

职位是指企业赋予每个员工的工作职务及其所承担的责任。职位是企业人力资源管理的基础性工作,是人力资源管理的基本单位。

职位以“事”为中心,因事设人,将不同工作任务、责任分配给与此要求相适应的不同员工。凡是某项工作需要有专人执行并承担责任,就应设置一个职位,随着工作任务的变化,职位也相应变化,而不是一成不变的。

(二)职位的构成

职位由以下三要素构成:

1. 职务

职务是指规定承担的工作任务,或为实现某一目标而从事的明确的工作行为。

2. 职权

职权是指依法或企业的规定所赋予职位的相应权利,以提供完成某项工作任务的保障。

3. 责任

责任是指承担一定职务的员工,对其工作标准与要求的同意或承诺。

(三)职位的特点

1. 人与事结合

因事设人,是任务与责任的统一。换而言之,人们从事某项具体工作,就要有明确的工作目标,以及保证该目标实现的工作标准、原则与具体要求。

2. 数量有限

企业行为受预算约束,追求经济合理性,才能保证其投入与产出保持最佳比例关系,以实现良好的经济效益。职位的数量有限体现成本最低原则。因此,职位设置不可能是无限制的。

3. 职位分类

职位虽有千差万别,但可依据业务性质、工作难易、所需教育程度及技术水平高低等尺度进行分类,以此作为人力资源管理的依据。

四、岗位

(一)岗位的含义

岗位是组织为完成某项任务而确定的,由工种、职务、职称和等级内容组成。

(二)岗位与职位的区别

岗位与职位有明显的不同。首先,按照"职位"的定义,职位是组织重要的构成部分,泛指一个阶层(类),面更宽泛,而岗位则具体得多。职位是按规定担任的工作或为实现某一目的而从事的明确工作行为,由一组主要职责相似的岗位所组成。职位是随组织结构来定的,而岗位是随事来定的,也就是常说的因事设岗。岗位是组织要求个体完成的一项或多项责任以及为此赋予个体的权力的总和。一个职位一般是将某些任务、职责和责任组为一体;而一个岗位则是指由一个人所从事的工作。

岗位与人对应,通常只能由一个人担任,一个或若干个岗位的共性体现就是职位,即职位可以由一个或多个岗位组成。例如,医院护理部门的护士是一个职位,这个职位由很多岗位的员工担任;如果具体到某个科室就是岗位,如外科护士、内科护士、康复科护士、儿科护士等岗位。

(三)岗位的具体特征

岗位描述就是确定岗位工作的具体特征,它包括以下几个方面的内容:

1. 岗位名称

岗位名称是指岗位所从事的具体工作。

2. 岗位活动和程序

岗位活动和程序包括所要完成的工作任务、工作职责、完成工作所需要的资料和机器设备与材料、工作流程、工作中与其他工作人员的正式联系以及上下级关系。

3. 工作条件和物理环境

工作条件和物理环境包括正常的温度、适当的光照度、通风设备、安全措施、建筑条件，甚至工作的地理位置。

4. 社会环境

社会环境包括工作团体的情况、社会心理气氛、同事的特征及相互关系、各部门之间的关系等，还包括工作单位内部以及附近的文化和生活设施情况。

5. 职业条件

由于人们常常根据职业条件来判断和解释职务描述中的其他内容，因而这部分内容特别重要。职业条件说明了工作的各方面特点：工资报酬、奖金制度、工作时间、工作季节性、晋级机会、进修和提高的机会，该工作在本组织中的地位以及与其他工作的关系等。

五、国家职业资格证书

国家职业资格证书是劳动就业制度的一项重要内容，也是一种特殊形式的国家考试认证制度。它是指按照国家制定的职业技能标准或任职资格条件，通过政府认定的考核鉴定机构，对劳动者的技能水平或职业资格进行客观公正、科学规范的评价和鉴定，对合格者授予相应的国家职业资格证书。职业资格证书是表明劳动者具有从事某一职业所必备的学识和技能的证明。它是劳动者求职、任职的资格凭证，是用人单位招聘、录用劳动者的主要依据，也是境外就业、对外劳务合作人员办理技能水平公证的有效证件。

《中华人民共和国劳动法》第八章第六十九条规定："国家确定职业分类，对规定的职业制定职业技能标准，实行职业资格证书制度，由经过政府批准的考核鉴定机构负责对劳动者实施职业技能考核鉴定。"《中华人民共和国职业教育法》第一章第八条明确指出："实施职业教育应当根据实际需要，同国家制定的职业分类和职业等级标准相适应，实行学历文凭、培训证书和职业资格证书制度。"这些法规确定了国家推行职业资格证书制度和开展职业技能鉴定的法律依据。开展职业技能鉴定，推行国家职业资格证书制度，是落实党中央、国务院提出的"科教兴国"战略方针的重要举措，也是我国人力资源开发的一项战略措施，同时还是贯彻《中华人民共和国劳动法》《中华人民共和国职业教育法》的重要表现。这对于提高劳动者素质，加强技能人才培养，促进劳动力市场的建设以及深化国有企业改革，促进经济发展都具有重要的意义。

医学类及相关医学类的职业资格证书根据有关法律规定，需要通过卫生健康委组织的全国统一考试，合格者发给相应的执业资格证书。医疗卫生行业职业资格证书包括：① 劳动部门证书（适合医学生申请鉴定）：保健按摩师、公共营养师、健康管理师、口腔修复体制作工、美容师、心理咨询师、养老护理员、育婴员、中药材种植员、中药调剂员、中药购销员、中药固体制剂工、中药检验工、中药炮制工、足部按摩师、药品购销员、保育师等。② 卫生部门证书：临床执业医师、临床助理执业医师；口腔执业医师、口腔助理执业医师；中医执业医师、中医助理执业医师；护士执业；药师执业等资格证书。

此外，人事部门还有技术职称证书，卫生技术人员的技术职称分为初级、中级、高级，主要有：① 临床医师：初级职称为医士、住院医师；中级职称为主治医师；高级职称为副主任医师、主任医师。② 护士：初级职称为护士、初级护师；中级职称为主管护师；高级职称为副主任护师、主任护师。③ 医技科室的人员（如检验、药剂等）：初级职称（检验技士、检验技师，药剂士、药剂师);中级职称(主管检验技师,主管药师);高级职称(副主任检验师、主任检验师,副主任药师、主任药师等)。

第二节　医学毕业生就业形势

医学院校的毕业生就业主要面向医药行业。医药行业是按国际标准划分的 15 类国际化产业之一,被称为"永不衰落的朝阳产业"。随着普通高等医学院校的招生人数不断上升,势必使医学毕业生的就业问题越来越突出,例如医学毕业生供应量剧增与社会需求量有限增加之间的矛盾,医学毕业生供需的专业、区域、学历层次等结构性矛盾。

一、医学毕业生就业特点

近年来,医学毕业生的就业形势日趋严峻,在全国就业排名中,医学类专业已连续多年成为就业较为困难的专业之一。医学毕业生作为高层次的专业人才资源,其就业过程是国家卫生人力资源配置过程中最重要的环节,合理配置与否直接关系到我国卫生改革战略的实施,关系到高等医学教育自身的可持续发展,也关系到医学生的就业问题。目前,医学生"无岗可以就"与基层"有岗无人就"的结构性矛盾,理应引起政府及社会各方人士的高度重视。

（一）就业岗位层次提高、数量趋于饱和

经济较为发达的城市对医学毕业生的需求较少,因为经济发达地区的医疗事业起步早,发展比较成熟稳定,特别是这些城市的公立医院,基本上都是人才饱和了的,每年进的人很少,门槛较高。中小城市因为医疗事业正处于不断提升发展的阶段,对人才的需求量则相对较大。有关资料分析,北京、上海、广州等大城市对医学毕业生的需求情况是:研究生以上学历呈上升趋势,本科生基本持平但略有下降,专科生则下降明显,只有一些麻醉、影像、检验等医技方面特别优秀的专科毕业生稍有机会。此外,大多数医疗单位在招聘时,都希望招到有执业医师资格、已有工作经验的人才,这给医学类应届毕业生就业又增加了难度。

（二）考研人数大幅度攀升

随着人们对高学历人才越来越看重,以及医疗单位招聘的要求越来越高,近年来,在毕业意向的选择上,突出的一个特点是考研人数大幅度上升。考研似乎已经成为医学类专业毕业生的最佳选择,大家期望通过考研提高学历,也可以避过就业高峰。另外,就业时很多医疗单位对专业的限制使得毕业生不得不偏离自己的专业领域,根据市场需求重新选择专业方向,从而加入考研的大军。考研的竞争一年比一年激烈,同时也是各医学院校的整体优势以及医学毕业生的个体优势的较量,报考名牌医学院校的竞争难度越来越大,甚至比高考难度还要大。

（三）住院医师规范化培训制度为医学毕业生就业、择业创造条件

医学院校毕业后直接进入医院工作一直是我国医学生就业的普遍模式,自 2010 年起住院医师规范化培训制度为医学毕业生创造了新的条件和环境。《关于公立医院改革试点的指导意见》提出,逐步探索建立符合医学人才成长规律、适应我国国情的住院医师规范化培训制度,把住院医师培训作为全科医师、专科医师培训的必经环节。

住院医师规范化培训是医学教育的特有阶段,是医学专业毕业生完成院校教育后,接受

以提高临床技能为主的系统、规范的教育阶段,是医学生成长为合格临床医师的必由之路。以先期试点城市上海为例,培训对象为具有本科以上学历,拟从事临床工作的医学毕业生,培训时间为 3 年。培训对象的工资待遇和绩效奖励按照其学历和资历情况,对照其所在培训医院同类人员水平发放,同工同酬。培训期间依法参加养老、医疗、失业、生育、工伤、公积金等社会保障,享受国家法律法规规定的以及聘用合同约定的相关福利待遇。作为培训制度的配套政策,上海市各医院的临床岗位将是否有住院医师规范化培训合格证书作为基本条件,从而保证学员们完成培训后有足够的工作岗位。

(四)基层就业的政策保障将给医学毕业生带来更大动力

随着基层医院工作条件的改善、工资福利待遇的提高、社会保障机制的不断健全,医学毕业生基层就业的动力将会不断提高。

(五)医学小专业毕业生和男护士就业形势趋好

根据近几年招聘会的需求信息反馈,虽然从总数上看还是临床医学专业需求人数最多,但医学类专业中的小门类,例如影像、检验、麻醉等医学小专业的毕业生受到基层医院的青睐,市场需求也越来越旺,就业形势趋好。

另外,护理专业男生比较少,在体力方面,男护士也比女护士更有优势,例如急诊室、手术室、ICU 都比较需要男性;在急救方面,男性的行动和反应也相对要迅速得多。因此,男护生的就业前景也比较乐观。

(六)中医药类健康服务专业人员需求持续增加

2022 年 9 月健康中国行动推进办、国家卫生健康委办公厅、国家中医药局办公室联合印发的《健康中国行动中医药健康促进专项活动实施方案》指出,加强二级以上中医医院治未病科建设,鼓励有条件的二级以上中医医院、综合医院中医科和基层医疗卫生机构,开展膏方和三伏贴服务。在妇幼保健机构全面开展中医药服务,到 2025 年,三级和二级妇幼保健院开展中医药专科服务的比例达到 90% 和 70%。有条件的医疗卫生机构规范开展小儿推拿,支持医护人员参加小儿推拿培训。加强基本公共卫生服务老年人中医药健康管理,到 2025 年,65 岁以上老年人中医药健康管理率达到 75%。基层医疗卫生机构在家庭医师签约服务包中增加中医药服务相关内容,对家庭医师团队开展中医药诊疗服务能力的技能培训。面向家庭和个人,推广四季养生、节气养生、食疗药膳等中医药养生保健知识、技术和方法,推广艾灸等一批简单易行、适宜家庭保健的中医适宜技术。

二、医学毕业生就业新机遇

美国著名经济学家保罗·皮尔泽在《财富第五波》中预测,随着生命科学和生物技术的发展,涵盖医疗卫生、营养保健、健身等功能的健康服务产业必将成为 21 世纪引导全球经济发展和社会进步的朝阳产业。目前,在发达国家和地区,健康服务业已经成为现代服务业的重要组成部分,如美国健康服务业规模已占到国内生产总值比例的 17% 以上,其他经济合作与发展组织国家一般达到 10% 左右,而我国目前的水平还较低。

随着我国经济社会平稳较快发展,人民生活水平显著提升,人人向往和追求健康、美好生活的愿望更加强烈,健康服务需求快速释放,且呈现多层次、多样化的特点,健康消费需求也由单一的疾病治疗型,向疾病预防型、养生保健型和健康促进型转变。可以说,我国经济社会发展现阶段,已经对发展健康服务业提出了客观需要。

2016 年 10 月 25 日,国务院印发的《"健康中国 2030"规划纲要》指出,工业化、城镇化、人口老龄化、疾病谱变化、生态环境及生活方式变化等,给维护和促进健康带来一系列新的挑战,健康服务供给总体不足与需求不断增长之间的矛盾依然突出。健康是促进人的全面发展的必然要求,是经济社会发展的基础条件。全民健康是建设健康中国的根本目的。要覆盖全生命周期,实现从胎儿到生命终点的全程健康服务和健康保障,全面维护人民健康。因此,医学毕业生在就业领域和就业方向上有了更加多元化的选择。

首先,国家将推进和实现非营利性民营医院与公立医院同等待遇。个体诊所设置不受规划布局限制。逐步扩大外资兴办医疗机构的范围。加大政府购买服务的力度,支持保险业投资、设立医疗机构,推动非公立医疗机构向高水平、规模化方向发展,鼓励发展专业性医院管理集团。加强政府监管、行业自律与社会监督,促进非公立医疗机构规范发展。

其次,国家积极促进健康与养老、旅游、互联网、健身休闲、食品融合,催生健康新产业、新业态、新模式。发展基于互联网的健康服务,鼓励发展健康体检、咨询等健康服务,促进个性化健康管理服务发展,培育一批有特色的健康管理服务产业。规范发展母婴照料服务。培育健康文化产业和体育医疗康复产业。大力发展中医药健康旅游。打造一批知名品牌和良性循环的健康服务产业集群,扶持一大批小微企业配套发展。

再次,调整优化适应健康服务产业发展的结构,养老护理员、康复治疗师、心理咨询师等健康人才需求增加。加强社会体育指导员队伍建设,到 2030 年,预计实现每千人拥有社会体育指导员 2.3 名。

第三节　大学生就业扶持政策

政府为了促进我国人才结构的平衡而出台了一系列关于大学生到基层、到中小城市企业、到农村、到西部等地区去就业的鼓励性措施。这些就业扶持政策主要包括以下方面。

一、鼓励高校毕业生到基层、中西部地区就业

对到农村基层和城市社区公益性岗位就业的,给予社会保险补贴和公益性岗位补贴;对到农村基层和城市社区其他社会管理和公共服务岗位就业的,给予薪酬或生活补贴。

对到中西部地区和艰苦边远地区县以下农村基层单位就业并履行一定服务期限的,由政府补偿学费,代偿助学贷款。

对有基层工作经历的,在研究生招录和事业单位选聘时优先录取。

对参加"选聘高校毕业生到村任职""三支一扶(支教、支农、支医和扶贫)""大学生志愿服务西部计划"和"农村义务教育阶段学校教师特设岗位计划"等项目的,给予生活补贴,按规定参加社会保险;项目服务期满并考核合格的,报考硕士研究生初试总分加 10 分,高职(高专)学生可免试入读成人本科;今后相应的自然减员空岗全部聘用参加项目服务期满的高校毕业生。

二、鼓励高校毕业生应征入伍服义务兵役

由政府补偿学费,代偿助学贷款。

在选取士官、考军校、安排到技术岗位等方面优先。

退役后参加政法院校为基层公检法定向岗位招生考试时,优先录取。

高职(专科)毕业生及在校生(含高校新生)应征入伍,退役后在完成高职(专科)学业的前提下,可免试入读普通本科,或根据意愿入读成人本科,自 2022 年专升本招生起执行。

退役后报考硕士研究生初试总分加 10 分;荣立二等功及以上的,退役后免试推荐入读硕士研究生。

三、积极聘用优秀高校毕业生参与国家和地方重大科研项目

高校毕业生在参与项目研究期间,享受劳务性费用和有关社会保险补助,户口、档案可存放在项目单位所在地或入学前家庭所在地人才交流中心。聘用期满,根据需要可以续聘或到其他岗位就业,就业后工龄与参与项目研究期间的工作时间合并计算,社会保险缴费年限连续计算。

四、鼓励和支持高校毕业生到中小企业就业和自主创业

对企业招用非本地户籍的普通高校专科以上毕业生,各地城市应取消落户限制(直辖市按有关规定执行)。

为到中小企业就业的高校毕业生提供档案管理、人事代理、社会保险办理和接续等方面的服务。

从事个体经营符合条件的,免收行政事业性收费并享受国家相关扶持政策。

登记失业并自主创业的,如自筹资金不足,可申请 5 万元小额担保贷款。对合伙经营和组织集体就业的,可按规定适当提高贷款额度。

参加创业培训的,按规定给予职业培训补贴。

灵活就业并符合规定的,可享受社会保险补贴政策。

五、强化对困难家庭高校毕业生的就业援助

就业困难和零就业家庭的高校毕业生,享受公益性岗位安置、社会保险补贴、公益性岗位补贴等就业援助政策。

机关、事业单位免收招聘报名费和体检费。

高校可根据实际情况给予适当的求职补贴。

对离校后未就业回到原籍的高校毕业生,由各地公共就业服务机构免费提供就业服务并组织就业见习和职业技能培训。

六、大学生社会保障政策

对于大学生就业,国家除了一系列促进就业的政策,还出台了一些有关的社会保障政策,以解除在就业上困难的大学生的后顾之忧,更好地支持和服务大学毕业生就业。

劳动保障部门关于大学生社会保障的相关政策主要有以下内容:将高校毕业生就业工作纳入当地就业工作整体规划,在宏观调控和增加就业岗位等方面进行统筹安排;积极组织实施"毕业生职业资格培训工程"和多种形式的创业培训,为毕业生自主就业创造条件;发挥公共职业介绍机构的作用,加强职业指导和就业信息服务,为高校毕业生择业提供更多帮助;加强失业登记和组织管理,对未就业和生活困难的高校毕业生,在失业、求职期间给予生

活和就业方面的帮助;加强劳动力市场的管理,为高校毕业生就业创造良好的环境。

七、就业指导服务政策

就业指导有狭义和广义之分。狭义的就业指导是给求职择业的劳动者传递就业信息,帮助其求职和择业,为其与职业的结合牵线搭桥。广义的就业指导就是为劳动者选择职业、准备就业以及在职业中求发展、求进步等提供知识、经验和技能的指导。它包括预测就业市场,汇集、传递就业信息,培养劳动技能,组织劳动力市场,以及推荐介绍和组织招聘等与就业有关的综合性社会咨询服务活动。在我国,就业指导还包括就业政策导向和与之相适应的思想工作。就业指导的目的是使无业者有业,有业者敬业,敬业者乐业,乐业者创业。

教育部《普通高等学校毕业生就业工作暂行规定》中明文规定高等学校的主要职责:对大学生开展毕业教育和就业指导工作。目前有的省市还出台了相关政策,对高校的就业指导服务课程、服务场地、服务经费等都提出了具体要求,使大学生就业指导有了行政资源上的充分保障。

还有一些以上没有涉及的,但与大学生就业相关的政策,一般都是一些特殊问题的处理原则。例如:人事代理制度、特殊毕业生就业政策、大学生参军入伍的有关规定等,它们和前面的政策一起构成完整的中国大学生就业政策。

第四节　学习本课程的意义和方法

一、学习本课程的意义

(一)帮助医学生树立正确的职业发展观

大学生在职业道路上要树立三个目标,即就业、成才、发展。首先要解决有工作做、能自食其力的问题,这是第一个目标。然后是把职业活动同成才结合起来,既要就业,又要有利于成长,这是第二个目标。一个人的职业生涯,一方面在进行职业活动,另一方面又在不断完善自己,使自己不断成才,即在工作中不断成长。第三个目标是职业发展目标。人们在成长中,他的自我价值与社会价值要达到最佳结合,成长与成就事业应达到最佳结合;要在前期学习、工作和经验积累的基础上,把事业的成功推向高潮。不同的人,表现出来的特点不同,是多样化的。第三个目标实现的时候,就是一个人的职业生涯达到辉煌的时候。就业指导就是要帮助学生树立正确的职业发展观,努力达成第三个目标。

(二)帮助医学生及早转变就业观念

就业观念正确与否,是决定大学生毕业时能否顺利实现就业的一个基本条件。有效的就业指导,能够帮助大学生树立正确的择业观,选择较为适合自己身心特点的职业,这对国家建设与社会发展,对大学生拓展奋斗领域、实现自身价值都具有积极意义。大学生最终必将走向社会,职业是人们介入社会的方式,个体的谋生手段,是个体实现人生价值的平台。大学生只有在社会中寻找到最适合自己的职业,才能发挥自身的潜能,体现出自我价值。与其说"就业困难",不如说是"就业迷茫"。

（三）帮助学生培养良好的就业心理

良好的就业心理是医学生求职就业成功必须具备的素质。面对严峻的就业形势,医学毕业生要充满自信,勇敢地去面对竞争,既不能妄自菲薄,缩手缩脚不敢"推销"自己,也不能狂妄自大,对单位挑三拣四,最终"高不成,低不就"。对待挫折要有充分的心理准备,摆正位置,调整心态,变压力为动力,使自己能从容、冷静地面对就业这一人生重大课题,并做出正确、理智的选择。

成熟的就业心理表现为:有明确的自我概念,以及观察、分析、解决问题的能力,喜欢用独立的眼光看待社会并做出解释,不愿意受到他人或成见的影响;对自我的评价趋于成熟,渴望将个人所学通过工作回报社会;对他人的正反两方面评价都给予足够重视,结合客观实际进行反思并吸取经验教训,不骄不躁,谦虚宽容;不断分析自己,用行动努力完善自己,产生出自我意识中的拼搏向上的力量等。

拓展阅读

在知识社会里,人的学习是第一需要,这就需要人们主动适应学习化社会,选择终身学习的策略。学校要把重点放在贯彻自学原则上,并要教会学生学会学习,现代化教育的本质就是确立学生在学习中的主体地位。在大学,必须把教育的对象变成自己教育自己的主体,受教育的人必须成为教育他自己的人;别人的教育必须成为这个人自己的教育。

主体性学习理论内涵十分丰富,但集中体现在教学理念的转变之中,主要可概括为下列转变。

教育功能观:从应试升学转变为培养素质。

教育质量关:从片面追求分数转变为促进全面发展。

学生观:从教育客体转变为教育主体。

教学观:从教学传授知识为主转变为以发展学生智能为主;从灌输模仿转变为学会学习;从重视经验积累转变为重发展、创新。

教师观:从以教师为中心转变为发挥主导作用。

——张大均《教育心理学》

（四）帮助医学生珍惜大学生活

学生从中学进入大学后,其人生轨迹发生较大的变化,无论从学习目的、方法,还是从生活、生理、心理环境和成长历程上都有别于原来的自我。目前,很多学生在初入大学时持有"大一先轻松一下,大二、三再努力也不迟"的心态,对自己的学业未来发展缺乏科学的规划,这往往成为他们面对就业压力时,感到手足无措的一个重要原因。本课程将帮助大学生专注于在校期间的学业规划、生活成长规划和社会实践规划,树立正确的就业与创业观,在充分认识自己的前提下,自我设计,自我规划,有目的地提升自己的就业与创业能力,同时结合专业学习,选择好自己今后发展的方向。

（五）帮助医学生正确认知自我

本课程有针对性地引导医学生理解兴趣、人格、能力与技能、需要和价值观等概念的内涵;了解能力、技能与职业的关系,兴趣与职业的关系,人格与职业的关系,价值观与职业的关系等。引导医学生将自己的综合优势与劣势进行对比分析,引导学生评估自己的现状,评估个人目标与现实之间的差距。分析自己的需求结构,前瞻与实际相结合的职业定位,有效地促进自己综合素质的发展与知识能力水平的提高。

（六）帮助提高医学生的职业能力

通过系统的课程学习,使医学生了解职业成功的因素——所需知识、技能及态度的变化;引导医学生建立自信的决心,学会收集、管理和使用就业信息,做出职业决策并制订个人行动计划;在课程中通过结构性的安排,让学生共同协作完成指定工作,以培养学生掌握求职择业的各种技能,即语言表达能力、人际沟通能力、分析判断能力、问题解决能力、创新能力、团队合作精神、责任感、组织管理能力以及客户服务等通用技能;注重就业指导教学实践活动的开展,以社会发展需求为标准,使学生自觉地把人才需求和自身就业能力的培养结合起来,全方位发展自己。

二、本课程的主要内容

医学生就业、创业教育可在大学期间人才培养的各阶段分年级逐步实施,帮助学生尽早在职业生涯规划、择业、就业、创业等方面获得相关的知识。

（一）医学专科生各年级的学习内容

一年级:学习就业理论。刚刚进入大学的新生,对大学的学习生活充满着美好的愿望,渴望通过3年的学习成长为有用之才,他们非常关心自己今后的就业问题,迫切希望了解所学专业与今后职业的关系,对学好专业、树立人生理想有着强烈的追求,因此,这个阶段是开展职业发展教育的最佳时期。大学一年级就业指导的内容主要有所学专业与职业发展方向、职业指导理论、社会职业和卫生人才市场的基本知识,了解专业知识及职业适应范围,掌握医学专业知识学习的方法和手段。

二年级:就业指导结合专业学习进行。大二进入专业课程学习,此时个人的专业发展方向定位十分重要,就业指导应在大一阶段学习就业知识的基础上进行职业发展规划指导,指导学生进行职业兴趣、职业能力、职业倾向的测试,了解自己的心理、性格特征,了解与之相对应的职业适应范围,了解专业发展方向,初步定位个人今后的职业发展方向,初步拟出个人的职业发展规划,指导学生定位自己的职业发展目标,激发出学生追寻远大目标、积极学习的动力。

三年级:医学专科生进入了毕业实习阶段。就业指导主要引导学生分析就业形势、学习政府最新的就业政策,调整就业期望值,在实习单位切实感受真实职场氛围,加强求职的实战演练,对学生进行求职技巧方面的指导;同时为毕业生提供就业信息,指导毕业生准备自荐材料,做好求职应聘的准备;并对大学生进行职业道德教育和心理辅导,帮助其做好"从学生到社会人"的角色转换,帮助学生选择好第一份工作,办理相应的就业手续,为大学生零距离走向社会奠定一个良好的基础。

（二）医学生学习本课程的阶段目标

第一阶段:树立目标,明确自己的职业理想。个人的职业理想是对自己未来职业生涯的规划和构想,当然理想必须建立在现实的基础之上。

第二阶段:就业准备,提高自身各方面的能力。在这一阶段的就业指导,主要是学生努力提高自己的"硬件"和"软件",为在激烈的职业竞争中实现职业理想打下坚实的基础。

第三阶段:自我推销。这一阶段的主要任务是学习、分析、了解、掌握国家关于大学生就业的政策和形势;做好人才素质测试,客观地进行自我评价,制订并及时修正就业目标,确立合理的就业期望;全面、合理地收集、处理、利用就业信息;加强求职技巧训练;准备好求职的材料;积极参加各类招聘会,为自己顺利就业创造机会和条件。

第四阶段:转变角色,适应社会。大学生完成学业,走向社会,奔赴新的工作岗位,这无疑是人生的一大转折。走向社会的大学毕业生面临的第一个问题是如何尽快适应社会,成功地实现由学校到社会、由学生到职员的角色转变。

三、学习本课程的主要方法

就业指导是一门综合学科,在以后各章节的学习过程中,需要结合哲学、经济学、心理学、法学等多方面理论知识和研究成果进行学习探讨,并结合本教材提供的案例、国家最新的就业政策、社会上人才市场的供求信息进行学习,本着学以致用的要求,建议采用互动式教学,多做训练和模拟情景教学,以达到融会贯通、博采众长的效果。尤其哲学是各大学的基础课程,在就业理论的学习、职业规划以及在社会求职的过程中,都需要以哲学原理进行辩证思考和处理,对种种复杂的社会现象和激烈的职场竞争要有充分的心理准备,提前调整好心态,不要走极端,要辩证地看待问题和处理问题,才能达到理想的学习效果。

拓展阅读

柠檬汁人生观
——李嘉诚汕头大学演讲

我成长的年代,香港社会艰苦,是残酷而悲凉的。那时候没有什么社会安全网,人们对饥饿与疾病的恐惧强烈。求学的机会不是每一个人的权利,贫穷常常像一种无期徒刑。今天社会前行,新的富足为大部分人带来相对的缓冲保障,贫穷不一定是缺乏金钱,而是对希望及机遇憧憬破灭的挫败感。

人生的过程中尽管不无遗憾,但我学到最价值连城的一课是逆境和挑战。只要能激发起生命的力度,我们的成就是可以超乎自己所想象的。

很多人害怕可上升的空间越来越窄,一辈子也无法冲破匮乏与弱势的局限。我理解这些恐惧,因我曾经一一身受。没有人愿意贫穷,但出路在哪里?

70年前,这问题每一个晚上都在我心头,当年14岁时已需要照顾一家人,没有接受教育的机会,没有可以依靠的人脉网络,我很怀疑只凭刻苦耐劳和一股毅力,是否足以让我渡过难关?我们一家人的命运是否早已注定?纵使我能糊口存活,但我有否出人头地的一天?

我迅速发现没有什么必然的成功方程式,首要专注的是,把能掌控的因素区分出来。如果成功是我的目标,驾驭一些我能力内可控制的事情是扭转逆境十分重要的关键。我要认清楚什么是贫穷的枷锁——我一定要有摆脱疾病、愚昧、依赖和惰性的方法。

比方说,当我发觉染上肺结核病,在全无医疗照顾之下,我便下定决心,对饮食只求营养不求喜恶,适当地运动及注重整洁卫生,捍卫健康和活力。此外,我要拒绝愚昧,要持之以恒终身追求知识,经常保持好奇心和紧贴时势增长智慧,避免不学无术。在过去70多年,虽然我每天工作12小时,下班后我必定学习,告诉你们一个秘密,在过去一年,我费很大的力气,努力理解进化论演算法里错综复杂的道理,因为我希望了解人工智慧的发展,以及它对未来的意义。

无论在言谈、许诺及设定目标各方面,我都慎思和严守纪律,一定不能给人懒惰脆弱和依赖的印象。这个思维模式不但是对成就的投资,更可建立诚信;你的魅力,表现在你的自律、克己和谦逊中。

所有这些元素连接在一起功效非凡:它能渐渐凝聚与塑造一个成功基础,帮助你应付控制范畴以外的环境。当机遇一现,你已整装待发,有本领和勇气踏上前路。纵使没有人能告诉你前路是怎样一道风景,生命长河将流往何方,然而,在这过程中,你会领悟到丘吉尔多年的名言:"只要克服困难就是赢得机会。一点点的态度,但却能造成大大的改变。"

生命抛来一颗柠檬,你是可以把它转榨为柠檬汁的人。要描绘自己独特的心灵地图,你才可发现热爱生命的你;有思维、有能力、有承担,建立自我的你;有原则、有理想,追求无我的你。

思考与练习

1. 结合本专业的培养目标,谈谈你对就业的认识。
2. 试分析当前医学生的就业形势和发展趋势。
3. 职位的含义是什么? 职位构成的要素、职位的特点有哪些?
4. 谈谈你对大学生就业扶持政策的认识。

第二章　医学生在校发展规划

学习目标

1. 了解医学生大学阶段的主要任务。
2. 了解医学生应具备的几种素质。
3. 制订自己的在校发展规划。

第一节　大学生在校阶段概述

一、大学认知

大学是社会政治、经济、文化等综合发展的产物,它不仅是现代高层次国民教育的基地、培养社会需要的各类人才的场所,而且是思想文化的摇篮、知识创新的前沿、推动社会文明进步的重要力量。

在一些古代典籍中,大学的定义是聚集在特定地点吸收和传播高深领域知识的一群人的团体。大学通常设有许多专业,再由几个相近的专业组成院系。

培养人才、科学研究、服务社会,是目前较为公认的大学的 3 项职能。大学是一个集合概念,具体到不同高等院校,它们的职能内涵及职能关系是有差异的。

培养人才是大学的核心职能,人才培养是大学工作的中心。科学研究是培养人才的重要途径,技术发明和科学研究是大学的重要功能,但这些功能不能脱离人才培养而独立存在,服务社会和文化传承是人才培养和科学研究的延伸,这些职能相互联系,不可分割。

1. 大学是独立的起点

大学是第一个要求学生独立自主地学习与生活的场所。进入大学,学生将开始寻求自己的学业理想,参与团体和社会实践,学习理论知识与专业技能,独立处置生活和学习中遇到的各类问题,支配自己的课余时间。

2. 大学是学习的黄金时代

大学时代的学习,是自由探求、自我思索的过程,一味追求考试分数只是对大学学习肤浅的理解,大学时代正是自主学习、自我充实的宝贵时机。潜心钻研,博览群书,培养文体方面的兴趣爱好,这是大学给予我们的最宝贵的"馈赠"。不要放松理论学习,也不要只满足于课堂、教材和习题,还要主动地去完善自我,提高自己的综合素质。

3. 大学是实现梦想的起点

宽容博大、兼收并蓄是大学最迷人的地方。一本书,一场讲座,一席肺腑之言,一个人的人生可能因此改变。大胆接触,勇敢尝试,逐步确立自己的职业方向。毕业的时候,就能怀着坚定的志向奔赴工作岗位。大学生带着寻找梦想的心情走进大学,应当带着实现梦想的心情离开。将来想要成为什么样的职业人,过什么样的生活,在大学阶段就需要做好准备,因此,要好好地珍惜大学时光。

二、大学生的知识结构

知识结构指的是一个人的知识构成状况,其中包括各种知识间的相互比例、相互联系、相互协调与相互作用,以及由此而形成的具有一定层次的统一整体。知识结构不存在固定的、绝对的模式,可以因人而异。

1. 常见的知识结构类型

(1)"宝塔"型知识结构:这种结构从塔的底部到塔尖有 3 个层次,一是基础知识,二是专业知识,三是前沿知识。

(2)"网络"型知识结构:以所学的专业知识作为网络的核心,与该专业相关的知识作为网络的外围,相互联合而形成适应性强、能够在较大空间发挥作用的知识结构。

(3)T 形知识结构:在这种知识结构中,横杠是指一般知识和基础理论知识,即知识面的宽度,竖杠表示对本专业掌握的深度。

2. 合理的知识结构

合理的知识结构应包括以下 3 个方面的内容:

(1)基础知识要扎实、宽厚。扎实、宽厚的基础知识是医学生学习专业知识的基础,又是可持续发展的需要。大学生从学校里学到的知识,只占一生需要量的 10% 左右。因此,大学毕业后必须不断学习,补充新的知识,才能胜任工作。

(2)专业知识要精深。专业知识是人才知识构成的特色,是成才的主要条件。对于医学生来说,扎实的专业知识是治病救人的前提。专业知识包括专业基础理论知识和专业技术知识、实践知识,两者相辅相成,缺一不可。

(3)横向知识、综合知识要兼有。横向知识,就是与专业知识相关或相近的知识,它既可拓宽知识面,开阔视野,又可受邻近学科启发而有所创新。随着科学技术向综合化、边缘化发展的趋势,要解决复杂的医学问题,仅仅依靠单一的学科知识是不够的,还需要运用综合知识,例如管理学、心理学等知识。

三、大学生的主要任务

(一)大学生的知行学习

大学阶段是人生成才关键的阶段之一。联合国教科文组织国际 21 世纪教育委员会在一份报告中提出了 21 世纪成才的标准:学会做人,学会做事,学会相处,学会学习。大学新生入学,首先应当对大学有一个正确的认识,并逐步学会规划自己的大学生活和学习。每一位大学生都应当掌握以下 7 项基本任务。

1. 学会自主学习

英国哲学家怀特海在《教育的目的》一书中写道:"在中学阶段,学生应该伏案学习;在大学里,他该站起来,四面瞭望。"在中学阶段,主要是传承性学习,到大学,才是创造性学习。进入大学以后,教师主要充当引路人的角色,学生应该学会自主地学习、探索和实践。大学生应当要求自己"理解"知识并善于提出问题。一旦真正理解了理论或方法的来龙去脉,就能举一反三地学习其他知识,解决其他问题,甚至达到无师自通的境界。在学习知识或解决问题时,不要总是死守一种思维模式,只有在学习中敢于创新,善于从全新的角度出发思考问题,才是真正的自主学习能力。

2. 学会合作学习

合作学习是在 20 世纪 70 年代初兴起于美国,并在 70 年代中期至 80 年代中期取得实质性进展的一种富有创意和实效的教学理论与策略。

合作学习是指学生为了完成共同的任务,有明确的责任分工的互助性学习。合作学习鼓励学生为集体利益和个人利益而一起工作,在完成共同任务的过程中实现自己的理想。比如,有些专业课的实践项目,几个同学合作,既是上好专业课的一部分,也是培养团队精神的途径。合力是成功之梯,小成功靠个人,大成功靠团队,这是成功的秘诀。

3. 学好基础课程

很多大学生入校以后,急迫地想学习专业知识。但是大学不是"职业培训班",而是要培养高素质的人才,仅仅学习专业知识是远远不够的。公共基础课程和专业基础课程是造就高素质人才的重要课程。例如,在经济、科技、文化发展日益全球化的背景下,英语、计算机等课程显得尤为重要。

4. 培养专业兴趣

有些同学后悔自己在入学时选错了专业,以致对所选的专业缺乏兴趣,没有学习动力。入校后,大家首先应尽力试着在学习过程中逐渐培养自己对本专业的兴趣。通过多种渠道了解本专业的职业前景,通过参加各种职业实践活动,根据社会和自我需要,有意识地去培养和发展专业兴趣。大学生一旦在专业上形成持久稳定的兴趣,不朝三暮四、见异思迁,就能投入更多的热情和精力,深入钻研相关内容,在事业上才能有所发展和成就。

5. 学会积极主动

积极主动最早是由著名心理学家维克托·弗兰克推介给大众的。弗兰克本人就是一个积极主动、永不向困难低头的典型。被美国《时代周刊》誉为"思想巨匠""人类潜能导师"的史蒂芬·柯维,在《高效能人士的七个习惯》一书中说,第一个习惯就是积极主动。积极主动是指依据一定的原则及价值观,而非情绪或外在环境来下决定。

从进入大学开始,大学生就应该从被动学习转向主动学习,成为自己的主人,积极地管理自己的学业,让大学生活对自己更有价值。积极主动就是要有积极的态度,乐观勇敢地面对人生,事事用心,事事尽力,不要等机遇上门,要把握住机遇,创造机遇,"以终为始",积极地规划大学生活。

6. 学会掌控时间

在大学阶段,学好公共基础课程、专业基础课程、专业课程,提高专业实践能力都是非常重要的。学会掌控时间是大学生成才的重要因素之一。时间是能力发展的地盘,没有一个成才者不是珍惜时间并科学地安排时间的。欧阳修曾说:"余平生所作文章,多在三上,乃马上、枕上、厕上也。"培根说:"合理安排时间,就等于节约时间。"掌控自己的时间,首先,要根据课表安排、作息规定、学校制度安排时间;其次,要对学科统筹兼顾,不能顾此失彼;再次,善于发现并充分利用自己独特的最佳时间段。

7. 学习为人处世

在社会上、工作中,与人相处的能力变得越来越重要。大学生在集体生活中,如何与同学、老师相处成为大学生学习内容的一部分。要取得事业的成功,就要懂得如何开拓良好的社会人际关系,这是每一个踏入社会的大学生必过的人生关口。如果处理不好人际关系,将对学习、生活、工作及心理健康都有不良影响。

(二)大学生综合能力的培养

学习能力和专业能力是大学生必须具备的,而其他一些能力的培养往往被忽视,这里我们通过用人单位对所需人才基本能力的要求,给初入大学的学生们提个醒,用人单位对所需人才的基本能力的要求主要有以下几种:

1. 适应社会能力

社会在不断地发展变化,人们在这种变化中也会不断地变换角色、变换工作单位、工作地域等。能够及时、有效地适应这种变换,是一个人综合素质的反映,只有勇敢地面对挑战、融入社会,才能更好地胜任工作。

2. 人际交往能力

人际交往存在于社会的任何角落,是人类实践经验的结晶。据统计,人们除了8小时的睡眠,在其余的16小时中,约有70%的时间都在进行交往,沟通信息。人际交往能力已成为衡量一个人能力和水平的重要因素,大学生要大胆把握各种交流机会,做到以诚待人,平等交往。

3. 组织管理能力

组织管理能力是现代社会对综合性人才的新要求。一直以来,大学毕业生中的党员和学生干部总是用人单位的优先考虑对象,其重要原因就是看重他们具备的组织管理能力。高校毕业生不可能每个人都走上领导岗位从事管理工作,但每个人在将来的工作中却都有可能应用到组织管理知识。

4. 动手能力

动手能力是将理论知识转化为实践工作的重要保证。无论是从事教学、科研工作,还是在基层第一线,动手能力的强弱都将直接影响个人能力的发挥程度。当代大学生要勤动手、常实践,不断提高自己的职业技能。

5. 创新能力

一个团队乃至一个民族没有了创新能力就没有了前进的希望。无论是从事科研工作,还是做技术、搞管理,有创新能力的人才都拥有更大的价值。大学生的创新能力一般通过实验、实习、社会实践等环节和课外科技活动等途径得以培养。

6. 综合实力

竞争实力是综合实力的展示。大学生是最具有竞争实力的就业群体,在同等学历的毕业生中,外语能力、计算机能力以及文体特长,都会引起用人单位的兴趣。

四、医学生应培养的素质

1. 敬畏生命

培养珍视生命、关爱患者、尊重患者的人道主义精神,唯有对生命充满敬畏,才能不辱使命。当代医学生在面对形形色色的价值观时,要加强自身修养,坚定理想信念,提高对外界不良思想的抵抗力。要树立乐观向上、积极进取的人生态度,牢记医学生誓词,对未来充满自信。

2. 奉献精神

医学职业的特殊性决定了医学是以奉献为基础的,奉献是医学生应该具备的基本素质。医学生应当勇于探索,不懈追求,帮助别人,识大体,顾大局,舍小家,为大家,生命不息,奋斗不止。医学院校应通过坚持不懈的教育引导,使医学生不断增强奉献意识,激发奉献行为,逐步具备无私奉献的精神。

3. 医德自觉

行医待患,需要自我监督,自我约束,自律自为,不受任何外界因素的影响和干扰,能够自觉自愿地承担起社会赋予的医德责任。医德自觉是所有医学生和医务工作者都应毕生追求和矢志不渝的医德境界。一名医师只有达到了医德自觉状态才能真正做到全心全意为人民服务,给人类带来福音。

4. 终身学习

医学生要为患者服务,必须具备良好的科学素养、高尚的职业道德、过硬的业务素质。医学的实践性非常突出,对专业操作技能的要求较高,医疗诊断、检查、治疗、护理等都要依靠许多技术操作来完成,操作技能必须熟练、精确。因此,作为医护人员,还必须树立终身学习、不断自我完善和持续发展的理念,在以后的工作中,加强医学知识的学习,不断提高临床业务能力。

此外,较强的交流沟通能力、亲和力和思辨能力,能够帮助我们与患者及其家属进行良好的沟通,取得他们的信任和配合,有利于达到更好的治疗目的。总之,精湛的医术是立足之本,高尚的医德是发展之本,良好的职业形象是成功之本。医学生在大学阶段不仅要努力学好专业知识,培养专业能力,还要努力提升自己的综合素质。

五、克服影响大学生成长的心理问题

1. 对大学生活的认识过于理想化

大学一直是中学生所向往的神圣殿堂。在现实生活中,大学也不是尽善尽美的,与学生的所想有一定的差距。当他们入学后认识到这一点,可能会出现心理失衡,对大学产生不满情绪,甚至生发出消极的人生态度。

2. 思想不成熟,容易盲从

当代大学校园中,大学生不可避免地会接触到社会上的各种思想。互联网、电视、电台等都是学生获得外界信息的渠道,不同大学之间,学生的交流日益增多。当代大学生思想还不够成熟,在这样一种大环境中,很难做到科学合理地判断各种现象的是非曲直。部分学生人云亦云、盲目跟风,在面临自己的人生选择时,不假思索地接受别人的观点,而不结合自身实际进行分析、判断。

3. 自以为是,缺乏反思

部分大学生无论在学习方面还是在生活方面,都没有形成反思的习惯,有的人尽管选择了错误的价值定位,但是他们依然会在无知中走下去,直至为自己的无知付出代价。他们不善于学习别人的长处,只做自己想做的事情,而不考虑事情有没有意义。

4. 心理承受能力差,容易产生悲观情绪

大学生的心理尚未完全发育成熟,自我调节和自我控制能力不是很强,这些问题常常给大学生带来不适感和压抑感。这些不良情绪如果得不到正确的引导,就容易滋生出悲观的人生态度。此时,学生自己一般不会主动找心理医师治疗,而是想要逃避,这样就会导致对学习和生活失去兴趣。

拓展阅读

一对兄弟,家住在80层楼。有一天,他们一起登山回来,发现大楼停电了。于是,他们背着行李开始爬楼,到了第20层时已经累得气喘吁吁。弟弟提议说:“我们不如先把行李放在这里,等来电了再拿上去。”哥哥觉得这个提议很好,他们于是放下行李继续往上爬。没有行李的负担,顿时觉得轻松多了,他们有说有笑往上爬。但好景不长,到了第40层,两人都觉得很累,想到还有40层的楼层需要爬,禁不住相互埋怨起来,指责对方因为没有注意到停电公告才会落得如此下场。他们一边吵一边爬,就这样爬到了第60层。到了60层,他们累得连吵架的力气也没有了。弟弟对哥哥说:“我们不要吵了,爬完它吧。”于是他们默默地继续爬楼,终于到了80楼了!哥哥长吁了一口气,摆了个很酷的姿势说:“弟弟,拿钥匙吧!”弟弟说:“钥匙不是在你那儿吗?”原来他们把钥匙丢在20楼的行李里了。

这个故事犹如我们的人生。20岁之前,我们活在家人、老师的期望之下,背负着很多的压力、包袱,走得很辛苦。20岁之后,离开了众人的压力,卸下了包袱,开始过着自己想要的生活,就这样愉快地过了20年。可是到了40岁,发现青春已逝,人生却因前期的荒废而出现种种的不如意,于是开始抱怨这个、惋惜那个、埋怨这个、嫉恨那个……就这样在遗憾和怨恨中度过了20年。到了60岁,发现人生已剩不多,于是告诉自己不要再抱怨了,珍惜剩下的光阴吧,接着默默地走完了自己的余生。到了生命的尽头,才想起自己好像有什么事情没有完成。原来,我们的人生钥匙——理想和抱负,都丢在了20岁以前的那段时间。

——王培俊《职业规划与创业体验》

第二节　医学生在校发展规划的制订

古人云:"凡事预则立,不预则废。""预"即有规划的意思。这句话也同时指出了事先规划与否的重大差别。作为医学生,其专业的明确性有别于其他专业的学生。这既免除了毕业后择业的烦恼,也为医学生尽早进行发展规划提供了条件。

一、制订医学生在校发展规划的前提

(一)正确地认识自我

制订在校规划,应当充分、准确、客观地认识自我。认识自我,先要对自己的知识、能力、个性、特长、兴趣有正确的了解,还应了解情绪管理、人际沟通、心理健康等方面的状况。古希腊人曾把能认识自我看作是人的最高智慧。中国古代思想家老子也曾说:"知人者智,自知者明;胜人者有力,自胜者强。"可见东方人也是非常重视自我认知的。人对自己的认识也和人对客体世界的认识一样,需要有一个了解和学习的过程。对新入学的大学生而言,要了解自己所扮演的社会角色,自己的才能、理想、人生观、价值观等并不容易,这需要大学生努力拓宽生活范围,增加生活经验,以适当的参照系来了解自己。例如,与和自己条件相似的人做比较来了解自己,同学之间相互比较等。正确地认识自我,应遵循下列原则:

(1)适度性原则:不要过高也不要过低评估自己。

(2)全面性原则:既要看到自己的优点和特长,也要看到自己的缺点和不足;既要认清自己某方面的特质,也要认清自己的整体素质,更要找出其中占主导地位的因素。

(3)客观性原则:应努力克服个人或者别人带有主观性质的干扰,使自我认识更加贴近客观和真实。

(4)发展性原则:用发展的观点认识自己,对自己今后的努力方向做深入、理性的分析。

要正确地认识自己,还需对自己采取接纳的态度。也就是说,人对自己要坦然地承认、欣然地接受,不能欺骗自己、排斥自己、拒绝自己,更不能烦恨自己。孔子曰:"君子坦荡荡,小人长戚戚。"从心理学的角度看,君子能自我悦纳,心情开朗,而小人则不能接纳自己,故常自苦、自危、自卑、自惑乃至自毁,自身的潜力与智慧被自我虚妄与拒绝所泯灭。自卑者也能看到有利的条件与时机,但不敢参与竞争,从而为自己设置了奋进的障碍。

(二)了解职业环境

新冠疫情的爆发,让我们深刻地意识到了医疗卫生事业对国家的重要性,坚定了广大医学生从事医疗卫生事业的决心,医学生要结合职业环境开展人生规划。身处信息时代,医学生可以通过多种途径搜索、了解职业信息,寻找与自己专业相关的信息,找到与自己所学专业对口的机构类型,了解这些机构提供的岗位工作信息、就业场所、培训和其他资质、晋升、就业前景、收入和工作条件等,能帮助大学生做出正确的职业判断。了解学校本专业及相关专业的就业形势、往届毕业生的职业发展信息,是大学生选择就业岗位、就业地区的重要参考依据。

(三)科学合理地设定目标

目标是规划的灵魂。美国学者戴维·坎贝尔曾说,设定目标能指引我们走向未来和成功。医学生在校发展规划目标的设定是否科学合理,关系到大学阶段的成败。制订目标时,

主要考虑两个方面的因素:① 学校根据专业制订的人才培养目标;② 考虑社会的需要和将来就职岗位的要求。

以护理专业的人才培养目标为例,目前社会需要对护理专业的要求是:护理专业是培养"德、智、体、美、劳"全面发展,具有良好职业道德和人文素养,掌握护理专业基础理论、基本知识和基本技能,具备现代护理理念和自我发展潜力,在各级医疗、预防、保健机构从事临床护理、社区护理和健康保健等工作的高素质实用型护理专门人才。护理专业随着现代医学模式的转变,从生物模式转化为生物医学模式,再转化为生物-心理-社会模式。护理教学的重点也从以疾病为中心转化为以患者为中心,再转化为以人的健康为中心。护理服务从传统的功能制护理到责任制护理,再发展到现在的系统化整体护理。

护理专业人才培养目标明确了护理专业学生在知识、技能、素质等方面的要求,护理专业的学生可以以此为依据制订在校的发展规划目标。

（四）注重培养综合能力

医学生在制订发展规划的时候,眼界应更加开阔,不要紧盯着学习成绩,也不要局限于多选修几门课程,要更加注重综合能力的培养,这是医学生可持续发展能力的重要保障。

医学生的综合能力主要包括以下几个方面:① 主动阅读能力;② 独立思考能力;③ 独立自练能力;④ 善于自检能力;⑤ 促使自控能力;⑥ 自我组织能力;⑦ 自觉探究能力;⑧ 能动应变能力;⑨ 适应更新能力;⑩ 不断创新能力。

大学教育仅靠课堂教学、教师授课、完成作业、学期考试是不够的。图书、资料、信息是大学生学习生活的重要内容,是巩固课堂知识、扩大知识面的重要途径,更是培养综合能力的良师益友。

（五）自觉地调控自己

人和动物在行为上的根本区别在于人能够自觉调控自己的行为。健全的自我意识应该是积极统一的自我意识,是自我认识、自我体验、自我控制三者的协调一致。制订大学生涯规划,要把理想的我与现实的我合理地统一起来。在执行规划的过程中,自觉克服困难,做到扬长避短、取长补短、发展自己、完善自己,提高自己执行生涯规划的积极性。这里向大家推荐叶圣陶先生确定的六大行为习惯:① 把一件事情做到底;② 孝敬父母;③ 说了就一定努力去做;④ 用过的东西要放回原处;⑤ 认真写字;⑥ 从错误中反思自己。同学们可以据此督促自己养成良好的习惯,增强执行规划的能力。

> **拓展阅读**
>
> ### 985 大学毕业后再读专科,为医学梦想重新出发
>
> 我叫李先俊,是荆州本地人,2018 年毕业于一所 985 大学视觉传达专业。毕业后,我在重庆的大型家私卖场从事活动策划工作,两年多的工作经历,我多次思考未来的职业规划,开始重新审视自己的未来。在实际工作中,我发现所学专业和工作匹配度不高,这样的工作,好像能看到我 20 年之后的样子。
>
> 2021 年 6 月,我辞去工作,从重庆返回荆州备战高考。经过大半年的复习,2022 年我考了 497 分,以超本科线 62 分的成绩被湖北中医药高等专科学校中医学专业录取。

我 18 岁第一次高考，没想过以后会怎么样，只想着上个好大学，毕业后找份稳定的工作。但过去几年的经历，让我有了更明确的目标，就是和爷爷、爸爸一样成为一名医师。

我的爷爷在湖北恩施巴东做村医，有很丰富的行医经历，能根据患者的病情对症开药。我的爸爸和妈妈都毕业于湖北中医药高等专科学校，2022 年填志愿时，爸爸就让我上这一所学校，不用填别的志愿，他对学校非常放心。

我下定决心学医，也有一些个人因素。我工作时，因为长期加班，我的"精、气、神"不是那么好，也希望通过学习中医，调理一下身体。2022 年，我终于如愿和爸爸、妈妈成为了校友。

开学后，我坚持过集体生活，与同学们一起军训、吃饭、上晚自习、住在寝室。既然有第二次读大学的机会，我就要和普通的学生一样，该怎么上就怎么上。把中医学好是我明确的目标。

进入大学前，爸爸多次提醒我："你第二次读大学，不要觉得年纪比别人大，也不要觉得你什么都没有学过，这 3 年，最重要的是踏踏实实学好理论知识。"我想，我第二次读大学，不可能浑浑噩噩地度过，要给自己过往付出的时间和努力一个交代。

我和爸爸约定，每年寒暑假，要么去他的诊所里学习，要么到爷爷那里学习。对于我去学医，70 岁的爷爷同样建议我要打牢理论知识基础。我的爷爷虽然能治病，但说不出中医理论依据。为什么要用这个药？什么原因造成的？他解释不出来。

对于未来的学业规划，如果有专升本和考研的机会，我一定会再去深造，我相信，只要我一步一步地把知识学到位，以后是没有问题的。

中医系党总支书记杨老师告诉我，近 5 年来，学校中医系先后有 30 多名上了本科的大龄学生重返校园学习。相比其他新生，我们这些大龄学生有一定的社会经历，信中医、学中医、用中医，学习目标更明确。为了便于我们这些"本科回炉专科"的学生更好地学到专业知识，学校在教学上尽可能地采取特殊的形式，对于我们本科院校学过的通用课程可以免修，在专业学习上，学校采取中医师承结对帮扶的形式，为我们提供更好的学习平台和更专业的理论指导。

杨老师让我加入"中医沙龙"，定期安排交流，鼓励我们这些大龄学生将一些课本上学不到的实践经验分享给年轻同学们，传递知识和积极向上的能量。通过这种方式，加强年轻学生和社会的联系，帮助他们未来更好地投入工作之中。

古希腊哲学家苏格拉底指出，"认识你自己"是人生最大的智慧。我觉得，人穷其一生都在追寻自己想要的生活，有些幸运儿，在很年轻的时候就已经知道自己喜欢什么，想做什么，未来想要为什么而努力，但更多的人是在不断前行的过程中，拨开迷雾，反复试错，才明白自己的梦想所在。一往无前固然是一种坚定，但可以直面内心、不计得失、及时转换赛道，又何尝不是一种忠于自我呢？

二、医学生在校发展规划的类型

(一)按内容制订在校发展规划

按内容制订是指以内容为主线来规划大学生涯的一种方法,具体可分为学业规划、生活成长规划和社会实践规划。在此基础上,再分时间段(年度、学期、月、周、日)实施。学业规划主要从学习方法、公共基础课、专业基础课、专业课以及专业技能培养等多方面考虑。生活成长规划主要从身体健康、心理健康、理财、时间管理和交际能力培养等方面考虑。社会实践目标主要包括参加校园社团活动、见习实习、假期社会实践、兼职和参与公益活动等内容。由于不同学年的学业内容、生活成长内容、社会实践内容等都不尽相同,而且每个人的实际情况也不一样,因此每个人的大学生涯都应符合自己的实际情况,无须与别人保持一致。下面我们分项进行阐述。

1. 学业方面

一年级学业规划的重点是掌握自主学习方法,培养自主学习习惯,学好公共基础课程、专业基础课程,增强外语和计算机应用能力,学会充分利用图书馆查阅资料,制订自己的大学生涯规划等。二年级的学业规划基本以专业基础课程和专业课程的学习为重点。在众多的专业课程中,重点学好专业核心课程,有的学生可能会从中发现自己比较感兴趣的职业方向,因此而关注相关的学科和行业,收集相关的就业信息。

2. 生活成长方面

大一新生首先要解决的是如何从万事依赖父母到逐渐独立处理问题,培养良好的生活习惯和思维习惯,学会独立思考,不人云亦云。在生活习惯方面,主要学会合理地安排开支,安排作息时间;加强体育锻炼,保持身体健康。大二学生在生活成长方面则重点要关注职业道德的培养,还要了解、培养从事医护工作的特殊生活习惯、工作习惯。培养自己敬业、刻苦、坚韧、忠诚的意志,树立爱祖国、爱人民,愿意为祖国的医学事业做贡献的雄心。大三的学生要多学习礼仪、演讲技巧,能够流畅、准确地表达自己的思想并与人沟通。在心理上做好从学生到社会人、职业人转变的准备,要多方面了解社会、职场与学校的不同。要掌握离校手续的办理流程,了解国家关于就业的各项政策规定,防范求职过程中的各种陷阱并掌握应对方法等。

3. 社会实践方面

大一新生第一要尽早和寝室同学搞好关系,与同班同学搞好关系,也要善于和不同班级、年级的同学交流;第二,要了解和选择校内的学生社团,积极参加社团活动,积累社交能力;第三,要走出校门,了解所在的城市,包括这个城市的环境、文化背景等;第四,要加入青年志愿者队伍。大二时,要争取在社团或学生会担任一定的职务,锻炼自己的组织和领导能力;要积极参与社区的公益活动;可以适当做些兼职;利用寒暑假参与社会实践活动。大三的重点是实习。结合专业的临床实习最有利于检验和提升自己专业能力,大学生们要珍惜实习机会,将理论与实践紧密结合,为自己毕业后的就业奠定基础。

以上只是对大学时期相关规划内容的一个简单举例,实际生活中,要规划的内容复杂得多,在掌握了基本方法之后,同学们可以举一反三,自己根据各自的实际情况来规划。

【案例】

小刘是某医专 2022 届护理专业毕业生。当年,小刘在求职中击败了众多的本科生,被杭州一家市级医院录用。作为一名医学专科生的小刘为何能够在激烈的竞争中脱颖而出呢？因为她在三年的大学生活里做了充分的职业准备，并且取得了骄人成绩。机遇自然留给这个有准备的人。小刘的大学生涯规划主要包括以下内容：

（1）培养自立、自信、自强、自尊、自律的品质：虽然上大学前她从来没有组织过什么活动，但是为了培养自信、自强的精神，她竞选担任了校学生会学习部部长，通过实践培养工作能力和综合素质，体验人生价值。

（2）发掘潜能，发展优势：小刘虽然是护理专业，但她酷爱文学。她利用课余时间，不断地写稿、投稿。至毕业前，发表了十多篇作品，受到用人单位的赞赏。

（3）培养意志，坚持不懈：小刘平时很注意磨炼自己的意志。她深知，执行规划，仅有信心是不够的，还要有坚强的意志。小刘在实施规划的过程中，以不达目的不罢休的决心，不断挑战自我、超越自我，在实施自己的职业准备目标的过程中培养意志力。

（4）在实践中培养综合素质：小刘除了认真学习专业知识外，还积极参加第二课堂活动，多次担任校内文娱活动的主持人和策划人。此外，还多次参加校外实践活动，大一时参与联通公司促销活动的策划和实施。大二时参与某公司数码产品展销活动。大三在医院实习期间参与策划并主持医院的文艺汇演。

（5）做好时间管理，高效学习：小刘坚信，时间就像海绵里的水，只要愿意挤，总还是有的。当别人休息时，她复习功课；当别人玩耍时，她查阅资料；当别人闲聊时，她写学习笔记。她始终抓紧一切课内、课外时间，高效学习，成绩一直名列前茅，获得国家奖学金，年年被评为"三好学生"或"优秀学生干部"。

（二）以时间为主线制订在校发展规划

大学生可以按学年或学期制订自己在校期间的生涯规划，分为大一、大二、大三学年规划，学年规划还可以细分为学期规划，甚至细分为月计划、周计划、日计划等。在时间规划的纵线坐标上，再对内容（学业、生活成长和社会实践）进行规划（表2-1）。

表2-1 某大学护理专业学生获取证书时间计划

项目	时间分配
优秀青年志愿者	大一上学期
获得计算机等级、普通话证书	大一下学期
征文、演讲等比赛获奖证书	大一下学期
通过全国大学英语四级考试	大二上学期
学科竞赛、专业技能竞赛获奖证书	大二上学期
老年护理证书	大二下学期
国家奖学金证书	大二上学期
优秀大学生证书	大二下学期
优秀实习生证书	大三下学期
护士执业资格证书	大三下学期

（三）在校发展规划实施方案

拿破仑曾说："想得好是聪明，计划好是聪明，做得好才是最聪明。"成功人士的秘诀是：唯有行动才能决定你的价值。在校发展规划制订好之后，下一步的关键是制订配套的实施方案，并依据实施方案来行动。实施方案是为了达到制订的目标而必须采取的行动措施。实施方案必须具体，它可以分为年度实施方案（年计划）、月度实施方案（月计划）、周实施方案（周计划）和日实施方案（日计划）。年计划从宏观上规定你一年要做的事，可以以每月要干什么来做计划；而月计划应以每周要干什么来计划，四周完成则月计划完成；周计划则以日为单位来计划，即每天要完成多少事；日计划则必须以小时来计划，从而指导自己一天之中什么时间应该干什么。在现实生活中，人们做事为什么经常会半途而废？往往不是因为目标难度过大，而是觉得成功离自己很远。因此，我们制订在校发展规划实施方案时，应该把大的目标分解成一个个阶段性目标，相应地制订阶段性实施方案。只要坚持实施这些阶段性方案，完成这些阶段性目标，自己大学三年的生涯目标就一定能实现。

必须了解的是，规划方案的超前性包含了方案实施过程中的诸多不确定因素，因此必须重视规划方案实施过程中的行动反馈和结果反馈，如有无出现目标制订过高或过低的情况；自己在执行中是不是很坚决（比如，规定 6 点起床，你是否还睡到 6 点半等），这些因素会导致在目标与结果之间出现差距。要经常对出现的差距进行分析，找出原因，重新调整自己的目标，或者改变自己执行不力的习惯。

制订行动方案应注意以下几个问题：① 为什么这个目标对我而言是最可能的？② 我将如何达成这一目标？③ 我将分别在何时进行上述每一项计划？④ 有哪些人将会或应该会帮助我共同进行此项计划？⑤ 对我而言还有哪些不能解决的问题？制订大学生涯与发展的具体行动方案，应与大学生涯的目标一致，如生涯目标有大学毕业后的去向目标，在去向目标下制订学业目标、生活成长目标和社会实践目标等内容。也有以年度、学期、月、周、日为规划单位的阶段性目标，根据这些内容和目标，分别定出三年、两年、一年规划，和一学期以及一月、一周、一日的行动计划，再认真执行下去，就能使自己在毕业时能轻松地踏入社会，与自己理想的职业生涯接轨。

1. 大学三年的行动计划

大学三年的行动计划是根据你的毕业去向目标制订的，它可以以年度为单位来分阶段实施。比如我的毕业去向是留学，那我在学业上，第一年先完成大学四级英语考试，第二年下学期开始，就要准备雅思或托福考试，第三年具体联系相关学校……为了联系一个好学校，从第一学年开始，就要努力学习，还要尽可能地参加社会实践和公益活动，阅读大量有关国家的人文知识的书籍，了解国外的风土人情，还要锻炼和培养自己的交际和沟通能力……

2. 年度（或学期）行动计划

年度（或学期）计划是为了完成年度任务而制订的配套实施方案。比如，计划第一年要考过英语四级，那每月要完成多少学习内容，或者前 3 个月完成背单词的准备，后 3 个月复习语法，再用 3 个月锻炼阅读能力和听说能力，最后 3 个月做模拟考试技巧的训练等。

3. 月行动计划

月行动计划围绕月度目标来制订，应以周为单位来实施，如计划本月完成 200 个单词的学习，就把每周学习单词的数量安排好。计划要包括应完成的任务的质和量方面的要求，还要结合该月的其他任务，进行综合谋划。

4. 周行动计划

周行动计划围绕周目标来制订,但应以每天的行动方案为单位来制订。比如,一周要完成 100 个单词的学习,那每天至少要完成 15～20 个单词的学习。

5. 日行动计划

日行动计划是计划中最细小的单位,它围绕每天的目标来制订,一般计划到每小时的工作安排,非常具体。比如,每天安排早上 6 点至 7 点 1 个小时、晚上 8 点至 10 点 2 个小时学习英语。每天晚上对当天计划的执行进行总结并考虑第二天的计划。

大学期间,制订了科学合理的在校发展规划和与之配套的实施方案之后,必须按照该方案严格实行,约束自己的散漫行为,使自己的规划目标得以实现。同时,在制订具体方案时,要留有一定的机动时间处理一些突发事情。

这里提出几项措施,帮助大学生们更好地实施自己的在校发展规划方案。

(1)经常回顾和总结行动规划,必要时作出变动。有些人制订了计划,但总是不将计划放在心上,只知道埋头做事,不知道自己努力的方向在哪里,缺乏总结意识,结果贻误了大学生涯的发展机会。

(2)如果自己的理想蓝图发生变化,那么生涯构想和行动方案也要作出相应的变动,方法和策略也应随之改变。计划毕竟是计划,往往需要和现实结合起来,实施动态管理,如果缺乏灵活性,也会导致计划落空。

(3)把任务方案放在电脑桌面、贴在床头或者写在日历上,经常可以看见,时刻提醒自己。

(4)与亲朋好友讨论自己的生涯构想和行动方案,并请教实现该构想的途径,在执行过程中请求他们监督。

(5)保证至少每 3 个月检查一次自己的执行情况。过程监督十分重要,可以考察计划的落实情况,可以有针对性地提出解决方案。如果感到生活过于忙乱,那就意味着方案需要调整,适时适当地调低目标。如果感到自己的生活节奏很慢,效率很低,没有实现原生涯规划的目标,首先要考虑自己的动机水平是否足够。

(6)要有毅力。在大学里,朋友交际会比较多,各种课外社团活动很多,自己也有兴趣参加,如果没有执行计划的毅力,通常会使计划受到干扰,以后也容易放弃,这是同学们一定要注意的地方。在校发展规划实施方案的评估与修正很有必要,但坚决执行计划的毅力更重要,否则很容易半途而废。

(四)在校发展规划评估

在校发展规划评估主要是对各阶段的预定目标和实际结果之间的差距进行分析,找出差距产生的原因。

1. 目标和结果出现差距的原因

(1)目标定得过高或过低:目标定得过高超过个人能力,再努力也白搭,这时要适当调低自己的目标,否则会伤害自己的自信心;目标定得过低,自己不需要花费很大的精力就可以达成,这种目标也没有什么价值,这种情况就要及时调高自己的预期目标,使自己的能力能够充分发挥出来。

(2)目标合适而行动方案与之不配:会导致目标无法实现。如大一的学业规划目标有考英语四级,但却在实施方案中没有安排足够的英语学习时间。

（3）目标和行动方案都合适，但执行不力：比如，目标是英语等级考试，实施方案中安排了英语学习的具体时间，但由于有其他许多事情耽误了英语学习，导致目标无法实现。这是执行过程中存在的问题。

2. 在校发展规划评估的要点

一般来说，在校发展规划的评估可以归结为自我素质和行为对现实环境的适应性判断，分析自己的现状，特别是针对变化的环境，找出偏差所在，并做出修正（表2-2）。

表2-2　某大学生弥补差距的行动方案

提升项目	目标效果	具体措施
知识方面	（1）通过大学英语四级考试 （2）提高英语听说能力 （3）每门专业课程不低于80分 （4）对心理学、伦理学达到了解	（1）早上7点读英语30分钟，晚上练习听力30分钟，做四级试题 （2）每周五去英语角 （3）每周看一次英语电影 （4）课前预习，课堂积极思考，课后复习整理 （5）自修课外专业书籍2~4本
能力方面	（1）提高领导和组织能力 （2）与专业老师、同学建立良好关系 （3）锻炼社会实践能力 （4）锻炼口头和书面表达能力	（1）多与专业老师、周围同学交流 （2）积极参加社会实践活动 （3）课堂积极发言，会上勇于发表意见

（1）抓住最重要的内容：猎人如果同时瞄准几只兔子，可能一只兔子也打不到。同样，在校发展规划评估中也不必面面俱到，而是抓住一两个关键的目标和最主要的策略方案进行追踪。在大学生涯的某一阶段，总有一个最重要的目标，其他目标都是指向这个核心目标的，可以通过排序，重点评估那些实现这个核心目标的主要策略执行效果。

（2）分析发现新的需求：针对不断变化的内外环境，要善于发掘最新的趋势和影响。在校发展规划实施过程中，要善于抓住外部环境的最新变化而作出适当的策略调整，与时俱进，使自己的规划不落伍。

（3）找到突破方向：有时候，在某一点上取得突破性进展，将使整个局面发生意想不到的改变。想一想，你先前规划中的策略方案，哪一条对于目标的达成有突破性的影响，找到了，就应该想方设法寻求新的突破。

（4）关注最弱点：管理学中有个著名的木桶理论，即一只沿口不齐的木桶，其容量的大小，不取决于最长的那块木板，而取决于最短的那块木板。在评估反馈过程中，当然要肯定自己取得的成绩与长处，但是更重要的是契合变化的环境，发现自己的"短木板"，把这块木板换下或加长，唯有如此，你的大学生涯这只桶才能有更大的容量。

（五）在校发展规划的修正

人生目标往往是基于特定社会环境和条件而制订或实现的，这样的环境和条件总是在变化的，确定了目标也应该进行修改和更新。对大学生来说，就业环境的不断变化，使不断修正和更新自己的大学生涯与发展规划成为必需。

1. 修正的内容

（1）专业的重新选择。

（2）学业生涯路线的选择。

（3）阶段目标的修正。

（4）人生目标的修正。

（5）实施措施与计划的变更等。

2. 在修正过程中应注意的问题

（1）你的人生价值是什么？

（2）你有哪些技能和条件？

（3）你最感兴趣的事情是什么？

（4）你的人格特质是什么？

（5）你是否好高骛远？

总之，在校发展规划完成并实施后，必须对阶段性的结果进行评估。根据评估的结果找出规划与结果之间的差距，分析出差距产生的原因，有针对性地对计划进行调整，并按新调整的方案有效地围绕目标行动。

刚跨入大学校门的新生，应该明白：今天的生活是由3年前的选择决定的，而今天的抉择又将决定你3年后的生活。如今，很多大学生在毕业时会感慨地说："假如时光可以倒流，我会比现在做得更好。"还有毕业生说："回首大学生活我浪费了太多时光，好像什么都没有学到，好像自己什么都不行。"为什么会这样？就是因为没有做好在校发展规划，在茫然、混沌中，凭感觉度过宝贵的3年时光。

所幸，现在高校和大学生都开始意识到在校发展规划的重要性，不少学生从大一开始就制订自己的在校发展规划，开始规划自己的人生蓝图。

下面以三年制专科为例，介绍一下各年级医学生的在校发展规划实施策略。

大学一年级：探索期。

（1）阶段目标：适应大学生活，树立规划意识。

（2）实施策略：

1）了解就业形势，树立新的奋斗目标。如果说之前的努力是为了考上大学，那么现在的努力就是为了以后的就业和职业发展。

2）完成从中学生到大学生的角色转变，尽快适应大学生活。虚心向师兄师姐们求教，积极参加集体活动，建立新的人际关系圈。

3）积极参加学生会或社团工作，培养自己的组织协调能力和团队合作精神，提升自己的综合素质。

4）开始自我职业的探索，树立职业规划意识。通过职业测评等工具全面客观地了解自己，思考有哪些职业与自己所读的课程、专业相吻合，通过互联网、报纸杂志和访谈等渠道进一步了解这些职业。

大学二年级：定向期。

（1）阶段目标——学好专业知识，培养综合素质。

（2）实施策略：

1）构建合理的知识结构，注重专业能力的培养，参加全国英语等级、全国计算机等级等能力证书的考试。

2）尝试社会兼职、社会见习等,积累一定的职业经验。

3）增强兼职、见习的职业针对性,积累对应聘有利的职业实践经验。

4）学习求职技巧,学会制作简历、求职信,了解面试技巧和职场礼仪,为找寻实习单位做准备。

大学三年级:提升期。

（1）阶段目标——提升职业技能,积累职业经验。

（2）实施策略:

1）加强专业知识学习的同时,在实习单位积极主动工作,转变角色,考取与职业目标相关的职业资格证书。

2）加强与校友、职场人士的交往,拜访用人单位,与招聘人员进行沟通。

3）如果决定专升本,要做好复习准备。

4）了解相关法规和政策,学会保障自己的权益。

5）留意学校就业中心通知和其他招聘渠道,不要遗漏关键的招聘信息。

6）登录招聘单位网站或通过电话咨询、信函等方式,了解招聘单位的相关信息,为面试做好准备。

7）学会就业心理调节,始终保持自信和主动。

拓展阅读

大学生涯规划

大学时光在一个人的一生中只有一次,不把握好,将来一定会追悔莫及。于是,在经过一番深思熟虑之后,我决定把自己的未来设计一下。有了目标,才会有动力。

一、自我盘点

1. 兴趣爱好

业余爱好:读书、听音乐、画画。

喜欢的文学作品:《红楼梦》《平凡的世界》。

喜欢的歌曲:《爱拼才会赢》《有梦的人》。

心中偶像:周恩来、比尔·盖茨。

2. 优势与优点

学习成绩优秀,担任班干部,在班级中群众基础好;动手能力较强;友善待人,做事仔细认真、踏实、锲而不舍,考虑问题比较全面。

3. 劣势与缺点

家庭经济困难,身高偏矮,体质偏弱;性格偏内向,交际能力较差,有些固执、胆小;思想上偏于保守,缺乏自信心和冒险精神,主动性不够,做事爱拖拉,惰性较大。

4. 生活中的成功经验

成功竞选成为班委会一员;成功组织过主题班会;个人学习成绩、综合积分均为班级第二。

5. 职业取向分析测试

为了初步确定个人将来更适宜从事什么工作,通过霍兰德职业倾向测验量表,对其中的相关内容进行了认真的测验、分析,从而初步得出了自己的未来职业取向。

心目中从事的理想职业:医师。

二、在校发展规划

千里之行,始于足下。专科生计划应以目前在校的 3 年短期规划作为自己职业生涯总规划的开始。希望能够走好第一步,为以后更长的路打下坚实的基础。

1. 在校期间总的目标规划

(1) 思想政治及道德素质方面:以马克思列宁主义、毛泽东思想、邓小平理论、"三个代表"重要思想、科学发展观、习近平新时代中国特色社会主义思想为指导,树立正确的人生观、价值观、事业观,坚持正确的人生价值取向。积极参加党团活动,争取早日加入中国共产党。

(2) 学习方面:扎实学习专业技能,充分利用校内图书馆及互联网信息,开阔视野,扩展知识范围。

(3) 社会实践方面:适时参加社会实践活动;适时参加无偿献血、青年志愿服务活动等公益事业。

(4) 文体方面:积极参加校内外演讲赛、辩论赛、书画比赛、体育竞赛等文体艺术活动,以及校内外社团活动,以此锻炼胆量、能力,展示个人风采。坚持进行身体锻炼,每周平均参加体育活动 3~4 次,每次 1 小时左右。

保障措施:平时无特殊情况绝不迟到、请假、旷课,保证好听讲时间并提高听课质量。充分利用课余时间,除去适当的身体锻炼、休闲娱乐时间外,均应安心、踏实、专注地阅读人文类、专业类书籍。学习过程中应注意预习、听讲、复习、综合分析、对比联系以及实践运用。

2. 分阶段规划

(1) 大学一年级探索期:重点学好公共基础课程和专业基础课程,为学习专业课打好基础。初步了解职业,特别是自己未来可能从事的职业,即自己所学专业的对口职业。多和师长们进行交流,参加学校、院系组织的各种活动,以提高人际交往的能力,丰富社会阅历。大一下学期通过全国计算机一级。

(2) 大学二年级定向期:重点学好专业课程,培养专业技能。在平时学习生活中,锻炼自己独立解决问题的能力和创造性;开始尝试社会兼职、社会实践活动,在课余时间参加与自己未来职业有关的专业类活动,提高自己的责任感、主动性和受挫能力。同时注意提高自身的综合素质,通过参加学生会或社团等组织,锻炼自己的各种能力,检验自己的知识技能。大二上半学期通过全国计算机二级、全国英语四级考试。

(3) 大学三年级提升期:注重临床实践技术能力的学习、积累,熟悉岗位要求,提高职业能力;通过护士执业资格考试;争取评上优秀实习生。在保证实习期间专业技能学习的同时,做好两手准备。① 继续学习深造,专升本;② 就业,有合适单位、岗位的情况下,可以考虑先工作。围绕这两个方面,本学年一方面做好专升本考试的准备工作,了解与之相关的要求;另一方面注意提高求职技能,搜集就业信息,学习写简历、求职信等求职材料,开始就业前的准备工作。积极参加招聘活动,提高求职技能,在应聘中检验自己的积累和准备,为自己的大学生涯交上一份满意的答卷。

思考与练习

1. 结合自己的实际情况,制订一份在校发展规划(表 2-3、表 2-4、表 2-5)。
2. 在大学期间,你如何为未来的职业发展做准备?

表 2-3　在校发展规划总表

规划主题	规划时段		具体目标				
			1	2	3	4	5
学业规划	大一	上学期					
		下学期					
	大二	上学期					
		下学期					
	大三	上学期					
		下学期					
生活成长规划	大一	上学期					
		下学期					
	大二	上学期					
		下学期					
	大三	上学期					
		下学期					
社会实践规划	大一	上学期					
		下学期					
	大二	上学期					
		下学期					
	大三	上学期					
		下学期					

　　注:在制订在校发展规划总表之后,还要进一步根据规划制订按学期、月、周、日的实施方案,并在实施过程中及时进行评估,总结实施的效果,必要时对方案进行修正。

表 2-4　在校发展规划实施方案

大学三年行动计划

实施时间		学业方面		生活成长方面		社会实践方面	
		目标	方案	目标	方案	目标	方案
大一	上学期						
	下学期						
大二	上学期						
	下学期						
大三	上学期						
	下学期						

年度(学期)行动计划

实施时间	学业方面		生活成长方面		社会实践方面	
	目标	方案	目标	方案	目标	方案
1 月						
2 月						
3 月						
4 月						
5 月						
6 月						
7 月						
8 月						
9 月						
10 月						
11 月						
12 月						

月行动计划

实施时间	学业方面		生活成长方面		社会实践方面	
	目标	方案	目标	方案	目标	方案
第一周						
第二周						
第三周						
第四周						

周行动计划

实施时间	学业方面		生活成长方面		社会实践方面	
	目标	方案	目标	方案	目标	方案
星期一						
星期二						
星期三						
星期四						
星期五						
星期六						
星期日						

日行动计划

实施时间	学业方面		生活成长方面		社会实践方面	
	目标	方案	目标	方案	目标	方案
6:00—7:00						
7:00—8:00						
8:00—11:30						
11:30—14:00						
14:00—18:00						
18:00—19:00						
19:00—21:00						
21:00—22:00						
22:00—6:00						

表 2-5　在校发展规划评估修正表（以周为单位）

实施时间	阶段目标（预计结果）			实施后的结果	评估差距	分析差距产生的原因	修正措施
	学业	生活成长	社会实践				

注：评估修正表要结合具体的行动计划才能运用，如日计划、周计划、月计划、学期计划、学年计划，评估修正只能从小到大运用，即评估的顺序为日、周、月、学期、学年等，因为只有在具体的行动中或之后，才能对手段和结果有具体的量化和体验。

第三章　医学生职业生涯规划

当今,职业生涯规划是大学生十分关注的热门话题,特别是对于医学专科生而言,短短的 3 年时间,只有科学、完善地制订并实施职业生涯规划,才能从容地走上工作岗位,迅速适应社会,登向成功的人生阶梯。

第一节　医学生职业生涯规划概述

一、医学生职业生涯规划的含义

(一)医学职业生涯

职业生涯是个发展的概念,即将个人的职业生活看作是一个动态的过程,简单地说,职业生涯就是一个人的终身职业经历。医学职业生涯也是一个医务工作者一生中连续从事的医学职业,不仅包括过去、现在和未来可以实际观察到的医学职业发展过程,还包括个人对医学职业发展的见解和期望。

医学职业生涯是以心理开发、生理开发、智力开发、技能开发、伦理开发等人的潜能开发为基础;以医学工作内容的确定和变化,工作业绩的评价,工资待遇、职称、职务变动为标志;以满足需求为目标的工作经历和内心体验。医学职业生涯是医务工作者人生中最重要的历程,是追求自我实现的重要人生阶段,对人生价值起着决定性作用。

职业生涯是一个漫长的过程。有些人遵循传统观念,一生只从事一种职业,持续而稳定地在此职业岗位上晋升;也有些人由于个人兴趣、能力、价值观以及工作环境的变化而经历不同的岗位、职业甚至行业。

(二)外职业生涯和内职业生涯

【案例】

有一天,报社的一位年轻记者去采访日本著名的企业家松下幸之助。年轻人很珍惜这次采访机会,做了认真的准备。因此,他与松下幸之助先生谈得很愉快。采访结束后,松下先生亲切地问年轻人:"小伙子,你一个月薪水是多少?""薪水很少,一个月才一万日元。"年轻人不好意思地回答。"很好!虽然你现在薪水只有一万日元,其实,你知道吗,你的薪水远远不止一万日元。"松下先生微笑着对年轻人说。

年轻人听后,感到有些奇怪:不对呀,明明我每个月的薪水只有一万日元,可松下先生为什么会说不止一万日元呢?看到年轻人一脸的疑惑,松下先生接着说道:"小伙子,你要知道,你今天能争取到采访我的机会,明天也就同样能争取到采访其他名人的机会,这就证明你在采访方面有一定的潜力。如果你能多多积累这方面的才能与经验,这就像你在银行存钱一样,钱存进了银行是会生利息的,而你的才能也会在社会的银行里生利息,将来能连本带利地还给你。"松下先生的一番话,使年轻人茅塞顿开。

许多年后,已经做了报社社长的年轻人,回忆起与松下先生的谈话时,深有感慨:对于年轻人来说,注重才能的积累远比注重薪水的多少更重要,因为它是每个人最厚重的生存资本。

外职业生涯是指从事一种职业的工作时间与地点、工作单位、工作内容、工作职务与职称、工资待遇等因素的组合及其变化过程。外职业生涯通常可以通过名片、工资单体现出来。名片上表明工作的地点、企业的类型、担任的职务、职称等内容;工资单里写明基本工资、岗位津贴、福利待遇、奖金等,这些因素构成了外职业生涯。

外职业生涯是在职业生涯过程中所经历的职业角色(职位)及获取物质财富的总和,它是依赖于内职业生涯的发展而增长的。

内职业生涯是指从事一种职业时的知识、观念、经验、能力、心理素质、内心感受等因素的组合及其变化过程。内职业生涯中所讲到的这些因素,并不是通过名片、工资单可以体现出来的,而是通过从事职业时的表现、工作结果、言谈举止表现出来的。

内职业生涯是在职业生涯发展中透过提升自身素质与职业技能而获取的个人综合能力、社会地位及荣誉的总和,它是别人无法替代和窃取的人生财富。

外职业生涯的发展通常由别人决定、给予、认可,也容易被别人否定、收回、剥夺。而内职业生涯的发展主要依靠自己的不断探索而获得,不随外职业生涯的发展而自动具备,也不由于外职业生涯的失去而自动丧失。在人们职业生涯发展进程中,内职业生涯起重要的作用。

(三)医学生职业生涯规划

每个人都需要选择职业,每个人都渴望成功,许多人并不知道什么职业最适合自己,怎样才能事业有成。比如"经商热"时,一些并无经商才能的人也纷纷办公司;大学生毕业时,大多数人首先选择经济发达地区和大单位,然后才考虑专业及个人所长。这种"随大流""随热门"的职业选择方式,由于欠缺对自身特点和所处环境的认知,往往难以在事业中有所发展。要想成就一番事业,就必须规划自己的职业生涯。

职业生涯规划也称职业生涯设计。在职业生涯规划中,应对决定个人职业生涯的自身因素、组织因素和社会因素等进行分析,制订有关个人一生中在事业发展上的战略设想和计划安排。职业生涯规划首先要对个人特点进行分析,再对所在组织环境和社会环境进行分析,然后根据分析结果制订个人的事业奋斗目标,选择实现这一事业目标的职业,编制相应的工作、教育和培训的行动计划,并对每一步骤的时间、顺序和方向做出合理的安排。

医学生职业生涯规划,是指医学生结合自身实际情况以及目前医学发展的机遇和制约因素,为自己确定职业目标,选择职业道路,确定发展计划、教育计划等,并为自己实现医学职业生涯目标而确定行动方向、行动时间和行动方案。

著名职业生涯规划大师舒伯经过研究,提出了"生涯"概念和生活广度、生活空间的生涯发展观。他依照年龄将每个人生阶段与职业发展配合,将生涯发展阶段划分为成长、探索、建立、维持和衰退5个阶段,1980年后创新设计了"舒伯生涯彩虹图"。在舒伯生涯彩虹图(图3-1)中,纵向层面代表的是纵贯上下的生活空间,由职位和角色所组成,分为子女、学生、休闲者、公民、工作者、持家者6个不同的角色,他们交互影响交织出个人独特的生涯类型。

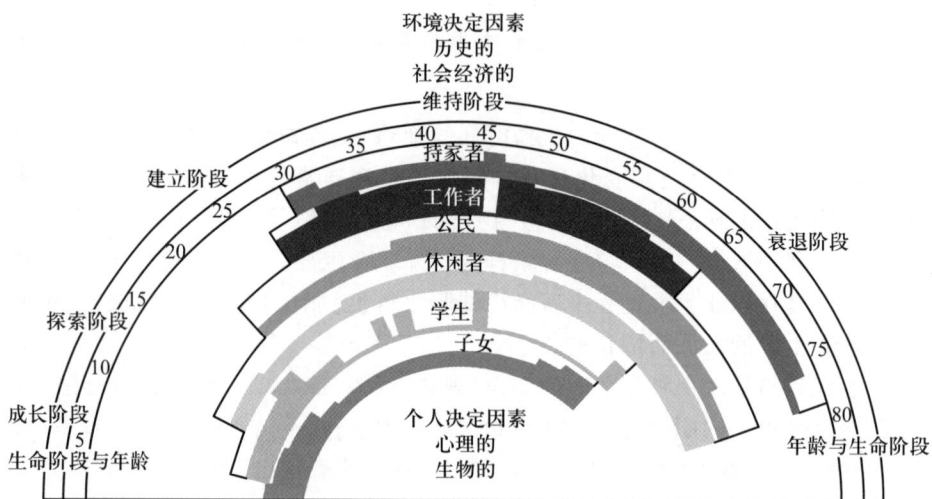

图 3-1 舒伯生涯彩虹图

从这个彩虹图的阴影比例中可以看出,成长阶段(0~12岁)最显著的角色是子女;探索阶段(13~22岁)是学生;建立阶段(30岁左右)是持家者和工作者;而在维持阶段(45岁左右)工作者的角色突然中断,又恢复了学生角色,同时公民与休闲者的角色逐渐增强,这正如"中年危机"的出现,暗示这时必须再学习、再调适才有可能处理好职业与家庭生活中所面临的问题;衰退阶段(65岁以上),由于生理及心理功能日渐衰退,这一阶段往往注重发展新的角色,寻求不同方式以替代和满足需求。例如,一名大学新生必须适应新的角色与学习环境,经过"成长"和"探索",一旦"建立"了较固定的适应模式,同时"维持"了大学学习生活之后,又要开始面对另一个阶段——准备求职。原有的已经适应的习惯会逐渐衰退,继而对新阶段的任务又要进行"成长""探索""建立""维持"与"衰退",如此周而复始。

二、医学生职业生涯规划的特点

医学生职业生涯规划需要我们根据自身实际,将自己准确定位在一个可以最大限度地实现个人价值的位置,具有以下特点:

1. 独特性

每个医学生都有自己的职业条件、职业理想和职业选择,有为实现自己的职业理想所做的种种努力,从而有着与他人相区别的、独特的生涯历程。

2. 发展性

每个医学生的职业生涯,都是一种发展、演进的动态过程。就整体而言,职业生涯是一个具有一定逻辑性的过程。

3. 阶段性

每个医学生的职业生涯发展过程,都有着不同的阶段,可以分为不同的时期。人在不同的生涯阶段有着不同的目标和任务。职业生涯各个阶段之间具有递进性。职业生涯可分为:人生规划,即整个职业生涯的规划,时间长至 40 年左右,设定整个人生的发展目标;长期规划,即 5~10 年的规划,主要设定较长远的目标;中期规划,一般为 2~5 年内的目标与任务;短期规划,一般为 2 年以内的规划,主要是确定近期目标,规划近期完成的任务,如对专业知识的学习,2 年内掌握哪些专业知识或技能等。

4. 终身性

每个医学生的职业生涯作为一种动态发展的历程,是根据个人在不同阶段的需求而不断变化,直至终身的过程。"老骥伏枥,志在千里",正反映了人生晚期在职业生涯方面的英雄气概。

5. 整合性

由于个人所从事的工作或职业往往会决定他的生活状态,并且职业与生活两者之间又很难区别,因此职业生涯具有整合性,涵盖人生整体发展的各个层面,而非仅仅局限于工作或职位。

6. 互动性

人的职业生涯是个人与他人、个人与环境、个人与社会互动的结果。人的"自我"观念、主观能动性,个人所掌握的社会职业信息、职业决策技术,对于其职业生涯有着重要的影响。

三、医学生职业生涯规划的作用

(一) 职业生涯规划有助于提升医学生成功的机会

医学生进行职业生涯规划要有计划、有目的。很多时候,我们的职业生涯受挫就是由于规划没有做好。做好规划是成功的开始,凡事"预则立,不预则废"就是这个道理。

医学生职业生涯规划包括知己、知彼、抉择、目标和行动五要素。其中,知己、知彼是抉择、目标、行动的基础。知己是对自己的了解,包括个人的兴趣、能力、价值观、个性以及家庭、学校和社会教育对个人产生的影响。职业生涯规划的重要前提是认识自我,只有认识自我、了解自我,才能有针对性地明确职业方向。认识自我是对自我深层次的解剖,了解自己能力的大小,明确自己的优势和劣势,根据过去的经验和经历,选择推断未来可能的工作方向,从而彻底解决"我想干什么"和"我能干什么"的问题。正确地认识自我,越来越受到用人单位的关注,如有些单位在招聘时就很注重考察应聘者对自己有无深刻的认识,要求应聘者说明自己的优缺点、兴趣、爱好和最值得列举的经历等。这就要求我们要找出自己与众不同的地方并保持下去,让自己的才华更好地为招聘单位所认可。自我认知一定要全面、客观、深刻,绝不可回避缺点和短处。知彼是探索外在的世界,包括医疗卫生行业的特征、所需的能力、就业渠道、工作内容、工作发展前景、行业的薪资待遇等。知己是了解自己本身的特征,知彼是了解工作舞台的特征,这两者有密切的关系,俗话说,"知己知彼,百战不殆"。职业生涯规划的主要任务就是使自我分析和职业分析达到平衡。

拓展阅读

"中医药学是中国古代科学的瑰宝,也是打开中华文明宝库的钥匙"

河南南阳温凉河畔,石阶层层,金色的琉璃瓦映衬下的"医圣祠"三个遒劲大字,纪念着东汉著名医学家张仲景。这里铭刻着人类与自然疾病作斗争的拼搏精神,见证着我国传统文化瑰宝之一的中医药的发展。

2021年5月12日,正在河南考察的习近平总书记来到医圣祠,了解张仲景生平和对中医药发展的贡献,了解中医药在防治新冠疫情中发挥的作用,以及中医药传承创新情况。

"习近平总书记对中医药文化和中医基础理论很感兴趣,他仔细阅读张仲景的伤寒论药方,还对一个东汉针灸陶人注视良久。"当时在考察现场的张仲景博物馆副馆长杨磊回忆说。

江睿,作为南阳理工学院大四学生,当时正在医圣祠开展实践活动。当现场聆听到总书记提出要"推动传统中医药和现代科学相结合、相促进"时,他深受鼓舞,下决心要深入学习中医,潜心研究中医理论与临床实践。

2022年9月,怀揣着北京中医药大学研究生录取通知书的江睿,信心满满地踏上了北上的列车。

"我们这些年能明显感觉到习近平总书记对中医药发展的关心和关怀,更能在他的很多重要讲话中感受到他对中医药文化内涵的独到认识和深刻见解。总书记曾多次在重要讲话中用中医药理念和术语来阐述治国理政的思想和观点,比如'扶正祛邪''猛药去疴''刮骨疗毒''固本培元、壮筋续骨'等等。"江睿说,"我要为传承好中医药文化发挥出自己的光和热。"

早在2015年,习近平总书记在致中国中医科学院成立60周年贺信中就明确指出:"中医药学是中国古代科学的瑰宝,也是打开中华文明宝库的钥匙。"他强调,切实把中医药这一祖先留给我们的宝贵财富继承好、发展好、利用好,在建设健康中国、实现中国梦的伟大征程中谱写新的篇章。

2016年2月,在江西江中药谷制造基地,习近平总书记拿起一个个药品、保健品和食品,询问质量安全、市场、价格等情况。总书记说,中医药是中华民族的瑰宝,一定要保护好、发掘好、发展好、传承好。

2018年10月,在广东珠海横琴新区粤澳合作中医药科技产业园,习近平总书记走进车间,察看中药制品生产流程。总书记指出,要深入发掘中医药宝库中的精华,推进产学研一体化,推进中医药产业化、现代化,让中医药走向世界。

……

在习近平总书记的关心关怀下,中医药迎来了发展的好时光:中医药科技创新日新月异,中医药领域获国家级科技奖励超过50项,中医药全程深度参与新冠疫情防控,组织筛选出"三药三方"等临床有效方药……

2022年,随着《"十四五"中医药发展规划》出台,中医药文化正在进一步深入到千家万户、走向世界各地,努力在推动中华优秀传统文化创造性转化、创新性发展中更好地发挥标杆作用。

金秋的医圣祠,苍柏、翠竹与药草掩映,来自全国各地的参访者络绎不绝。杨磊说:"我们要把习近平总书记那份关心中医药文化继承、发展的情怀,化为前进的动力,让有着几千年历史传承的中华瑰宝焕发出新的时代生机。"

——新华社

（二）职业生涯规划有助于提升医学生应对竞争的能力

当今社会处在变革的时代,到处充满着激烈的竞争。物竞天择,适者生存。职业活动的竞争非常突出,要想在这激烈的竞争中脱颖而出并立于不败之地,必须设计好自己的职业生涯,这样才能做到心中有数,不打无准备之战。而不少医学生不是首先做好自己的职业生涯规划,而是拿着求职材料到处跑,结果浪费了大量的时间、精力与资金,到头来感叹招聘单位不能"慧眼识英雄"。这部分医学毕业生没有充分认识到职业生涯规划的意义与重要性,认为找到理想的工作靠的是学识、关系、口才等条件,认为职业生涯规划属纸上谈兵,是耽误时间。这是一种错误的理念。实际上,先做好职业生涯规划,做到未雨绸缪,待有了清晰的认识与明确的目标之后再把求职活动付诸实践,这样的效果要好得多,也更经济、更科学。

【案例】

小黎同学,2016 年毕业于一所医学院校药品营销学本科专业。虽然参加工作只有 2 年的时间,但已经换了好几份工作。最长的一份工作才做了 8 个月,每次都是她主动辞职的。理由是总是觉得自己不喜欢该工作,想找更好的,但总也找不到,只好不停地辞职、不停地找。现在又处在求职的阶段,虽然她不想再这样下去,可她以前做过私立医院办公室秘书、医疗器械销售公司代理、药品销售公司推销员,只要和自己专业有点关系的,觉得自己能胜任的工作她几乎都做过了,迷茫的她也不知接下来该做什么了。小黎同学之所以这么迷茫,就是因为她从来没有认真地分析过自己,没有对自己的个性、兴趣、爱好、能力和水平等进行一个综合的评价,不知道自己真正喜欢做什么。

（三）职业生涯规划有助于全面提高医学生的综合素质

部分医学生在校期间的学习目标不同程度地存在着盲目性,这必然导致学习缺乏动力,适应社会的能力弱化。通过职业生涯规划,对未来可能从事的职业类型和具体的职业特点进行分析,可以使自己在校的学习和综合能力的培养具有明确的目的性,意识到学习的意义,增强学习的动力。职业生涯规划中的具体措施和安排,有助于今天的养成教育,引导医学生在生活中学会做人、学会求知、学会做事,不断鞭策自己、督促自我,掌握职业技能,为将来顺利择业、就业奠定基础。

【案例】

就读于某医药高等专科学校的小邹同学,在暑假社会实践中参加了一家国际医药公司的宣传活动。在这次活动中,他遇到很多志趣相投的人。他们经常在一起讨论工作,讨论世界著名的医药企业发展经历,小邹逐渐对人生有了一个清晰的目标,他产生了"想进入国际医药大公司"的念头。有了这个想法之后,他制订了一份非常详尽的计划,包括每个阶段应该做哪些事情,考取营销师、药剂师等技能证书等。每完成一项任务,他就会从计划表中划去一项。在学校期间,他一直坚持目标不放松,利用课余时间和假期参加一些大型医药公司的实习活动。他白天上课,晚上加班学习到凌晨。毕业后,小邹凭着优秀的学习成绩和丰富的实践经历,顺利地得到了在一家外资医药企业工作的机会,可是他并没有满足,他计划着找到合适的机会到名牌医科大学深造,或者是去国外读书。通过学习丰富人生阅历,同时抓住可能的新机遇,实现自己更高的职业目标。

医学生职业生涯规划的步骤及职业生涯规划期限参考见表 3-1。作为医学院校的学生,应该将短期、中期和长期规划进行有机结合,这样可以达到学习效率和求职成功率高、职业竞争力强、就业顺利的目的。

表 3-1 医学生职业生涯规划期限及规划内容参考表

项目	期限	规划内容
学业规划	3 年以内	确定大学期间的学业规划及近期目标规划 大学期间应着重训练、完成的目标
学业末期、求职及职业初期规划	3~5 年	规划 3~5 年内的职业目标与任务 毕业前准备、求职目标、行动及职业尝试锻炼等
职业中期拼搏规划	5~10 年	主要总结前 5 年的职业发展情况,修订职业目标 调整中长期职业发展的计划与措施等
长期规划	10~20 年	职业稳定之后,仍需要确立更高的职业理想与目标,如业务水平、工资待遇、学术价值、社会地位、职位等

第二节　医学生职业生涯规划的制订

一、制订职业生涯规划应遵循的原则

对于医学生来说,制订职业生涯规划应遵循以下原则:

1. 实事求是原则

根据实际情况如实反映客观事实的本来面貌,制订自己的职业生涯规划设计,在进行职业方向、职业能力、职业素质、职业前景的分析和预测时,要客观准确地认识自我,正确地评价自我,确切定位,对环境的影响不仅要看到有利因素,也要看到不利因素,思考问题要全面,有主见,不随大流,不想当然。

2. 切实可行性原则

制订职业生涯规划要以自身情况为依据,以社会客观为准绳,所设计的步骤、所确定的流程、所采取的方法要有可操作性,通过职业生涯规划的实施,确实能够达到预期的职业生涯目标。这就要求我们:首先,个人职业生涯目标要同自己的能力、兴趣、素质、知识基础和设想的职业工作相符合;其次,个人的职业目标和职业生涯道路的确定,要考虑到职业的客观条件,在一个论资历的单位,刚毕业的大学生就不宜把担当重要的领导职务确定为自己的职业目标。

3. 连续性原则

医学生职业生涯规划既要保持大学期间目标的连续性,又要保持大学期间与走向社会后职业生涯目标的连续性,并使之贯穿自己的人生。医学生要想成功就需要目标引导,上大学之前,有的人就已有了目标,几年的大学生活更需要一个目标。这些目标应是连续一致的,不应是变幻无常的。大学期间你也许会对目标做一些调整,但不可频繁改动。大学期间的目标能够对学习产生激励,走向社会的目标则应对工作产生激励,这两种激励的最终目的应是一致的,即激励你在某种职业岗位上做出成绩。目标如果不具有连续性,无疑会使某些学习变得徒劳,难以实现自己的职业理想。成功的人往往坚持目标,但经常改进方法和措施;不成功的人则往往经常改变目标而不改变方法。

4. 量化原则

对于医学生来说,一旦确定了自己的职业理想,就要在大学期间量化自己的目标体系,把社会对职业的知识、能力、素质、个性等方面的要求尽可能量化,明确自己在一个学期、学年乃至整个在校学习期间,在知识、技能、能力、素质、个性等各方面有哪些收获与提高。比如,大学期间,可以分阶段确定具体任务:在大一苦练语言表达能力,掌握人际交往技巧;大二锻炼组织管理能力和专业技术能力;大三学习求职就业的技巧,创业、立业的方法等。走向工作岗位后,1~2年,熟悉情况,虚心向他人学习,保证自己的工作不出差错,适应单位环境;3~4年,在岗位上要有所创新,有自己的特色,并得到他人的尊重与认可;5~8年,成为一个在各方面都能独当一面、具有比较丰富的工作经验的优秀医务工作者等。

5. 激励性原则

良好的职业生涯规划要明确激励目标,通过努力实现一个个子目标,从而激励自身向更高的目标奋进。比如,一个医学生要培养语言表达能力和交往能力,制订实现目标的步骤可以是这样的:多与同学交往,敢于在课堂上发言,参加班级活动,参加学校组织的社会实践活动。让每一个目标经过努力都能实现,从而获得一种成功的喜悦和自信,最终实现提升职业能力的目标。

二、制订职业生涯规划的方法

(一) SWOT法

SWOT法最早是由美国旧金山大学的管理学教授韦里克在20世纪80年代初提出来的。在此之前,早在20世纪60年代就有人提出过SWOT分析中涉及的内部优势、弱点、外部机会、威胁这些变化因素,但只是孤立地对它们加以分析。而SWOT法用系统的思想将这些似乎独立的因素相互匹配起来进行综合分析。运用这个方法,有利于人们对个人或组织所处的情景进行全面、系统、准确的研究,有助于人们制订发展战略和计划,以及与之相适应的发展计划或对策。

SWOT分析法也称四维分析法,是一种功能强大的分析工具,是检查个人技能、能力、职业、喜好和职业机会的有用工具。通过它,会很容易知道自己的优点和弱点在哪里,并且会仔细地评估自己所感兴趣的不同职业道路的机会和威胁所在。其中,S(strength)代表优势,W(weakness)代表弱势,O(opportunity)代表机会,T(threat)代表威胁,S和W是内部因素,O和T是外部因素。

对自己做个 SWOT 分析,分析优势、弱势、机会和威胁,找到自己最擅长之处。

一般来说,对自身的职业发展问题进行 SWOT 分析时,应遵循以下 5 个步骤:

1. 评估自己的长处和短处

每个人都有自己独特的技能、天赋和能力。比如,有些人不喜欢整天坐在办公桌旁,而有些人则一想到不得不与陌生人打交道时,心里就发麻,惴惴不安。请列个表,列出你自己喜欢做的事情和你的长处所在(如果你觉得界定自己的长处比较困难,你可以请专业的职业咨询师帮你分析,分析好之后,可以发现你的长处所在)。同样,通过列表,你可以找出自己不是很喜欢做的事情和你的弱势。找出你的短处与发现你的长处同样重要,因为你可以基于自己的长处和短处做两种选择:一是努力去改正你常犯的错误,提高你的技能;二是放弃那些你不擅长的、技能要求很高的职业。列出你认为自己所具备的很重要的强项和对你的职业选择产生影响的弱势,然后再标出那些你认为对你很重要的强、弱势。

2. 找出你的职业机会和威胁

不同的行业或专业都面临着不同的外部机会和威胁,所以,找出这些外部机会和威胁将帮助你成功地找到一份适合自己的工作。如果某个单位处于一个经常受到外界不利因素影响的行业里,这个单位提供的职业机会将是很少的,而且没有升迁的机会。相反,充满了许多积极的外界因素的行业将为求职者提供广阔的职业前景。

请列出你感兴趣的一两个专业,然后认真评估这些专业所面临的外部机会和威胁。

3. 提纲式地列出今后 3~5 年内的职业目标

自觉地对自己做一个 SWOT 分析评估,列出你未来 3~5 年内最想实现的 4~5 个职业目标。这些目标可以包括:大学毕业后你想从事哪一种职业,你希望自己拿到的薪水有多少等。请时刻记住:你必须竭尽所能地发挥出自己的优势,使之与医疗卫生行业提供的机会圆满匹配。

4. 提纲式地列出一份今后 3~5 年的职业行动计划

职业行动计划应涉及一些具体的内容。请你拟出一份实现上述每一个目标的行动计划,并且详细地说明为了实现每一个目标,你要做的每一件事,何时完成这些事。如果你觉得你需要一些外界帮助,请说明你需要何种帮助。例如,你的个人 SWOT 分析可能表明,为了实现你理想中的职业目标,你需要进修更多的管理课程,那么你的职业行动计划应说明要参加哪些课程、什么水平的课程以及何时进修这些课程等,你拟定的详尽的行动计划将帮助你做决策,就像外出旅游前事先制订的计划将成为你的行动指南一样。

5. 寻求专业帮助

能分析出自己职业发展及行为习惯中的缺点不难,但要以合适的方法改变它们却很难。虽然你的父母、老师、朋友、上级主管、咨询专家都可以给你一定的帮助,但很多时候借助专业的咨询力量会让你大走捷径。

很显然,做 SWOT 分析需要你的一些投入,而且还需认真地对待,当然要做好你的职业分析难度也很大,但是不管通过什么渠道,进行一次详尽的个人 SWOT 分析都是值得的,因为当你做完详尽的个人 SWOT 分析后,将有一个连贯的、实际可行的个人职业策略供你参考。在激烈的职场竞争中,拥有一份挑战和乐趣并存、薪酬丰厚的职业是每一个人的梦想,但并不是每一个人都能实现自己的梦想。因此,为了使你的求职和个人职业发展更具竞争力,请认真地为你的职业发展做些实事吧。

其实,人们不管在做什么事情前,都可以进行一下 SWOT 分析,这样有利于做到心中有数,顺利实现目标。

（二）"5 What"法

对于许多医学生而言,职业生涯规划也许是一个比较模糊的概念,更谈不上对自己进行职业生涯规划了。对于职业生涯规划,并不如某些书上所说的那样玄机无限,只要对自己有个基本认识,同时掌握一定的方法,每个人都能对自己进行职业规划,为自己的职业生涯发展画一个蓝图。"5 What"归零思考法共有 5 个问题:"What are you?""What do you want?""What can you do?""What can support you?""What can you be in the end?"回答了这 5 个问题,找到它们的最多共同点,就有了自己的职业生涯规划。该方法尤其适合即将毕业的大学生。

第 1 个问题"What are you":是对自己进行一次深刻的反思,清醒地认识自己,将优点和缺点都一一列出来。

第 2 个问题"What do you want":是对自己职业发展的一个心理趋向的检查。每个人在不同阶段的兴趣和目标并不完全一致,有的甚至是完全对立的,但随着年龄和经历的增长而逐渐固定,并最终锁定自己的终身理想。

第 3 个问题"What can you do":是对自己能力与潜力的全面总结。一个人职业的定位最根本的还要归结于他的能力,而职业发展空间的大小则取决于自己的潜力。对于一个人潜力的了解应该从几个方面着手去认识,如对事的兴趣、做事的韧力、临事的判断力以及知识结构是否全面、是否及时更新等。

第 4 个问题"What can support you":这种环境支持在客观方面包括同事关系、领导态度、亲戚关系等;两个方面的因素应该综合起来看。有时我们在做职业选择时会忽视主观方面的东西,没有将一切有利于自己发展的因素调动起来,从而影响自己的职业切入点。而通过同事、熟人的引荐找到工作是最正常也是最容易的。当然我们应该知道这和一些不正常的"打招呼""走后门"等有着本质区别。这种区别就是这里的环境支持是建立在自己的能力之上的。

第 5 个问题"What can you be in the end"在明晰了前面 4 个问题后,就会从各个问题中找到对实现职业目标有利和不利的条件,列出不利条件最少的,自己想做而且又能够做的职业目标。那么第 5 个问题自然就有了一个清楚明了的框架。

下面我们对某医专生的职业选择和职业目标确定做一次分析,或许能够启发许多和他一样的同学。

【案例】

小杨同学,某医专药品营销专业学生,使用以上方法对自己进行了职业生涯规划,经过整理答案如下:

1. 我是谁?

某医专药品营销专业学生,来自农村,性格外向,善于沟通,曾经有过兼职推销的实践经历,并取得相当不错的业绩,而且自己所学的专业也是药品营销专业,这也正是自己的兴趣所在。通过亲自去做营销,越来越感到从事这一行,如果工作尽责,又有一定的水平,会受到客户很大的尊重,比较符合自己的性情,也能赚到钱,我很爱我的父亲和母亲,很担心他们患有慢性病的身体。我不要求很多钱,但需要体面而丰富的生活,喜欢唱歌,有时爱幻想。

2. 我想干什么?

顺利毕业,并成为有一定经验的药品营销人员(职业方向)。总体目标是成为一家医药销售大公司的总裁。

3. 我能干什么?

能承担药品销售公司的业务,能协调公司各部门的关系,能成为销售公司的业务能手,也争取成为指导下属开发客户的教师,能讲授营销业务开发的课程和一些较容易的管理课程,相信还可以学会很多东西。

4. 环境能支持我干什么?

中国现在是一个政治稳定,经济、社会、文化快速发展的国家,这种环境为每一个大学生都提供了非常好的发展机遇。随着市场经济的发展,市场在经济活动中的作用将越来越大。社会的发展将会对市场营销的职业产生重要的影响,对市场营销的依赖性将越来越大。自己比较感兴趣的是制药、医疗、保险和食品卫生行业。这些行业不仅是社会不可或缺的行业,而且随着社会的发展,发展空间也会相当大。

5. 我的职业和生活规划是什么?

做药品营销员、药品营销代理处经理、药品营销公司经理、总裁或自己开公司;工作后结婚和妻子住在属于自己的舒适的房子里(不一定太大),每天开着自己的汽车(不一定很贵)去工作;与人合伙开营销公司,自己负责业务开发,但未来的老板如果能吸收我做股东,并提供更大的事业发展空间似乎更好些。

6. 我的社会实践感悟

作为在校医学生,自己和有一定经验的市场营销人员有很大差距。这些差距包括:

(1)思想观念上的差距:刚从事销售的人一般会认为销售只是卖出商品,但有一定经验的人则会认为销售是"卖出自己"——客户只有相信销售者,才可能购买商品。

(2)知识上的差距:在销售实践的过程中,发现自己学习的书本知识仍很不够,特别是外语方面的能力无法适应一些高端企业和外企的销售要求。因此,决定加强英语的学习,准备报英语的口语班,每周学习一次,并定期参加学校里的英语角,切实提高英语水平。

(3)心理素质的差距:市场销售需要百折不挠,而作为一个学生,缺少的恰恰是这一点,往往遇到一点挫折和失败就会退缩。这种差距,需要在实践中逐步消除。

(4)能力的差距:这一点是最明显、最重要的,但我有信心赶上。

分析:小杨不仅回答了5个问题,还就社会实践做了客观的总结,找出了自己的差距,也明确了努力的方向。他把未来职业目标分解成两个阶段:一是大学期间,把专业课程学好,他坚信,顺利毕业的前提是学好专业课程,而专业课程的学习则对职业目标(成为一个有一定经验的药品营销人员)有促进作用;同时利用课余时间接触市场、了解市场、熟悉市场,在接触市场阶段,和一些相关公司保持联系。二是毕业后,先做营销员,经过努力担任所在公司总经理助理;如果有机会成为公司的正式股东;拥有自己的住房与汽车,结婚并将父母接来团聚……

三、制订职业生涯规划的基本步骤

职业生涯规划是一个周而复始的过程,其基本步骤包括:清晰个人生涯愿景;自我评估;

环境评估;确定职业发展目标;设定职业生涯发展路线,制订弥补差距的行动方案;实施、评估与修订。

(一)清晰个人生涯愿景

在为自己制订职业发展规划的时候,需要弄明白这样一个问题——"自己到底想过一种什么样的生活",即个人生涯愿景。生涯愿景是个人发自内心的,一生最热切渴望达成的结果,它是一种期望的未来或意象,由于人在一生中要扮演多个角色,因此生涯愿景是多方面的。总的来说,个人生涯愿景主要包括以下几个方面的内容:

(1)自我形象:你希望成为什么样的人,假如你可以变成你向往的那种人,你会有哪些特征?

(2)有形财产:你希望拥有哪些物资财产,希望拥有多少?

(3)家庭生活:在你的理想中,你未来的家庭生活是什么样子?

(4)个人健康:对于自己的健康、身材、运动以及其他与身体有关的事情有什么期望?

(5)人际关系:你希望与你的同事、家人、朋友以及其他人拥有什么样的关系?

(6)工作状况:你理想中的工作环境是什么样子?

(7)社会贡献:你期望对社会做出什么样的贡献,取得什么样的成就?

(8)个人休闲:你期望有什么样的休闲生活?

(二)自我评估

自我评估相当于内在条件评估。自我评估的目的是认识自己、了解自己。因为只有认识和了解了自己,才能对自己的职业发展做出正确的选择,才能选定适合自己发展的职业生涯路线,才能对自己的职业生涯目标做出最佳抉择。自我评估包括对自己的兴趣、特长、性格、学识、技能、智商、情商、思维方式、思维方法、道德水准等做出分析。

一份完善的职业生涯规划的重中之重是对自我的正确认识和剖析(表3-2),自我认知是个人职业生涯规划的基础,一个人只有通过自我认知和评估,正确、深刻、准确地认识和了解自己,才能对自己未来的职业生涯做出最佳抉择。

表 3-2　自我认知测试

项目	判断	
性格特点	内向/软弱	外向/刚强
心理素质怎样?	好/较好	一般/不好
优势是什么?	沟通	动手能力
劣势是什么?	不善表达	沟通能力差
兴趣是什么?	经商/当医师/做护士	医药营销/心理医师/家庭护士
爱好是什么?	艺术/写作	设计/理财
什么是我生命中最不会舍弃的东西?	亲情/爱情/友情	金钱/享受/工作/事业
生活中曾受到的失败的教训是什么?	高考失意/求职碰壁	恋爱失败

项目	判断	
生活中曾取得的成功经验有哪些？		
我具备的优于他人的技能是什么？	外语/智商/表达	社会实践能力/家庭条件
整体素质怎样？	高	低
最欠缺的是什么？	胆识/魄力	独立思考/决策能力
医学专业成绩怎样？	高	一般
情商	高	一般
身体/体质状况	健康/强壮	亚健康/一般
思想观念	传统	现代/后现代
性别	男	女

（三）环境评估

环境评估相当于外在条件评估。职业生涯环境的评估,主要是评估各种环境因素对自己职业生涯发展的影响。每一个人都处在一定的环境之中,离开这个环境,便无法生存与成长。因此,在制订个人的职业生涯规划时,要分析环境的特点、环境的发展变化情况、自己与环境的关系、自己在这个环境中的地位、环境对自己提出的要求以及环境对自己有利与不利的影响等。只有对这些环境因素充分了解,才能做到在复杂的环境中趋利避害,使职业生涯规划具有实际意义。

剖析职业领域在制订职业生涯规划的影响时,医学生要注意到环境对个人职业生涯发展的重要影响。要清楚以下情况:

（1）所处的医学大环境。

（2）医学职业环境的发展变化情况。

（3）所学医学专业与医学环境的关系。

（4）医学职业环境对求职者的要求、条件和待遇。

（5）医学职业环境对自己提出的要求以及医学职业环境对自己的有利条件和不利因素。

（四）确定职业发展目标

这是指期望在职业发展道路上达到一个什么样的位置,简单地说做到什么职位。有人可能会说"我的目标是事业有成",这并不是目标,仅是美好愿望而已;有人可能会说"我的目标是成为优秀的医务工作者",这也不是目标,仅是职业发展方向而已;还有人可能会说"我的目标是成为优秀的外科医师",这就是具体的职业发展目标了。

职业发展目标的设定,是职业生涯规划的核心。一个人事业的成败,很大程度上取决于有无正确适当的目标。没有目标如同驶入大海的孤舟,四野茫茫,没有方向,不知道自己走向何方。职业发展目标是以自己的最佳才能、最优性格、最大兴趣、最有利环境等信息为依据而设定的。通常可分为短期目标、中期目标、长期目标和人生目标。短期目标一般为1~2

年,短期目标又分为日目标、月目标、年目标;中期目标一般为 2~5 年;长期目标一般为 5~10 年。

（五）设定职业生涯发展路线

个人现在所处的位置与总体目标总是有距离的(距离的大小要视总体目标的远大程度而定),个人不可能一步就能达成总体目标。要完成总体职业发展目标,就必须将总体目标进行分解,分解成一个一个的阶段目标逐步完成。

医专生毕业后,有三条出路:就业、升本、自主创业。选择的出路不大一样,大学生涯规划的侧重点也是不一样的。怎样在升本和就业之间做选择,可能是很多同学难以抉择的问题。到底是升本还是就业,要综合考虑多方面的因素。最根本的原则是,选择一条最能帮助自己实现职业发展目标的道路。

制订个人职业生涯规划就是为了实现某种职业生涯目标,进而获得自己理想的生活,所以目标抉择才是职业生涯规划的核心。医学生就业方向选择,可参考图 3-2。

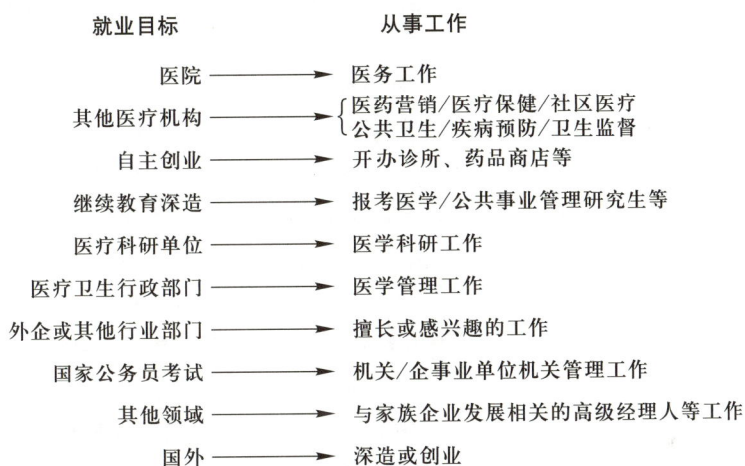

就业目标		从事工作
医院	→	医务工作
其他医疗机构	→	医药营销/医疗保健/社区医疗 公共卫生/疾病预防/卫生监督
自主创业	→	开办诊所、药品商店等
继续教育深造	→	报考医学/公共事业管理研究生等
医疗科研单位	→	医学科研工作
医疗卫生行政部门	→	医学管理工作
外企或其他行业部门	→	擅长或感兴趣的工作
国家公务员考试	→	机关/企事业单位机关管理工作
其他领域	→	与家族企业发展相关的高级经理人等工作
国外	→	深造或创业

图 3-2　医学生就业方向选择

个人职业生涯发展路线的选择要根据学历层次、学校的培养目标以及社会的需求来定位。医药卫生专业方向的专科生在求职时不要只选择医师这一单一职业方向,还可以考虑一些与医药相关的行业,如医药营销、保健行业等。医专生毕业时有近 50% 的人首选收入待遇较好的省市级医疗单位,非大城市、非经济发达地区不去,缺乏艰苦奋斗的精神及创业精神,造成在毕业派遣时,不少毕业生不能落实工作,但每年有许多被毕业生认为单位条件、区域、位置不是很理想的用人单位来校招聘时,一些毕业生却宁愿在家等,也不愿应聘。因此,对于医专生而言,应该转变择业观念,适时地对自我职业规划进行改进,应将基层卫生服务机构作为医专生就业的主体,积极响应国家号召,优先选择面向基层、西部计划或参加"三支一扶"、参军入伍、村医计划等。

（六）有效实施职业生涯规划

1. 不轻易放弃目标

在目标的实现过程中不可能总是一帆风顺的。面对挫折与失败,有的人愈战愈勇,有的人却晕头转向,轻易放弃了既定的目标,最终导致一事无成。成功的人和不成功的人就差一点点。成功的人可以无数次修改方法,但绝不轻易放弃目标;不成功的人总是变换目标,却从不或很少改变方法。在职业生涯发展的道路上,只要不放弃目标,每一次挫折、每一次失败都是有价值的。只有暂时没有找到解决方法的困难,没有解决不了的困难。

真正厉害的人,都懂得坚持的意义。"四届老将"徐梦桃在北京冬奥会自由式滑雪女子空中技巧决赛圆梦夺金。此前,她做了职业生涯以来最严重的手术——半月板切除,经历了漫长的伤病恢复期,今年是她第四次站上冬奥赛场。徐梦桃说:"我可能不是这个项目中最优秀的,但我绝对是一个最能坚持到最后的人!"人生不是百米冲刺,而是漫长的马拉松,比拼的是毅力、决心和长期的坚持。找到你的梦想与追求,坚信它、追逐它、捍卫它,才有可能最终实现它。

2. 增强行动力

一份再完美的职业发展规划,如果不去执行也是没有用的。经常听一些同学讲"从下周开始,我要好好学英语""明天我就早起背单词"……为什么非要从下周或明天开始而不是从今天就开始呢?

行动力相当于心理学中所说的毅力。护理事业的创始人和现代护理教育的奠基人——南丁格尔,生于一个名门富有之家,自幼便在家庭里接受教育,她在当主妇、文学家、护士三者之中,不顾父母反对,毅然选择了当护士。19 世纪 50 年代,英国、法国、奥斯曼帝国和俄国进行了克里米亚战争,英国的战地战士死亡率高达 42%。南丁格尔主动申请,自愿担任战地护士。战争结束后,南丁格尔回到英国,被人们推崇为民族英雄。1860 年,南丁格尔用政府奖励的 4 000 多英镑创建了世界上第一所正规的护士学校。随后,她又创办了助产士及经济贫困的医院护士培训班,被人们誉为现代护理教育的奠基人。1901 年,南丁格尔因操劳过度,双目失明。1907 年,英王颁发命令,授予南丁格尔功绩勋章,南丁格尔成为英国历史上第一个接受这一最高荣誉的妇女。她靠的正是毅力,是毅力使她成功了。

人生就像是一场马拉松比赛,开始跑在最前面的未必能一直领先;原来落在后头的并不一定不会后来居上。有的人老是在别人的成就和荣耀面前哀叹自己起步太晚,其实每一位马拉松参赛者都明白,迟三步五步,甚至十步百步也不算晚,关键是能否坚持到终点。

3. 及时评估与修正

"心动百次不如行动一次"。制定规划固然重要,但更重要的是将规划付诸实施并取得成效。随着社会环境的不断变化,自身也在不断地改变,因此职业发展规划是一个动态的过程,绝不是确定了具体计划之后,就能一劳永逸地执行下去的。个人如果不能根据变化的情况,对具体的职业发展计划进行调整,职业发展规划就会沦为空洞的设计。因此,为有效实施职业发展规划,必须在实施过程中随时评估,并根据评估结果顺应变化及时修正。

评估与修正的内容主要有:① 职业目标评估,即是否需要重新选择职业;② 职业路径评估,即是否重新选择实现目标的路线;③ 实施策略评估,即是否需要改变行动策略;④ 其他因素的评估,包括身体、家庭、经济状况以及机遇、意外情况的及时评估。从这个意义上说,职业生涯设计就是一个再认识、再发现的过程,往往需要医学生经过长时间,甚至是一生去探索。

四、医学生职业生涯规划方案的撰写

（一）规划方案的制订

1. 确立目标

通常目标有短期目标、中期目标、长期目标和人生目标之分。

2. 制订规划

规划分为短期规划、中期规划、长期规划和人生规划4种类型。

（1）短期规划：2年以内的规划，主要是确定近期目标，规划近期完成的任务。如专业知识的学习达到什么程度，2年内掌握哪些业务知识和专业技能，取得哪些职业资格证书等。

（2）中期规划：一般为2～5年的目标、任务及实施步骤。如在校期间要掌握的知识和技能，准备如何提高个人修养和素质，毕业时的求职目标及进入职场后的目标和打算。如5年内争取获得中级技师资格等。

（3）长期规划：5～10年的规划，主要设定较长远的目标及实施步骤。如规划如何在30岁时成为高级技师或一线管理人员等。

（4）人生规划：整个职业生涯的规划，时间长至40年左右，设定整个人生的发展目标、发展阶段及实现各阶段目标的方法、步骤，如规划怎样成为一名行业专家或企业老板等。

（二）医学生职业生涯规划书的撰写

职业生涯规划书有多种形式，如表格式、条列式、复合式、论文格式等。无论采用哪种形式，都必须包含：① 题目；② 职业方向及总体目标；③ 自身条件及潜力分析或测评结果；④ 环境分析；⑤ 目标分解及目标组合；⑥ 差距——自身现实状况与实现目标要求之间的差距；⑦ 缩小差距的方法及实施方案。

五、医学生职业生涯规划中的常见问题

一个人的事业能否成功取决于太多的因素，个人的素质、机遇、环境等都起着重要的作用。职业生涯规划不一定能保证成功，但是没有规划的职业生涯是很难成功的。有些学生在规划职业生涯时感到很为难，他们认为自己一切表现都平平常常，毫无特色可言，只能模仿别人的成长经历去规划自己，因而规划形同虚设，对自己毫无作用；还有些学生对自己定位过高，一旦不能如愿，就会很失望。下面就职业生涯规划的5个步骤中常见的问题进行分析。

（一）自我评估中的问题

1. 缺乏个人志向

志向是事业成功的基本前提。没有志向，事业的成功也就无从谈起。立志是人生的起跑点，反映着一个人的理想、胸怀、情趣和价值观，影响着一个人的奋斗目标及成就。因此，在制订生涯规划时，首先应确立志向，这是制订职业生涯规划的关键，也是生涯规划最重要的一点。

2. 自我评估的途径单一

90%以上的医学生都是通过职业生涯测评系统来认识自己。实际上除了通过测评，现任教师、辅导员、同学、父母亲、兄弟、姐妹、亲戚的评价也是必不可少的。通过周围熟人对自己的评价，可以获得对自己比较客观的认识。可以采用面谈的方式或者问卷调查的方式来

获得这些评价。大学生在制订职业生涯规划时需要与周围的朋友、家人和专家多沟通，充分清晰地了解自己，听取他们的建议去反复修正规划，而不要自己一个人想出来。

3. 自我评估的内容不够全面

大部分医学生只分析了个人的兴趣、爱好、特长、性格、价值观、优缺点和健康状况，没有谈到个人的情商，而这个因素对职业生涯有着非常重要的影响。

情商（EQ）又称情绪智力，是近年来心理学家们提出的与智力和智商相对应的概念。它主要是指人在情绪、情感、意志、耐受挫折等方面的品质。以往认为，一个人能否在一生中取得成就，智力水平是第一重要的，即智商越高，取得成就的可能性就越大。但现在心理学家们普遍认为，情商水平的高低对一个人能否取得成功也有着重大的影响，有时其作用甚至要超过智力水平。美国哈佛大学心理学家丹尼尔·戈尔曼最早提出了"情商"的概念。他指出："真正决定一个人能否成功的关键，是情商而不是智商。"他认为，情商包括以下几个方面的内容：一是认识自身的情绪，因为只有认识自己，才能成为自己生活的主宰；二是能妥善管理自己的情绪，即能调控自己；三是自我激励，它能够使人走出生命中的低潮，重新出发；四是认知他人的情绪，这是与他人正常交往，实现顺利沟通的基础；五是人际关系的管理，即领导和管理能力。

情商的水平不像智力水平那样可用测验分数量化出来，它只能根据个人的综合表现进行判断。情商水平高的人具有如下特点：社交能力强，外向而愉快，不易陷入恐惧或伤感，对事业较投入，为人正直，富于同情心，情感生活较丰富但不逾矩，无论是独处还是与许多人在一起时都能怡然自得。

4. 未突出自己的职业能力优势

例如，有人谈到兴趣爱好是旅游，但选择的却是与旅游相差甚远的职业。诸如此类的兴趣还有打篮球、打羽毛球、听音乐、看电视、上网、书法、跳舞、定向越野、绘画、文艺等。另外，多数人把自己的社会实践活动不加分别地列上去，多至20多项，而且没有任何评价，这些与未来职业没有实质上的关联。如未来职业是护士，社会实践却是参加销售电话卡、书籍等；未来职业是药剂师，社会实践却是家教。正确的做法应该是，兴趣、社会实践经验和能力的展示应与未来职业有一定的关联度。如果没有，就没有必要列出来。有了职业生涯规划，学生的社会实践就不会盲目而有所选择。如果未来职业目标是美容师，那么社会实践就选择与医学美容相关的活动。

除了以上几点，进行自我评估还要注意以下几个方面：第一，不要过度概括过去的经验；第二，不要过于依赖他人对我们的价值观、兴趣和技能的看法；第三，要避免在处于某种情绪危机时制订生涯决策；第四，充分利用现有生涯干预服务中的各种工具；第五，通过在不同的工作环境中得到的各种工作经历，来发展清晰的自我形象，同时要注意自己的感受以及对这些工作经验的反应。

（二）环境评估中的问题

1. 环境评估只有普遍性，没有特殊性

大部分人都介绍了家庭、学校、社会（政策、法律）等环境对自己的影响。对家庭环境，着重介绍家庭经济情况的好坏、家庭期望，而没有介绍家族文化。对学校环境，只简单介绍学校性质，没有介绍社会认可程度、校园文化、品牌专业以及对应本专业的科研成绩。对就业形势的评估，也只是从宏观的角度来分析问题，犯了"大而全"的错误，缺乏针对性。如能将具体就业区域和就业行业岗位结合起来评估就业环境,就会更全面而具体。

2. 注重行业发展趋势,关注职位能力不够

大部分学生对行业进行了比较详细的分析,诸如国家对该行业的政策扶持,行业发展潜力。但往往对职位所需能力关注度不够,不了解职位需要具备什么能力。要清楚未来职业的工作内容、工作环境、任职条件(所需的知识、能力、经验和证书等),以及相适应的职业兴趣类型。

3. 对行业、职位查询的途径单一

大部分毕业生过度依赖互联网对行业、职位进行查询,导致信息来源途径单一。其实对行业、职位的了解还可以通过其他途径,例如纸质媒体、招聘会、行业展览、走访等。

(三)职业定位中的问题

1. 定位分析不明

大多数人没有谈到选择职业目标的原因,以及达到职业目标的途径、所需的能力、训练和教育;没有提到达到该职业目标可能得到的助力以及达到该职业目标可能遇到的阻力。

2. 专业与职业关联度小

部分学生在做职业定位时,并没有把自己的专业和能力与企业职业所需能力一一对应起来。例如,专业是中医,职业目标却是会计。专业是中药,职业目标却是歌星。抛开自己的专业,从事别的职业,不是不可以,但需要具体分析自己所要从事的职业,在大学时期有没有这方面的知识储备,有没有这方面的社会实践。浪费自己两三年所学,从事别的工作,要特别慎重考虑,不能仅凭个人喜好做出重大的决定。

3. 目标订立过于理想化

大学生缺乏对行业、职位详细信息的了解,体验不到真实的职业环境,目标的订立有些理想化,而具体行动计划又脱离实际。80%以上的同学的目标是今后成为社会精英,如医院院长、董事长等。有些同学是专科生,选择的职业偏偏是大学教授,理想的计划是专科毕业后考专升本,本科毕业后,参加考研,然后读硕士、博士,留校任教,慢慢地评上教授。当初只能考上专科,这说明自己在读书方面或考试方面就不是很有优势,现在用自己不是特别擅长的方面来与当初考上本科的同学来竞争,取得成功的机会自然不会很大。职业规划中有远大的理想固然是好,但一味追求速成,会导致择业中眼高手低,结果反而是欲速不达。学生最好根据自己的专业知识做出职业规划,最重要的是抱着积极而又务实的心态,从低层做起,慢慢地积累经验。

(四)计划执行中的问题

1. 计划可操作性不强

如一些学生的专业是医学,但选择的职业是师范类,大学阶段的计划没有突显达到该职位的社会实践和读书计划。有些学生大学毕业后的计划只是对未来职业的各个岗位的具体描述,而且多是从互联网搜索得来的,没有请教在职人员来描述职业的实际经历。执行计划模糊,即使有社会实践和读书计划,但是并没有定出时间,没有确定的社会实践的地点,计划读的具体书籍。目标是英语口语好,这也是一个模糊的目标,没有可操作性。

计划应分为总体计划和阶段性计划。总体计划指的是一生总的职业目标;阶段性计划至少包括两大部分,一部分是在校期间,另一部分是大学毕业后。

计划中应包括采用什么措施来提高学习和工作效率,如计划学习哪些专业知识,掌握哪些职业技能,提高哪些业务能力,采用什么方法来开发自己的潜能,如何提高自己的情商水平,如何坚持计划,计划遇到挫折怎么办等相应措施。

2. 重考证,轻实践

大多数学生特别强调拿英语等级证书、计算机等级证书等证书。但是大多数学生很少提到与职业相关的社会实践。社会实践对在校大学生非常重要,通过寒暑假参加社会实践才能知道自己所学是不是将来职业所需,自己能不能胜任工作。如果不能,那么在校应该尽快完善这方面的知识。这对今后的大学生活有极大的指导作用。

(五)反馈修正中的问题

1. 缺乏反馈修正部分

没有每天晚上评估自己的计划执行情况,布置第二天的任务。应该坚持在每晚反省一天的行为。有些学生这部分过于简单化。这些学生只是提到如果未能按原计划实行,那么就从事别的工作,而且没有说明为什么选择这份职业作为自己的第二选择。

2. 计划与备用方案之间缺乏内在联系

如计划是医院的护理工作,备用方案是保险公司销售人员。计划与备选方案可能都行不通。例如,临床专业的学生,计划是当外科医师,备选方案是做律师。这两个职业都要经过严格的考试,很有可能都无法通过。这样就没有起到反馈修正的作用。还有的医学生以为备选方案多多益善。不管前面做出了多少分析,总不忘记要在从事职业前,来一个公务员考试。表面看起来是保险,实际上是浪费时间。有的同学无论从性格、气质,还是专业都不符合公务员的要求。应根据自我发展变化与社会需求的变化,与时俱进,灵活调整,不断修正、优化职业生涯规划,主动适应各种变化,积极发展职业生涯规划。要对计划进行评估、修正,要有备用方案。

总之,大学生职业生涯规划存在这样的倾向:自我评估简单化,环境评估普遍化,职业定位理想化,计划执行考证化,反馈修正省略化。对策应是:自我评估全面化,环境评估个性化,职业定位实际化,计划执行渐进化,反馈修正灵活化。

思考与练习

1. 你的职业发展目标是什么?请用 SWOT 技术分析一下自己职业选择的可行性。
2. 请分析自己的优势和不足,试着写"我是谁?"
3. 大学毕业生怎样做好职业生涯评估与修订?
4. 运用本章相关知识,为自己设计一份职业生涯规划书。

附:

大学生职业生涯规划设计
——蝶 变

前言

《礼记·中庸》有言:凡事预则立,不预则废。言前定则不跲,事前定则不困,行前定则不疚,道前定则不穷。未雨绸缪,运筹帷幄,我虽不奢求决胜千里,但亦希望职业生涯可以有所保障。我是一名大三的专科生,不比同专业的本科生,现在的我已经步入社会,从实习开始体会职业生涯的开端。但现在的我依然如蝴蝶的幼虫那般脆弱,不堪一击。

我亦追求成为美丽的蝴蝶,因此我就必须要像蝴蝶一般经历漫长艰难的四个阶段。天将降大任于斯人,必先苦其心志,劳其筋骨。我没有先天的条件可以坐享其成,为了弥补先天的不足,我就要付出更多的努力。在这里,我就以蝴蝶的四个蜕变过程作为顺序,将我的职业生涯也规划为四个部分。

一、卵期(胚胎时期)——自我认识与职业认识

万物复苏的春天,刚下过一场小雨,空气中散发着泥土的清新。一颗小小的蝴蝶卵安静地躺在树叶的背面,今天是这颗蝶卵第一次感受到这个世界的阳光,因此她显得有一些胆怯。但她知道,离开了母亲她就必须自己学会生存。因此,她开始考虑自己是谁,为什么而生存。

1. 对自我的认识

(1)个人特征:首先,从个人片面的角度出发,我对自我的认识如下:

优点:① 热心:为人热心,乐于助人;② 社交能力:较强的交际能力,易与人打成一片;③ 独立性强:长期在外求学,独立性很强;④ 重友谊:珍惜朋友之间的感情;⑤ 洞察力强:对事情的洞察力较强,在人际交往时容易发现周围人情感上的微妙变化;⑥ 逻辑性强:做事有条理,按逻辑行事;⑦ 艺术性:有一定的艺术性。

缺点:① 耐心:对于熟悉的人总是表现得不够有耐心;② 自我约束:对自己要求不够严格,对于他人却过于严格;③ 自信:有些时候缺乏自信,显得有些胆怯;④ 体质:体质较弱;⑤ 冒险精神:缺乏冒险精神。

个人特征小结:从以上自我的认识可以看到,我是一个相对理性化的人,日常生活中更注重人际交往时的艺术,不喜欢墨守成规,但却在某些时候表现得比较懦弱,缺乏冒险精神。因此,不适合从事大胆创新的职业。相比较,对动手能力要求较高的工作就更适合我。

(2)周围人的评价:360°测评结果见表3-3。

旁推侧引:从他人对我的看法不难看出,大家对于我的认知和我的自我认知相差不大,但我家人对我的看法是易感情用事,这使我能够了解到我在处理某些感情问题的时候还不够客观,仅依靠主观意识去判断,这将会是我日后职场与生活中处理事情的一大盲点。

表 3-3 360° 测 评

评价	优点	缺点
家人评价	乐观开朗,做事考虑较为全面	耐心不足,易感情用事
老师评价	学习认真,自律能力强,人际关系好	做事还欠成熟,缺乏冒险精神
亲密朋友评价	眼光较为独特,易发现细节问题,逻辑性较强	固执
同学评价	创新能力强,学习能力强	对他人要求过严
其他社会关系评价	动手能力强,在人际交往方面比较有天赋	难以接受与自己不同的观点

(3)SWOT分析:根据以上资料,我结合职业规划的目的,做出了一份简略的SWOT分析表(表3-4)。

表 3-4　SWOT 分 析 表

内部因素	外部因素	
	机会	威胁
	（1）随着生活水平的提高,越来越多的人开始注重牙齿的美观与健康 （2）中国口腔专业人才缺口大 （3）与医学整容关系密切	（1）本科以上学历的同专业毕业生 （2）越来越多的用人单位开始注重工作经验 （3）口腔诊所过多
优势	优势机会策略	优势威胁策略
（1）具有较强的适应能力与学习能力 （2）注重动手能力培养 （3）具有较好的英语口语表达能力	（1）加强自身动手能力的同时巩固课堂知识 （2）发挥特长,学习好理论知识 （3）加强英语口语的训练	（1）强调自身较强动手能力的优势 （2）强调医院实习的经历 （3）强调较强的适应能力与学习能力
弱势	弱势机会策略	弱势威胁策略
（1）大专学历 （2）没有足够的工作阅历 （3）性格浮躁,难以持之以恒	（1）利用较强的学习能力,在大专毕业之后尽快取得助理执业医师资格证 （2）继续加强自己的英语口语交际能力	（1）继续深造,取得更高的学历 （2）训练改掉自己浮躁的毛病 （3）积极寻找有发展前景的用人单位

（4）个人技能:① 在大学期间,通过全国计算机二级考试。② 参加口腔高级技工的考核,成绩待定。③ 参加学校举办的"荆州博物馆"征文比赛获得一等奖,并在当地报纸上发表。④ 在校第四届大学生英语演讲比赛中获三等奖。⑤ 积极参加学校的各类运动活动并取得一定的成绩。⑥ 积极响应学校的公益活动。⑦ 在大学期间多次去诊所及医院参加见习,熟练掌握了基本专业技能。现在荆州市第三人民医院口腔科实习,并且已熟练掌握了基本的操作技能。

（5）学习风格:根据测评工具,我在学习风格上的得分见表 3-5。

表 3-5　学习风格得分表

	分值	等级	描述
行动型	4.5	D	低偏好
反省型	8.5	A	非常强烈的偏好
理论型	8	A	非常强烈的偏好
实际型	5.5	C	中等偏好

由此可见,我属于反省型的学习者,而在以下的活动中反省型学习者的学习效果最佳:① 要求或鼓励进行观察和思考。② 不要求或允许非直接碰撞的学习方式,比如在一旁倾听、

观察。③ 事前有时间准备,比如在行动前思考,在发表观点前综合别人的意见,有机会事先阅读介绍背景情况的简要资料等。④ 能够进行艰苦的研究,调查、汇总信息、探索真相。⑤ 有机会能复习和回顾经过和所学到的东西。⑥ 要求提交谨慎思考过的分析和报告。⑦ 平等地与他人交流,没有事先约定和没有结构化学习经验的束缚。⑧ 在没有压力及紧张期限的情况下思考,得出结论。

相对地,我在下列活动中学习效果最差,也许会反对这些活动:① 被迫抛头露面,充当组织者、领导者,或在别人面前角色扮演。② 卷入一些未经计划而需要马上进行的紧迫项目。在未经提醒的情况下投入某项工作,要求当机立断和即兴想法。③ 提供的数据不足以支持结论。④ 提供的指导死板沉闷。⑤ 较大的时间压力或在不同的活动之间奔忙,为了出结果而不得不走捷径或做表面文章。

(6) 职业技能:技能是完成某种任务过程中所表现出来的某方面实际能力,它在个人职业生涯发展中占据非常重要的地位,成为制约职业生涯发展的关键因素,也是我个人在求职时用人单位和企业最关注的部分。我通过职业技能测评,了解了我所擅长与不擅长的技能。

擅长技能:① 口头表达:有效地口头传达信息或观点。② 人际敏感:人际交往中,关注他人的反应,并从中理解他们的想法。③ 书面表达:通过书面形式,有效传达信息、表达观点。④ 协商:遇到分歧时,召集相关人员,商量解决方法,达成共识。⑤ 批判性思考:解决问题时,运用逻辑分析和推理,鉴别不同解决方案、结论或方法的优劣。

薄弱技能:① 人际适应:根据他人的表现,来调整自己的行为和表现。② 修理:使用工具修理机器或系统。③ 数学思维:运用数学方法或者数学知识解决问题。

(7) 自我认识小结:根据自我的认识以及周围人群对我的评价,我对自己的基本性格有了一个较为全面的了解。在生活与工作方面,我更注重于人际方面的交往技巧,但同时,我又难以接受周围的人与我所不同的习惯,且不能接受自身的一些缺点,在平时的生活中,给他人与自己造成了一定的困扰。另一方面,经过这个详细的分析,我对于自身适合的职业也有了一定的了解。哪些是我所热衷的,哪些又是我所不能胜任的,使得自己更具有自知之明。相信日后无论是在就职还是人际交往方面都有很大的帮助。

2. 对职业的认识

作为一名口腔医学专业的学生,我首先必须要了解口腔医学专业。口腔医学是研究口腔及颌面部疾病的学科,就业方向主要为从事口腔医学诊疗或预防保健工作、医学教育工作和医学科研工作。

(1) 专业知识储备:

1) 掌握基础医学和临床医学的基本理论知识和实践技能。

2) 掌握口腔医学各学科的基本理论知识和医疗技能。

3) 具有口腔及颌面部常见病、多发病的诊治和急、难、重症的初步处理能力。

4) 具有口腔修复工作的基本知识和一般操作技能。

5) 熟悉国家卫生方针、政策和法规。

主干学科:口腔内科学、口腔颌面外科学、口腔修复学、口腔预防学。

主要课程:生物化学、口腔解剖生理学、口腔组织病理学、口腔材料学、口腔内科学、口腔颌面外科学、口腔修复学、口腔正畸学、口腔预防学等。

（2）专业道德的阐述：曾经在网上看到过这样一句话：选择医师职业就意味着选择了一生奉献。做好一个医师，首先要做好一个人。古往今来，凡成苍生大医者，无一不具有高尚的品德。医师，是一个与生命挂钩的行业，很多人的生命就掌握在我们的手术刀下，一举一动，都牵系着一个家庭的未来。所以我走每一步都要对得起自己，对得起患者。我实习的带教老师经常和我讲："口腔医师，虽然很多人都觉得微不足道，但就最起码的道德而言，我们看每一颗牙都要对得起自己的良心，哪怕是补牙时候的微小悬突，也是对你良心的谴责。"

（3）职业兴趣的工具测评：根据对自我的认识，我通过专业工具的测评，得出了我所能胜任的职业（表3-6）。

表 3-6　职业兴趣的工具测评

最突出的职业价值观	推荐职业		
	专业技术	咨询服务	教育培训
注重关系，追求成就	法医、药剂师、外科医师、妇产科医师、临床工程师、摄影师、城市规划师、验光师、麻醉师、整形医师、口腔医师	医疗健康管理、婚姻咨询师、康复治疗师、内科医师、全科医师、护士、管理分析师、精神病医师、律师、心理咨询师、私人侦探	高校教师、医药产品培训师、中小学心理教师、高校科研人员

（4）我的职业兴趣：MBTI职业兴趣测试，通过才储分析得出以下结论：

我的性格类型：倾向为"ENTP"（外向、直觉、思维、知觉、倾向度：E70 N56 T65 P52，不假思索指数：19）。

我的特点：反应快、睿智，有激励别人的能力，警觉性强，直言不讳。在解决新的、具有挑战性的问题时机智而有策略。善于找出理论上的可能性，然后再用战略的眼光分析。善于理解别人。不喜欢例行公事，很少会用相同的方法做相同的事情，倾向于一个接一个地发展新的爱好。

从测试中我知道：ENTP型的人喜欢兴奋与挑战。他们热情开放、足智多谋、健谈而聪明，擅长于许多事情，不断追求增加能力和个人权力。ENTP型的人天生富有想象力，他们深深地喜欢新思想，留心一切可能性。他们有很强的首创精神，善于运用创造冲动。他们好奇、多才多艺、适应性强，在解决挑战性和理论性问题时善于随机应变。他们有极好的分析能力，是出色的策略谋划者。他们几乎一直能够为他们所希望的事情找出符合逻辑的推理。大多数ENTP型人喜欢审视周围的环境，认为多数的规则和章程如果不被打破，便意味着屈从。他们喜欢自在地生活，在每天的生活中寻找快乐和变化。他们喜欢努力理解和回应他人，而不是判断他人。

适合领域：通过以上的观点，我发现我适合的领域有投资顾问、项目策划、投资银行、自我创业、市场营销、创造性领域、公共关系、政治等。

（5）职业认知小结：通过工具测评，结合当今的就业形势与自我的兴趣，我认为口腔医学这个理论与实践相结合的行业十分适合我,这个专业并不局限于死板的书本知识,临床上通常需要灵活变通。从测试可以看出,我是一个乐衷于研究性学习的人,讲究一定的自由度,因此适合发挥空间大的工作。

二、幼虫期——环境分析与职业机会评估

小小的蝶卵终于冲破了束缚她的薄膜,艰难地探出身体,终于第一次清楚地看清了这个世界。多彩的世界令她眼花缭乱,既美好又时时充满了危险,为了躲避天敌的攻击,已经变成毛毛虫的蝶卵小心翼翼地观察着周围的环境。

1. 就业前景

口腔医师的就业领域较宽,既可在大医院从事口腔科工作,也可开设私人诊所,并且能在美容院从事相关的面部整容、美容。为了缓和医患供求比例失调的现状,鼓励私人开办口腔诊所应是大势所趋。现有的私人诊所虽说其中也有部分退休的老口腔医师,但更多的是没有接受过正规培训的人员,这种情况既不利于广大群众就诊,也不利于在中国推广普及口腔保健。因此,国家已出台相应政策,加强引导,使其步入正轨,以确保广大群众能享受到高质量的口腔保健。有了国家相应政策的保障,毕业于正规医学院校,接受了严格培训的口腔医师才更容易在行业竞争中取得有利地位,在为患者提供医疗服务的同时,自己也能获得较丰厚的回报。目前说来,一些大医院口腔医师的月收入应在万元以上,如果是私人开设诊所,相信收入会更可观。

2. 当前促进大学生就业中存在的问题
(1) 大学生和企业对促进就业政策的知晓率均偏低。
(2) 优惠政策的落实尚有待加强。
(3) 单位新招用大学生的积极性不高。
(4) 缺乏实践经验仍是影响大学生就业的主要因素。
(5) 大学生"先就业后择业"的观念仍需加强。
(6) 经济发展对大学生的吸纳能力有所下降。

3. 环境评估与职业机会评估小结

通过以上分析,我可以得出的结论是:当今社会大学生的就业情况不是十分乐观。而我的专业——口腔医学,社会缺口远大于校园供应。因此,就业情况较其他专业来讲还是比较乐观的。但从学历方面考虑,即使整个口腔业的就业情况较乐观,作为一名只有大专学历的毕业生,压力仍不容小觑。先不考虑比我学历高的研究生,单是本科生乃至大专的优秀毕业生,也是我强劲的竞争对手。虽然国家鼓励大学生自主创业,但口腔作为一个高收入、风险又相对较小的行业,使得大部分口腔医师选择自立门户,也导致口腔诊所之间的竞争压力日益增大,而对我这种资金与工作经验缺乏的毕业生来说,一毕业就开设个人诊所并不是明智之选。

三、蛹期——详细的职业规划

毛毛虫渐渐长大,终于变成一只蛹,面对即将到来的重生,她感到异常的兴奋,她开始想象重生后的生活,计划着未来。

1. 我的职业道路计划(表3-7)

表 3-7　职业道路计划

目标	具体时间	大致目标
短期目标	2022 年 9 月—2023 年 6 月	➤ 顺利完成实习 ➤ 坚持锻炼身体,保证身体健康 ➤ 通过全国英语四级考试 ➤ 拿到毕业证书
短后期目标	2023 年 6 月—2024 年	➤ 在浙江或广东口腔诊所找到一份工作 ➤ 考取口腔执业助理医师资格证
中期目标	2025 年—2030 年	➤ 取得研究生的入学通知书 ➤ 考取口腔执业医师资格证
中后期目标	2031 年—2039 年	➤ 研究生毕业后从事临床研究工作 ➤ 去国外进修
长期目标	2039 年—	➤ 成为独立的口腔诊所老板

2. 具体的实施计划

（1）短期目标：

1）根据艾宾豪斯遗忘曲线制订复习计划,合理地安排学习时间,争取通过全国英语四级考试。

2）坚持每星期上 3 节瑜伽课,坚持锻炼身体。

3）顺利完成实习,拿到毕业证书。

（2）短后期目标：

1）通过投放简历、拓展人际关系争取在广东、浙江两省找到一份工作。

2）制订复习计划,总结实际操作的经验,取得执业助理医师资格。

（3）中期目标：

1）选择考研专业及学校。

2）制订学习计划与冲刺计划,考试前需达到专业书细读 3 遍以上。

3）取得研究生的入学通知书后趁热打铁尽早取得执业医师资格证。

（4）中后期目标：

1）研究生期间收集资料,结合临床病理表现,希望在治疗牙周病研究方面取得一定突破。

2）整理病例,在导师的协助下完成学术论文。

3）研究生毕业后进入大型的医院继续学习深造,并争取国家公派国外学习深造的机会。

（5）长期目标：积累临床经验与资金,开设自己的诊所。

3. 短期目标的详细化(表 3-8)

表 3-8　详细的短期目标计划

时间	计划安排
2022 年 11 月	全力准备全国英语四级考试,每星期完成两套模拟题,单词量则尽量控制在每天 30 个单词以上。复习以前背过的单词。每天晚上临睡前抽 30 分钟进行放松性的瑜伽练习,促进睡眠
2022 年 12 月	主要的目标还是 12 月中旬的全国英语考试。前半个月主要为四级考试的冲刺阶段,主攻听力与写作能力,坚持每天一篇听力;考试过后,则将精力放在专业课的复习上
2023 年 1 月至 2 月	这 2 个月相对较放松,除去中间的春节,这 2 个月的主要任务是完成未写完的一篇小短文,并着手于个人简历的投发,开始尝试网络查找工作岗位
2023 年 3 月	3 月份为实习的最后 1 个月,重点将会放在总结实习经验上,对自己前 9 个月的实习做一个总结
2023 年 4 月	着重于找工作,同时为 5 月份的毕业考试做好复习工作
2023 年 5 月至 6 月	参加毕业考试,领取毕业证书,找工作

四、化茧成蝶,成功或成仁——职业修正评估

终于到了要破茧成蝶的时刻,但困难仍在继续,厚厚的茧岂是轻易便可冲破的。她艰难地蠕动着,坚韧的茧将她紧紧地束缚,是化蝶还是只能永远地做一只茧,最后做选择的也只能是自己……

1. 评估内容

(1) 职业目标评估:如果自己开设一家口腔诊所十分困难的话,我会考虑一直留在医院工作。

(2) 职业路径评估:在短后期的目标中,若因为文凭过低而找不到工作,我会选择参加成人自考,然后考取本科文凭。而对于中期目标中的考取研究生,若未能如愿,我会选择在拿到口腔执业助理医师资格证 2 年后考取口腔执业医师资格证。

(3) 实施策略评估:从"学习、工作、深造、创业"可调整为"学习、学习、工作、深造、工作、创业"。

(4) 其他因素评估:身体健康状况不允许。家庭发生变故。经济状况不定。市场情况大变动。

2. 评估时间

现如今的社会经济变化较快,在未来的 5 年以内,需要每年做一次评估,之后再每 3 年一次。

五、结束语

职业生涯规划做到这里也算告一段落,我的人生道路也在慢慢地变得清晰,小小的虫卵终于破茧成蝶,如愿以偿地来到了这个全新的世界。新的世界充满了挑战,但她依旧会选择不断与命运做斗争。虽然计划赶不上变化,人生的道路也许布满荆棘,崎岖不堪,但只有永远躺在泥坑里的人,才不会再掉进坑里,经过磨炼的人生别有一番风采。古罗马哲学家西尼加曾经说过:意志坚强的乐观主义者用"世上无难事"人生观来思考问题,越是遭受悲剧打击,越是表现得坚强。

第四章　医学生就业前的准备

学习目标

1. 树立科学的就业观。

2. 学会调适就业心理。

3. 学会制作求职信和个人简历。

第一节　医学生就业心理准备

1908 年,美国波士顿大学弗兰克·帕森斯教授首次使用"就业心理"这一术语。1919 年,美国哈佛大学率先开设就业心理指导课程。关于就业心理的研究,我国开始于 20 世纪 80 年代。医学生就业心理,是指医学生在思考就业问题并为获得理想职业而做准备的过程中所产生的心理现象。

一、树立科学的就业观

就业观是指对职业选择的基本看法,是个体在一定的世界观、人生观和价值观的指导下,对自己未来从事职业和发展目标的基本认识和态度。医学生的就业观对积极的就业心理起着至关重要的作用。作为一名医学生,应该树立科学的就业观。

1. 树立竞争就业观

早已经不存在计划经济体制下毕业包分配的政策,所有毕业生必须通过竞争实现自主择业。只有那些专业技能突出、综合素质高的毕业生,才可能拥有更多的就业机会,才可能获得更好的工作岗位。因此,医学生应树立竞争就业的观念,刻苦学习,努力提高专业技能和综合素质,积极参与竞争,主动适应人才市场的需求。

2. 树立职业平等观

从事各种正当职业的劳动者,都是创造社会财富所必需的,没有高低贵贱之分,都会得到人们的尊重。正如美国前总统林肯所说的:"世上没有卑贱的职业,只有卑贱的人。"三百六十行,行行出状元。因此,无论你从事什么工作,只要有信心、有毅力,干一行爱一行,就一定会成功。

3. 树立灵活就业观

当今社会,就业形式越来越多元化,如自由职业、临时工等。在择业方式上,可以通过职业介绍所、媒体广告、招聘网站、招聘会等选择职业,实现就业。例如,有的高级技师岗位月薪万元都聘不到;有些医学生非国有单位不去,非管理岗位不去,脏、累、重活不干。这就要求我们树立多种方式就业观,灵活地选择职业。

4. 树立先就业后择业的就业观

有的医学生受择业观的影响，把初次择业看得过重。他们觉得首次就业关系一生命运，他们看不到市场经济条件下的人才流动机制，看不到新的择业观正在改变人们的头脑，看不到"先就业，后择业"观念的某种合理性，看不到"一鸟在手胜于双鸟在林"。值得注意的是，这种先就业后择业的就业观并不是鼓励就业后再跳槽，而是对怠于就业的医学毕业生的鼓励。

5. 树立自主创业观

自主创业是一种具有时代特征的新型就业观。部分医学生缺少创业胆识，不仅制约了医学生的就业观念，也制约了市场经济的健康发展。因此，我们必须树立自主创业观。这既可以解决医学生自身就业问题，也可为社会创造更多的就业岗位。

二、影响医学生就业心理的主要因素

1. 医学学历要求影响医学生就业心理

医学学历的较高要求在某种程度上给部分医学专科生造成了自卑的不良就业心理。这些自卑的医学专科生不敢向用人单位毛遂自荐，不敢与其他求职者竞争。因此，有的医学专科毕业生毕业之后不得不选择"专升本"，继续深造提高学历。因为当前社会对医师的学历要求越来越高，想在大中城市当医师至少得有本科学历。正如有的医学专科生所说的："医师是一个专业性很强、责任性很大的职业，没有牢固的专业技术和较高的学历，很难从事该行业。因此，恐怕自己难以胜任医师岗位，并且一纸专科文凭没有什么竞争力。"护理岗位的学历要求虽然相对不高，但是，如果有更高的学历，会有更多的晋升空间，这使得部分护理专科毕业生感觉到来自学历上的压力。此外，不同等级的医院也有不同的人才要求标准，越是大城市、大医院，人才要求标准就越高，相同等级的公立医院比私立医院的人才要求标准更高。当然，人才要求标准较高的医院，往往也是待遇较好的医院。

2. 医、药、护、技等部分行业的特殊要求影响医学生就业心理

医、药、护、技等部分岗位的特殊要求在某种程度上给部分医学生造成了焦虑的不良就业心理。因为医、药、护、技等部分岗位对从业者性别、身高、气质等有隐性的实质要求。例如，医疗美容技术行业一般要求女生，对男生往往拒之门外；中医骨伤行业要求力气大，因此女生往往不能满足行业的实际要求；护理专业一般对女生的身高和气质有要求；外科医师的工作强度高，一般要求男生。

3. 不科学的就业观影响医学生就业心理

部分医学生不科学的就业观导致自傲的不良就业心理。具体说来，就业观是个人对就业单位的级别、规模大小、收入多少的定位，也包括对未来长远发展的期望。例如，医疗美容技术专业的部分学生说："每个月收入不到1万元的美容公司，我是不会去的。"药学专业的部分学生说："不是沿海，不是大型医药公司，我是不会去的。"此外，社会存在决定社会意识，社会意识具有相对独立性。以往的计划经济体制决定了到国有单位就业的旧观念，现在虽然是社会主义市场经济体制了，但是旧观念具有相对独立性，在一定时期内仍然影响着部分医学生的就业观。例如，有的医学生非公立医院不去，还有的医学生无事业编制的公立医院不去。

三、医学生就业心理的调适方法

医学生只有运用马克思主义方法论来理性地看待就业问题,才能解决自身的就业心理问题。马克思主义唯物辩证法告诉我们,必须联系地、全面地、发展地看问题。

1. 医学生应该联系地而不能孤立地看待就业问题

医学生必须联系自身实际和社会实际来看问题。例如,一些医学专科生"恐怕自己难以胜任医师岗位",基本上属于自身实际;而其认为"一纸专科文凭没有什么竞争力",基本上属于社会实际。既然部分医学专科生早已经看到了这些实际,就应该正视现实,而不能好高骛远地想进入大中城市的三甲医院,或者大中城市的二甲医院当医师,而应该调整自己的目标,例如到城市社区卫生服务机构和农村基层医疗机构就业。例如,有的医学专科生说:"乡镇级别的单位也不错,工作压力小,而且小城镇的生活压力也不大。只要我认真工作,在这样的医院就不会被淘汰。我觉得没有必要挤破脑袋去大城市大医院。"这种科学的就业观往往会形成积极的就业心理。

2. 医学生应该全面地而不能片面地看待就业问题

虽然到公立大中型医院当医师是最佳就业选择,但是我们不能将其作为唯一选择。例如,医学专科生可以参加"西部计划"中的支医专项行动,可以到县医院、乡镇卫生院、卫生防疫站从事医疗卫生服务工作,这些都是国家支持并有政策保障扶持的。又例如,医学专科生不能将东部沿海地区,以及省会城市和直辖市作为就业的唯一选择地区,而应当多到中西部欠发达地区,甚至"老、少、边、穷"地区就业,这些地区更有用武之地。例如,湖北中医药高等专科学校2003级骨伤专业的黄贵军同学,毕业后扎根西部,2009年被评为"全国大学生志愿服务西部计划优秀志愿者"。

3. 医学生应该发展地而不能静止地看待就业问题

虽然从医的道路是曲折的,但前途是光明的。例如,对于医学专科生来说,首先摆在眼前的最重要一步是通过国家执业医师资格考试,这才是从医的第一步。医学专科生只有"苦练内功""练好内功",才能胜任工作岗位,如果不能通过考试,也不要灰心丧气,要认识到一切事物都是暂时的,必须发展地看问题,相信"功夫不负有心人"。其次,即使一时没有能够从事自己所热爱的医学职业,也不能够静止地看问题,这时可以选择适合自己的就业道路,例如先就业,等自己能够从事医学职业的主客观条件都具备了,再择业。最后,不能静止地看待自己的"专科文凭",应该努力提高自己的学历,就算难以"普通专升本",也可以"自考专升本",再报考硕士研究生或者专科毕业 2 年后符合报考条件的,也可以报考硕士研究生,读完硕士后争取再攻读博士学位,这样不仅有利于选择临床医学工作岗位,还可以选择从事医学研究工作。因此,医学专科生必须做好自己的职业生涯规划,要充分认识到在某种程度上"内职业生涯"才是"外职业生涯"的决定性因素。

4. 克服其他消极就业心理

除了就业心理的上述调适方法,医学毕业生还要克服其他消极就业心理。例如,就业依赖心理,有的医学生甚至临近毕业了都还不知道什么叫"找工作"。部分医学毕业生,虽然接受了大学教育,但在很多事情上还是缺乏应有的分析和解决问题的能力。其在择业时对一个单位是否适合自己,往往不是凭自己的独立思考,而是听取父母师长之意、师兄师姐之言,表现出较强的依赖心理。当然,对择业这样的大事,适当地征询师长的意见,是必需的。但是那种毫无主见,一切听他人意见的做法则是不可取的。有依赖心理的应届毕业生,应学会具体情况具体分析,并做出适当取舍,掌握进行判断决策的方式方法,尽快地成熟起来。

【案例】

在某次"校园招聘会"上,毕业生小李的父母在招聘会尚未开始时,就早早地到会场打听单位的情况。招聘会开始很久以后,小李才姗姗来迟,并由家长陪同前往用人单位展台前面谈。面谈过程中,小李发言的时间还没有其父母多,结果谈了一家又一家单位,最终仍一无所获。

分析:小李的问题出在择业过程中过分依赖父母。其实,依赖他人是难以选择到一份满意的工作的。现在的毕业生中,独生子女所占的比例越来越大,其生活一帆风顺,经历过的波折少,加上父母的过分呵护,客观上使其形成了依赖心理。

第二节 医学生就业材料准备

如果说面试是求职成功的必经之路,那么,一份好的求职材料便是照亮这条道路的明灯。毕业生参加各种供需见面会、洽谈会、招聘会、人才交流会、双选会,访问用人单位,恳请老师推荐,拜托亲友帮忙,都需要一份介绍自己的书面材料,达到"广种薄收"的效果。而大部分用人单位安排面试,主要依据能反映毕业生情况的书面材料。因此,撰写的书面材料能否引起招聘单位注意,是赢得求职成功的第一步。

近年来,机关事业单位逐步推行"凡进必考"的政策,公务员和事业编制一般要经过报名、笔试、面试、体检、考察和公示等一系列环节。在此过程中,求职材料的作用已经下降了,但是对于不准备在机关事业单位就业的毕业生来说,求职材料的作用仍然重要。

从目前就业市场的反馈情况来看,求职材料主要包含以下几方面内容:

(1)求职信:相当于求职者与招聘单位的书面对话。

(2)个人简历:顾名思义,就是对个人学历、经历、特长、爱好及其他有关情况所做的简明扼要的书面介绍。

（3）学校推荐表或推荐信：学校推荐表是高等学校统一印发的，保证应届毕业生能够顺利毕业，学校同意推荐就业的凭证。推荐信则是具有一定权威的人士对某毕业生的推荐、介绍和书面保证。

（4）学习成绩单：是毕业生大学学习成绩的证明，应由各院系教学部门填写并盖章。

（5）各种证书：例如国家外语、计算机等级证书，各种荣誉证书，获奖学金以及各类竞赛的证书，职业资格证书等。

（6）其他材料：参加社会实践、毕业实习的鉴定材料，有关科研成果证明及发表的文章。

一、求职材料所包括的内容及装订要求

求职材料是毕业生综合实力、综合素质的第一次反映，也是用人单位较为全面了解毕业生学习状况、工作经历、能力结构、特长等的一个首要途径。一些用人单位还把求职材料作为了解毕业生文字表达能力、逻辑思维能力的重要渠道。

（一）求职材料的组成部分

1. 封面

封面的制作一定要有特色，但不能过分花哨。封面上要突出求职者的毕业院校、专业背景、学历层次、姓名、联系方式，以便用人单位在收到求职者简历的同时，就对其有一个初步印象，也便于用人单位在需要联系求职者时不用再翻开其简历。

2. 求职信

一封好的求职信在求职者的求职过程中有着巨大的促进作用，如果求职者的求职信能够吸引招聘人员，那将是其求职过程中的一个良好开端。

求职信应该展示求职者自己的优点，针对不同类型的单位，应该有不同的表述。例如，针对医疗卫生事业单位，求职者要突出的是专业技术能力；针对医药企业，要突出的是其合作精神。换句话讲，求职者的求职信应该具备能打动招聘单位的内容，唯有如此，对方才有可能对求职者产生兴趣，从而为其顺利求职打下基础。

在做这项工作的时候，求职者应该换位思考，想象自己是招聘单位的招聘人员，再想象一下单位最看重的应该是求职者的哪些方面，然后以此为依据，有针对性地写求职信，这样才会收到更好的效果。

3. 个人简历

个人简历设计各不相同，从要求上讲，应简单明了。个人简历是个人形象，包括资历与能力的书面表述，对于求职者而言，是一种必不可少的应用文。

4. 学校推荐表或推荐信

由学校统一发放的《毕业生就业推荐表》的复印件一般要求附在求职者的求职材料中（注：推荐表原件只提供给正式签约单位）。虽然就业推荐表的内容类似于个人简历，但是最大不同在于两者的功能，前者的主要功能在于推荐毕业生，有学校相关部门加盖的同意推荐的公章。

推荐信一般是由毕业生的某位科任教师、辅导员、系主任或校长等具有一定权威的人士所写的，它在某种程度上可以起到推荐、介绍和保证的作用。但在实践中，推荐信并不常用，一般是在确信有特定的推荐信就可保证该毕业生能够实现就业的情形下，才有写推荐信的必要。

5. 在校期间学习成绩

很多单位在招聘过程中比较看重应聘者在校期间学习成绩。因此,在求职材料中提供一份详细的成绩单是很有必要的,这份成绩单应该体现求职者大学几年在校学习的所有课程及成绩。成绩单的取得过程如下:首先从学校的教学部门打印出成绩单,然后加盖学校教务处的公章。至此,一份合格的成绩单就可以出现在求职者的求职材料中了。但是需要注意的是,在校期间学习成绩一般作为推荐表的一个重要组成部分,不需要另行制作一份成绩文本或成绩册。

6. 获奖证书复印件

这些材料的原件请大家注意保存。在附复印件的同时,最好同时准备好原件,以备查询。如果单位需要这些复印件上加盖学校公章,请带上原件,前往学校(学生工作部门)办理。

7. 职业资格证书

在毕业生拿到相关资格证书之前,可以用通过考试成绩单作为"临时凭证"(从 2011 年起国家对参加护士执业资格考试合格的考生发放"护士执业资格考试成绩合格证明")。

8. 其他材料

一般是公开发表的文章、科研成果等方面的材料。这些材料要根据求职者自身所具有的材料来组织。因此,在制作这些材料的时候,要根据实际情况灵活处理。

(二)求职材料的装订要求

毕业生求职时一般需要将求职材料装订成册。需要装订的求职材料包括:封面、求职信、简历、推荐表或推荐信以及其他证明材料。

1. 求职材料的装订顺序

由于用人单位在选拔人才时不一定会对每份求职材料中的每一页都进行认真、仔细地阅读,所以在求职材料的装订中,考虑到用人单位对求职材料中各种信息的需求心理,毕业生需要按照求职材料所反映的信息的重要程度来排列装订顺序。在求职材料的装订中最为常见的装订顺序如下:封面、求职信、简历、推荐表和推荐信、在校期间学习成绩、获奖证书复印件、成绩单以及其他材料。

2. 求职材料的装订要求

(1)求职材料封面及所有材料切忌歪斜。

(2)求职材料中所有纸张大小应该一致。

(3)求职材料中字体应该一致,排版时行间距应该一致。

(4)求职材料中所有纸张应该整洁。

(5)求职材料切忌损坏,否则会影响求职材料的美观。

二、求职信的写作方法及注意事项

写求职信的目的是帮助求职者找到一份满意的工作。写求职信是求职全过程的第一个环节,也是求职者以书面形式与用人单位所做的第一次接触。它事关求职的成败,因此不能掉以轻心、马虎从事,务必认真、慎重,要尽可能将自己的求职信写得合体、达意、规范,争取在众多的求职者中领先一步,能够入选首轮面试或面谈,从而为被顺利聘用创造先决条件。

（一）求职信的基本类别

求职信可从不同的角度进行分类。不同类别的求职信，其内容侧重点与行文语气也各有不同。

从求职者是否具有工作经验的角度来说，求职信可分为毕业求职信和再就业求职信。若从求职者是否获得招聘信息的角度着眼，求职信可分为自荐求职信与应聘求职信两种。所谓自荐求职信，一般是指求职者在并未获得准确的用人信息的情况下，仅凭个人的分析判断，自发写给单位的带有自我推荐性质的求职申请。而应聘求职信，则是求职者根据用人单位在大众传媒上刊登或发布的招聘广告，有针对性地写给该单位以谋求某一特定工作或职务的求职信。

但从实践上看，以上几类求职信之间没有绝对界限，往往具有交叉的性质。譬如，毕业求职时，既可以写自荐型的求职信，也可以写应聘型的求职信。至于具体到自己应写一封什么类型的求职信，还得根据个人实际情况以及有无招聘信息两个方面，通盘筹划，斟酌运笔。

（二）求职信的内容要点

由于求职者的个人情况不同，加之所求工作职务的性质有别，因此求职信的内容也因人因事而异。但一般说来，它应包括以下几个部分：

1. 说明写信缘由，表达求职愿望

求职信如果是针对招聘启事而写的，那么信文开头可以告诉对方自己是在何时从何处获取招聘信息的。如求职者曾经听说某单位需要员工，但并不知道该消息是否确实，信文开头便可以询问的语气自荐，并借此机会陈述自己对该单位的兴趣与向往。总之，无论是应聘还是自荐，求职信的首段最好是说明缘由，并明确表达自己欲进入该单位担任某项具体工作或职务的愿望。同时，必须设法让信的开头抓住招聘者的心，吸引他的注意力，使其主动往下看。但须注意不要写空话、套话或过多的客气话。

2. 提供个人背景资料

为了被用人单位在众多求职者中选中，你必须向对方提供自己的有关资料。进行上述介绍时，应把握一点，介绍的重点应放在与所求职业或职务有关方面，其他无关或无直接关系的方面应予省略，以免画蛇添足，冲淡了主题。这部分主要需说明求职者胜任某项工作的条件，这是求职信的核心部分。要突出自己与所求职位相关的名、优、特。"名"，即名气。在同学中，求职者的"名气"如何？即取得了哪些骄人的成绩，可用一两个事例概述其在校期间的工作业绩、社会实践水平等。"优"，即优点、长处、别人所没有的而招聘单位又需要的本领、技术特长与优势，包括团队精神、职业道德、工作纪律、钻研精神等方面的优点，主要突出别人所没有的优点。"特"，即特别的技术，特别的本领，与众不同之处。别人不能解决的困难，求职者能解决；别人不能想出来的方法、技巧，求职者能设计出来，这就是"特"。因为求职者有与众不同的技术、本领，就能为单位带来与众不同的效益。值得注意的是，求职者在介绍时不能过分谦虚而将自己各方面的能力讲得普普通通，但也切忌说大话，最好的办法是让成绩和事实说话，恰如其分地介绍自己。在这部分，别忘了表露自己乐意与同事合作和恪尽职守的心迹，要知道缺少了合作与敬业精神，什么"高级人才"都难免黯淡无光。如果说用人单位怕毕业生能力低下，还不如说，用人单位更怕毕业生"身在曹营心在汉""这山望着那山高"。因此，在求职信中，求职者一定要把这一点说清楚，除去用人单位的后顾之忧。

3. 提供备询人或推荐人

为使用人单位对求职者的为人及表现有所了解,求职者应该在求职信中提供两三个备询人或推荐人的姓名、工作单位、职务及联系电话,以便用人单位查询、了解。同时,也借此表明自己这封求职信所述内容的可信度。同时,需要注意的是,求职者所提供的备询人或推荐人最好是自己的老师。在提供这些备询人或推荐人的信息之前,求职者一定要征得其同意和乐于推荐的承诺才行。

4. 结尾

结尾要明确表示求职者希望获得面谈的机会,以及求职者希望获得某项工作或职务的强烈愿望,这实际上才是求职者写这封求职信的目的。如果求职者去面谈或面试的时间有所限制,便应告诉对方何时最为方便。同时,需要在求职信中写清楚自己的详细通信地址、邮编以及电话号码,以便对方随时和自己联系。

(三)求职信的表达方法

1. 要站在对方的立场上说话

表达求职愿望时,要使对方觉得自己感兴趣的是该单位及其提供的工作岗位,而非个人的偏好或兴趣。因此,措辞行文时要突出对方的利益,要让对方意识到聘用求职者可能在哪些方面受益,而不是一味强调求职者个人的需要、个人的期望或家境的困难等与对方没有直接联系的个人因素。要知道求职不能靠人同情或施舍,而是靠自己的才华和技能,靠求职者能否为用人单位做出贡献。

2. 不要过分渲染自我

求职需要优秀的品德和真才实学,也需要自信心,但是在提出求职申请时不能过分夸大自己的能力,更不能自吹自擂。当然,也不要妄自菲薄,过分谦虚。如果求职者确实具备某些优势,就应实事求是地列举出来,要充分相信自己的能力,能够胜任你申请的工作或职务。在求职信的创作中应尽量避免使用以下说法:

(1)我能够适应各种工作。

(2)我听说贵医院近期效益不好,我相信我有能力改变这种状况。

(3)我擅长跳舞,到贵单位之后,我一定能够使贵单位的文艺节目在各类比赛中夺魁。

以上这些不实之词,看看就能辨认出来。这种过分吹嘘反而让人觉得求职者华而不实,从而让招聘者对其真实能力产生怀疑。因为刚出校门的医学生,虽有一定的理论基础,但缺乏实践经验。因此,求职中切不可用肯定的口气把自己说成是万事通,尽量避免使用"一定""第一""绝对""肯定""完全可以""保证"这一类词,而只能"适度推销"自己。当然"适度推销"也要根据具体情况而定。

3. 避免简写引起歧义

与朋友谈话时,人们习惯简称自己的学校和所修专业,但在求职中应该避免这样做。用简写词语,一是显得随便、不够庄重,可能会引起读信人的反感;二是一些简称只有在特定的地方、特定的交往范围中才能被准确地理解,超出这一范围人们可能就会不知所云,甚至产生误解。例如,医疗美容技术专业就不能被简称为"美容"专业,医疗美容技术专业与美容专业的主要区别是前者包括整形美容,而后者只是生活美容;前者可以报考执业医师资格考试,而后者不可以。

4. 求职信中的称呼要恰当

有的毕业生在求职信中称呼对方为"叔叔""阿姨"或是"大哥""大姐",这是非常不恰当的,它显得俗气、幼稚。因此,在求职信中使用正式、规范的称呼是非常重要的。如在写给学校的求职信中可称呼"老师",写给医院的求职信中则多称呼"医院领导"。

(四)求职信的写作要求

(1)求职信应专门致某个特定的个人:确保有这个人的姓名、职务以及该用人单位名称的正确拼写。如果求职者不愿意定做每一封信,而使用格式信件,应使用尊称"尊敬的医院领导"。

(2)求职信应该具有很强的吸引力,以便在求职者和用人单位之间营造融洽的氛围。求职信中应该体现出求职者热情洋溢、精力充沛的特点。如果能将行业新闻、单位动向写在信里,则更能表现出求职者对行业、单位的关注和了解。

(3)求职信应该言简意赅:一封求职信只需要四五个简短的段落就足够了。毕业生应尽量把求职信的长度控制在一张纸之内。

(4)如果没有特殊要求,一般不宜在求职信中谈论薪金。

(5)确保求职信中绝对不出现拼写、打印和语法错误。

(6)确保求职者在求职信中说的一切都必须能够在面试中得到相关材料支持和证实。

(7)求职信中的人称:不要滥用代词"我",在求职信中应该是"您"多于"我"。

(8)格式:信文要安排在信笺的中间位置,书写格式要统一。例如,第一段采取后缩式时,须每段都采用后缩式,而不要将某些段改换成齐头式。

(9)忌逻辑混乱、条理不清:有的人写求职信就像记流水账或写随感录,想到哪,写到哪,没有提纲,没有计划,没有主题,逻辑性和层次感都很差,这就降低了阅读者对求职者写作能力、逻辑思维能力的认同。语无伦次的表白会让人对求职者的能力介绍产生怀疑。同时,缺乏条理的文字还容易让人产生厌倦感、疲劳感,从而忽略信中的一些重要信息。

(10)书写工整、美观:求职信最好使用计算机将信文内容打印出来,因为打印远比手写清晰、美观。如没有条件打印,手写一定要清楚、整洁,这样用人单位容易对求职者产生良好的第一感觉,而字迹潦草、龙飞凤舞则会给用人单位留下办事草率、敷衍了事的不好印象。如果求职者写一手好字,就工工整整地自己写,并落款"亲笔敬上"的字样,这样也顺便展示了你的书法水平。此外,还须注意,一定不能用铅笔、圆珠笔或红色墨水笔书写,否则,会给人造成轻率和无礼的糟糕印象。

(11)排版、布局合理:有的求职信只占了一张信纸的1/3版面,下端一片空白,这就给人一种应聘者无话可说或实力不足的感觉。有的求职信用了几页信纸,但最后一页只有寥寥数笔,空空荡荡的,很不美观。有的求职信字写得太小,看起来劳神费力。

(12)使用敬语结束求职信,同时确保签署求职者的姓名、写信日期。

(13)信笺的选用:最好选用尺寸标准、质地优良、普通白色和无格子的信笺。应避免使用尺寸过大或过小及奇形怪状的信笺。切忌将皱巴巴、脏乎乎、随便找来的纸当信笺使用。不要使用带有外单位信头的信笺,即使将外单位的信头裁掉之后,这种信笺也不能使用。因为用这些信笺写的求职信,体现出写信人十分随意,加之这种信笺看上去也令人不愉快。此外,也不宜使用色彩鲜艳或带有香味的信笺。如不是特殊情况,最好避免使用明信片。

(14)信封:最好使用白颜色的和没有花草图案装饰的信封。收信单位的地址和名称要书写完整,不能图一时省事,采用简写或省略不写,否则会造成误投,使求职者的求职受阻。如用人单位已刊登过招聘启事,最好按招聘启事上所说的地址书写。

（15）写完信后要再检查一遍:求职信有关自己的工作与事业发展,务必精心构思、认真运笔、反复修改,直到求职者觉得它能最好地显示出自己的长处时为止。全信写完,不妨从头到尾再详细阅读一遍,确保无误后再邮寄出去。

（五）求职信的文字技巧

写求职信要注意自己的求职身份,因此,在一些文字的说法上一定要讲究,切不可粗心大意引起用人单位的反感。

1. 语言表达自然

语气要正式但不能僵硬。词语生动使句子有力,但不要随意用一些从未用过的令人费解的词语和句子。这样会给用人单位滥用词句、哗众取宠的感觉。

有些医学生有这样一种心理,自己既然是医学生,那就是搞自然科学的,就不能让人误以为自己缺乏人文素质,于是就想尽各种办法堆砌甚至滥用各种华丽辞藻,似乎只有这样才能使文章动人,充分显示出自己的才华。殊不知多用、滥用词语,会使人产生反感,让人对其实际能力产生怀疑。

2. 写作通俗易懂

求职者不能用太过专业的字眼。否则,人事经理会对自己看不懂的东西失去兴趣,同时显得求职者也有卖弄之嫌。因此,切忌在求职信中使用生僻词语、专业术语。

3. 言简意赅,切忌面面俱到

招聘的工作人员多半工作量大,时间宝贵,不可能花时间在求职者冗长的求职信上。因此,求职信应在重点突出、内容完整的前提下,尽可能简明扼要,不要陷入无关紧要的说明。多用短句,做到每段只表达一个意思。

4. 具体明确

不要使用模糊的字眼,要多使用实例、数字等来做具体的说明。

5. 注意双语写作

如果求职者打算在少数民族地区求职,那么求职信最好用汉语和少数民族语言各书写一份;如果求职者准备向外资医院求职,那么最好用中文和外方国家官方的语言各书写一份,这样通过求职信既能自荐,又可以表现求职者的外语水平,可谓一举两得。

6. 避免强硬口气

最常见的现象有:一是为对方限定时间,如"本人于某年某月要赴外地实习,敬请贵医院在某月某日前回信为盼"。表面看,文字相当客气,但客气之中却为对方限定时间,容易使人反感。二是为对方规定义务,如"本人谨以最诚挚的心情,应聘于贵医院,盼望获得贵医院的尊重和考虑"。这样的文字似乎在说:你如果不聘用我就是对我的不尊重,这是对方难以接受的。三是以上压下的口气,如"贵医院某某副院长要我直接写信给你"或"某处长很关心我的求职问题,特让我写信找你",收信人看后可能会这样想:既然某领导有意,你还写信给我干什么,真是多此一举。四是卖关子以提高自己身价,如"现有几家医院打算聘用我,所以请您快速答复我",这样的文字,往往容易激怒对方,使其将求职者的求职信直接扔进垃圾桶。

（六）求职信的书写格式

求 职 信

尊敬的××：

第一部分：写明求职者要申请的职位，及如何获得该职位的招聘信息。

例如：

A：获知贵医院在×年×月×日××报上招聘的信息后，我寄上简历敬请斟酌。

或 B：我写此信应聘贵医院招聘的××岗位。我很高兴在××招聘网站上得知贵医院的招聘公告，我学习××专业已×学期了，一直期望能有机会加盟贵医院。

第二部分：推销求职者。要简明阐述求职者如何满足医院的要求。要陈述求职者所特有的，可为医院做出贡献的教育、技能、资质和成绩（成果）。如果有的话，要尽量量化这些成绩（成果）。

例如：

A：我已有×年社会实践经历。

B：我在校期间担任××职位，曾几次因工作出色而受到嘉奖。

第三部分：将来的行动，请求安排面试，并标明与自己联系的最佳方式。

例如：

我希望我是该职位的有力竞争者，并希望能尽快收到贵医院的面试通知。

第四部分：结束这封信并表示感谢。

×××
×年×月×日

【案例】

求 职 信

尊敬的医院领导：

您好！

感谢您打开这份简历去了解一个年轻人 3 年的青春缩影和对未来的憧憬。

我叫×××，系××学校××级护理专业毕业生。在 3 年的大学生活期间，我尽最大努力融入护理系这个大集体，担任学生会干部，组织参加各项活动；学习认真，曾获得国家励志奖学金；阅读大量书籍，努力开拓视野，培养书法、文学、体育等方面的兴趣和特长，努力完善自己。在专业上我学习了基础护理学、内科护理学、外科护理学、儿科护理学等20余门课程，并取得了优异的成绩，具备了坚实的护理理论基础。曾在医院实习过一年，对护理专业有了更充分的了解，系统掌握了各专科护理技术、常见疾病患者的护理常规、消毒隔离技术等。在护理人际关系中，我深知沟通是护士的重要技能，因此这一年来我努力学习，用心体会，使自己的人际沟通能力也大为提高。我诚恳地希望到贵单位做一名护士，愿从事医院手术室、ICU、急诊等相关科室工作。请贵单位给我一个尝试工作的机会，一个施展自己潜能的空间。我一定尽心尽力，让贵单位满意。

愿我的坦率和真诚能换来您对我的选择！

此致

敬礼

×××
××年×月×日

三、个人简历的写作方法及注意事项

一份出色的个人简历是毕业生求职和开启事业之门的钥匙,因为很多时候,简历的情况会决定求职者能否得到面试机会。所以,现在的毕业生非常重视简历的设计,在招聘会上,经常会看到一些厚如书册、包装精美华丽的简历。但是,医学生们精心制作的简历却未必能得到用人单位的认可。那么,什么样的求职简历才是合适正确的,才能得到用人单位的青睐呢?

(一)简历的内容

个人简历一般应该包括以下 9 个部分。

1. 个人资料

个人资料包括姓名、联系地址(包括邮编)、联系电话(最好是手机号码)、E-mail(不要用滑稽昵称)、性别、出生年月、年龄、籍贯、民族、身高、视力、政治面貌等。

2. 学历

学历是指自己接受教育的经历,内容包括何时、何地、在何类学校学习。如果就读的是大专院校,必须说明所学专业,本科毕业生还必须说明获得过何种学位。学历的编排顺序应由前往后,由高至低,即最近和最高学历先写。

3. 实践活动

实践活动包括实习、社会实践、志愿者工作、学生会工作、团委工作、社团等其他活动。实践活动是学校生活的一个重要组成部分,也是对课堂学习内容的一个重要补充。积极参加各类课外活动,表明求职者希望增长自己的才干,提高自己的人际交往能力,扩展自己的社会阅历与经验。简历上要列明自己参加过的课外活动和取得的各种荣誉与奖励,这有助于说明求职者的人格修养、交际能力、组织能力、成熟程度、健康状况、心理素质以及发展潜力。

4. 技能与特长

(1)技能水平:外语、计算机、普通话和执业资格等。

(2)专业能力:大学期间的论文、科研成果、发表的文章(提供简单说明即可),不宜使用"初学""一般"等表达含糊的词语。

5. 奖励和荣誉

大学期间获得的奖学金情况、获得的荣誉称号。这些可按照时间顺序排列。

6. 兴趣爱好

可以展示求职者的品德、修养、社交能力和与人合作的能力。注意要尽量与应聘职位所需技能有关,否则会弄巧成拙。

7. 专长与成绩(成果)

专长是专业范围内最突出、最擅长的项目。例如,专业是护理学,但护理学又包含基础护理学、内科护理学、外科护理学以及儿科护理学等专科,而简历作者的专长可能是基础护理学。填写专长时,应重点强调一个或两个方面的专业特长,一般不宜超过两项。填写成绩(成果)时,一要实事求是;二要具体、定量。例如,大一下学期总成绩排名全班第一名,平均每门 92 分。

8. 推荐人

简历作者通常在简历最后列上推荐人，以表明自己在简历中介绍的情况是真实可信的，自己的品行和能力可以接受查询。

在提供推荐人的姓名、头衔或职称时，有三点应注意：一是要事前获得他们的允许和承诺；二是要附上他们现在的而不是过去的通信地址、邮政编码、电话号码；三是要将该简历的复印件给他们各送一份，以便他们对简历所述有全面了解，能回答询问。

9. 求职照片

求职前，照一张好照片(最好是全身立姿照)，把美好的形象充分地展现出来。但切记这张求职照片不能超出人们通常的审美标准，不能使用艺术照，最好采用一些中性的照片。

(二) 简历写作的基本要求

简历的一个基本出发点，就是要使用人单位的人事主管在很短的时间内，能了解到求职者是否具备应聘资格。因此，编写简历时必须充分展现个人优势，同时兼顾简洁扼要、得体适用等几个方面。

(1) 充分调查并了解所求职位的具体情况，做到有的放矢。在写简历之前，预先确定谁是阅读者，然后根据界定的阅读者写简历。

(2) 让用人单位能较为全面地了解求职者，保证简历真实。简历必须能让用人单位较为全面地了解毕业生的综合情况，最好在 20 秒或更短的时间内，回答用人单位为什么要聘用你。但注意在较为全面地介绍自己的同时应注意简历越短越好，在大多数情况下，一两页就足够了。

(3) 突出工作经历和特长。用人单位一般不愿意聘用没有社会经验和特长的毕业生，如果在简历中没有突出接触过社会、了解该行业、做过社会工作，或没有特殊才能，一般不会被重视。

(4) 多次检查修改，确保不要出现任何拼写、语法、标点或打印错误。如果基本汉字或语法表达出现错误，那么用人单位会认为求职者连最基本的知识都不具备，因此这种低级错误是应该避免的。简历做完以后请他人帮忙检查一下是非常必要的，一是看有无拼写、语法、句式等方面错误；二是从构思的角度看有无更合适、更恰当的表达方式。

(5) 中学情况不要写太多。有的学生中学经历特别辉煌，做过学生会主席，当过团支部书记，学习成绩也名列前茅，但一般不提倡在简历中写太多中学情况。因为用人单位更为注重求职者目前的表现。当然，如果求职者在中学期间获得过国际奥林匹克比赛大奖或全国性大奖等，也不妨提上一笔。

(6) 措辞达意，得体合适。简历与求职信一样，属于应用文体，措辞表意有习惯性要求，行文时不应违背这些要求，而应该力求得体、合适。

(三) 简历写作的注意事项

对于每一位求职者来说，一份好的简历可能意味着成功的开始，可以为其争取到更多的机会，所以在写简历时马虎不得。那么，应该准备一份怎样的简历才能令招聘者过目不忘，从而给其留下深刻而良好的印象呢？其实，简历不一定非要追求与众不同，在写简历时注意把握好以下几点，也可帮助求职者写出一份精彩的个人简历。

1. 真实

简历最基本的要求就是真实。真实地记录和描述求职者在大学期间的成绩和经历，能够使阅读者对求职者产生信任感,而医药企业对于求职应聘者最基本的要求就是诚实。医药企业阅历丰富的人力资源部经理对简历有敏锐的分析能力,遮遮掩掩或夸夸其谈终究会露出破绽。

在创作简历时,一些不甚明智的做法通常包括:故意遗漏某一段经历,造成履历不连贯;在工作业绩上弄虚作假;夸大所任职务的责权;隐瞒跳槽的真实原因,如将被迫辞职说成是领导无方,将用人单位倒闭描绘成怀才不遇等。其实任何一个有经验的招聘人员只要仔细阅读分析,便可鉴别履历的真实性。因此,与其费尽心机,不如老老实实,只要有真才实学,总会有属于自己的机会。

2. 全面

简历的作用,在于使一个陌生人在很短的时间内了解求职者的基本情况。简历就如一个故事梗概,吸引读者继续看下去。因此,要特别注意内容的完整和全面,以使对方对求职者有较全面的认识。

简历通常应当包括以下基本信息:姓名、年龄、性别、家庭住址及户口所在地、教育背景及学历、专业情况、外语水平、计算机水平、工作经历、培训经历、特长、业余爱好、简单的自我评价以及其他重要或特殊的需注明的经历、事项等,这些情况最好能有中外文对照。当然,千万不要忘记写下联系方式。

3. 简明

经常有求职者觉得简历越长越好,以为这样易于引起注意,其实适得其反,淡化了招聘人员对主要内容的印象。招聘人员每天要面对大量的求职履历,工作非常忙,他们一般在粗略地进行第一次阅读和筛选时,花在每份履历上的时间不会超过一分钟。如果简历写得很长,难免导致阅读者缺乏耐心完整细致地读完简历,这当然对求职者是很不利的。因为冗长啰唆的简历不但让人觉得浪费时间,还会觉得求职者做事不干练。言简意赅、流畅简练的简历,在哪里都是很受欢迎的,这也是对求职者工作能力最直接的反映。

4. 突出重点

不同的用人单位、不同的职位对求职者有不同的要求,求职者应当事先进行必要的分析,有针对性地设计准备简历。如果盲目地将一份标准版本简历用以应付每个用人单位的话,简历的效果会大打折扣。前文所谓的全面不是指面面俱到,不分主次,而是要根据用人单位和职位的要求,巧妙突出自己的优势,给人留下鲜明深刻的印象。

5. 语言准确

不要使用拗口的语句和生僻的字词,更不要有病句、错别字。如有外文简历,那么使用外文时要特别注意避免出现拼写和语法错误。招聘人员考察应聘者的外语能力是从求职者的简历开始的,同时,行文也要注意准确、规范。在大多数情况下,作为实用型文体,句式以简明的短句为好,文风要朴实、沉稳、严肃,以叙述、说明为主,动辄引经据典、抒情议论是不可取的。

有的人写简历喜欢使用许多文学性的修饰语,例如,"大学毕业后,我毅然走上工作岗位""几年来勇挑重担,为了单位的发展大计披星戴月,周末的深夜,常常还能看到办公室明亮的灯光。功夫不负有心人……""虽然说'有则改之,无则加勉',但领导无中生有的指责日甚一日,令我愤懑不已,心灰意冷,终挂印而去",结尾还忘不了加上一句"我热切期待着一个大展宏图、共创辉煌未来的良机"之类的口号。这样的简历,只能让人一笑置之。

6. 评价客观

简历中通常都会涉及求职者对自己的评价,这类评价应当力求客观、公正,包括行文中所表现出的语气,要做到八个字:诚恳、谦虚、自信、礼貌,这样会令招聘者对求职者的人品和素质留下良好的印象。这些非技能性的因素可使求职者脱颖而出。总之,既不能妄自尊大,也不能妄自菲薄,这一点上,分寸的把握非常重要。

7. 版面美观

一份好的简历,除了以上对内容方面的要求,版面设计也是一个非常重要的因素,是真正的"第一印象"。在排版时,要做到条理清楚,标识明显,段落不要过长,字体大小适中,排版端庄美观,疏密得当。排版时既不能为了节省纸张,显得拥挤,令阅读者感到吃力,也不能出现某一页纸只有几行字,留下大片空白的现象。还要注意版面不要太花哨,要有一种类似于公函的风格,这在一定程度上可以体现求职者的基本职业素养。

通常建议使用计算机打印文稿,如果求职者的字写得不错,不妨再附上一篇工整漂亮、简短的手写求职信,效果会更好。

8. 选用标准纸张

近年来,很多人士在打印事务书信与简历时,已普遍使用国际标准幅面 A4 型的纸张,颜色一般为白色,偶尔也用淡蓝或浅黄色,都不带横格、方格或底纹。如果手头一时没有 A4 型的纸张,可先打印在一般白色、无格、不带单位名称和地址等信头内容的公文纸上,再利用复印机复印到 A4 型纸上。

(四)毕业生简历

【案例】

个 人 简 历

姓名:张××   政治面貌:中共党员(预备)

性别:女   学历:普通专科

年龄:21   系别:护理系

身高:168 cm   专业:护理

民族:汉   健康状况:良好

籍贯:湖北荆州   联系方式:180××××856

＊知识结构

专业课程:人体解剖学、生理学、药理学、病理学、生物化学、病原生物学与免疫学、护理心理学、基础护理学、健康评估、内科护理学、外科护理学、妇科护理学、儿科护理学、急救护理学、五官科护理学、护理管理学、护理伦理学、精神科护理学等。

实习情况:在荆州市中心医院(三级甲等)实习 10 个月。

＊专业技能

擅长导尿、静脉留置针输液法、心肺复苏术等护理技能。

＊外语水平

2019 年通过全国大学英语四级考试。

＊计算机水平

2019 年通过全国计算机一级考试。

2021 年通过荆州市专业技术人员计算机应用能力考试。

*普通话水平

2019 年经全国普通话水平测试达到二级乙等。

*执业资格

2021 年通过了全国护士执业资格考试。

*主要社会工作

2018—2019 年担任班级体育委员。

2019—2020 年担任班长。

2019 年 4 月加入学校青年志愿者协会,同年 5 月赴荆州区八岭山镇考察。返校后与同学合作写了数万字的调查报告。此后还在校内组织参与了图片展览及社区义诊的活动。

2020 年 1 月参与武汉康柏寿医药有限公司在荆州的市场调查活动。

*个人履历

2018 年 9 月至 2021 年 6 月:在××学院护理专业学习。

2015 年 9 月至 2018 年 7 月:在荆州中学学习。

*兴趣与特长

喜爱文体活动、热爱自然科学。

在 2020 年学校第八届田径运动会上获得 3 000 m 长跑女子组冠军。

*个人荣誉

2018—2019 年,被评为"校优秀学生干部"。

2019—2020 年,被评为"校三好学生"。

*主要优点

有较强的组织能力、活动策划能力和公关能力,在大学期间曾多次领导组织大型体育赛事、文艺演出并取得良好的效果。

有较强的语言表达能力,小学至今,曾多次作为班、系、校等单位代表,在大型活动中发言。

有较强的团队合作意识,在同学中有良好的人际关系,在同学中有较高的威信,善于协同"作战"。

*自我评价

活泼开朗,乐观向上,兴趣广泛,适应力强,勤奋好学,脚踏实地,认真负责,坚韧不拔,吃苦耐劳,勇于迎接新挑战。

*求职意向

可胜任医院手术室、ICU、急诊等相关科室的护理工作。

(五)电子简历

电子简历是把个人简历内容用 Word、Excel、PowerPoint 等文档软件编辑出来,以电子邮件或其他方式传送的个人简历。电子简历还包括图片简历、网页简历和多媒体简历等新颖的个人简历。

传统的电子简历,是指用文档软件编辑的简历,被求职者广泛使用。这一类简历的呈现模式多为单一的文字、图片或表格具有直观性。

多媒体简历包括图片、影像、动画和声音资料,可以全方位地展示出求职者的风采。

简历网页即 html 格式的电子简历,由 html 语言编写而成,内含详细的个人介绍,包括学习成绩查询系统和历年所获奖项、发表的文章及链接等,整个页面简洁明了,给人灵动的感觉。这一类简历比较适合技术型求职者,因为网页简历能尽情显示出应聘者的计算机技能。

四、推荐表(推荐信)及其他材料的准备

(一)毕业生推荐表

每个毕业生在毕业前都会填写一份由学校统一制作的毕业生推荐表,该表也是每个毕业生自荐材料所必须包含的,这种毕业生推荐表多是学校集多年经验而制作的,涵盖了用人单位所关心的各项基本内容。这种表格由于是校方统一印制的,所以结构都是固定、统一的,表格中的各项基本内容也都需按要求填写。由于该表是由毕业生所在学校制作并组织填写的,因此用人单位对此表格是非常重视的。

一般来说,学校的毕业生推荐表需要填写的基本内容包括:姓名,性别,出生年月,政治面貌,籍贯,身高,学历,家庭联系方式,个人简历,本人就业意向,特长爱好,外语和计算机水平,社会实践及社团活动情况,在校期间担任过何种社会职务,在校期间受过何种奖励或处分,所学主要课程成绩以及系部和学校推荐意见等。由于用人单位需要通过该表对毕业生的基本情况一目了然,因此学生在填写该表时既要求内容全面、翔实,又要做到简明扼要。

该表除了需要体现求职者基本情况外,还需要贴一张免冠全身立姿彩色近期照片,以便用人单位对求职者的仪容仪表有全面的认识。因此,在填写该表时切记不要丢三落四,不要忘记贴照片。

(二)推荐信

1. 推荐信的功能

推荐信是对求职者的人品、能力、性情等个人情况给予客观介绍,而又带有褒扬倾向的一种事务性信函。提交推荐信的目的在于使用人单位对求职者的某些主导方面获得客观了解,从而有利于对求职者的素质进行综合分析,在众多求职者中择优录用。

求职者到国内的外资企业或到国外就业,一般都要在求职信中注明推荐人姓名和通信地址,或注明愿意提供推荐人,也就是说愿意提交推荐信。当招聘单位认为该求职者初选合格时,有没有内容恰当、文辞得体的推荐信作为支持性文件,便有可能成为最终能否被录用的关键因素。如果在这个时候求职者缺少一封有力的推荐信就有可能前功尽弃,导致求职失败。由此可见,推荐信的写作是毕业生求职全过程中的一个重要环节,推荐人在写信前应该精心策划,不能马虎了事,掉以轻心。

2. 推荐信的写作要点

语气热情诚恳,所介绍的关于被推荐人的信息应遵循实事求是的原则。推荐信应多写被推荐人的优点,要充分肯定其成绩,但也不能言过其实,或编造杜撰。如果被推荐人的确有突出之处值得表扬,介绍措辞仍应有所保留。推荐人对被推荐人的赞许与推荐之意,应在客观叙述之中自然流露出来。推荐信的篇幅不应过长,一般以不超过一页为宜,但也不能寥寥数语,敷衍了事。

3. 精心组织正文内容

推荐信一般可含下列项目:被推荐人姓名、通信地址、专业,被推荐人优点及适合的职位,推荐人姓名。

第一部分应开宗明义,表明态度,说明自己乐意推荐某人,例如,我非常高兴地推荐我的一名学生进入贵医院担任护士一职。

接下来可介绍与被推荐人何时认识、熟悉程度以及自己同被推荐人之间的关系,如师生关系、同事关系、上下级关系、邻里关系等。

信文重点是对被推荐人的人品、能力、性格特点等进行介绍。组织这部分内容时,要在客观叙述中体现出推荐人个人的倾向,尽可能地做到言简意赅,点面结合。

信文的最后部分,一般都以提出建议作为结尾,即推荐人建议用人单位对被推荐人的申请给予考虑,聘用被推荐人。有时,也可就对方接受自己的推荐表示谢意,从而结束全文。

为示慎重与推荐的权威性,推荐信在签名之后应注明推荐人的职衔或职称。如果使用的是普通信笺,而不是带有信头的公文信笺,为便于对方联系,最好在职衔或职称之后再注上推荐人的通信地址(包括单位名称、地址、电话以及邮政编码等)。

有些用人单位在招聘上较为严格、慎重,为全面了解候选人各方面的表现,他们会要求毕业生提供两三份推荐信。另有一些招聘单位自行设计了统一格式的推荐信,连同求职申请表一同交给求职者,让求职者自己找合适的人(以前的任课老师、系主任)填写好后,由推荐人直接寄给用人单位,或由推荐人填好后交还求职者,由求职者连同求职申请表一同呈交用人单位。

(三)附件

附件是指能证实求职者在求职材料中所列出的各方面情况的证明材料。它是证明求职者求职材料的真实性和求职者才能的有力佐证。为预防这些证明材料在投递过程中丢失,附件一般系各种荣誉证书、所发表文章、科研作品的复印件,原件可待招聘单位确定聘用求职者后审查原件时出示。

求职信附件主要包括以下内容:

(1)各种奖励证书的原件或复印件及其相关的实物性图片和影音资料等。

(2)学习成绩单,这是毕业生大学学习成绩的证明,应由学校教务处盖章。

(3)各种等级证书,如外语、计算机、普通话等级证书及执业资格证书复印件。

(4)参加社会实践、毕业实习的鉴定材料。

(5)有关科研成果证明,在杂志或报刊上发表的文章(数量较多的可选有代表性的附上)。

附件内容的安排,可以根据自身需要及实际情况加以取舍组合。总之,附件的目的是为求职服务的。

思考与练习

1. 你有不良就业心理吗?如果有,应该如何调适?

2. 案例分析:毕业生小刘学习成绩和其他方面的条件都不错,在择业初期他满怀信心。但由于学历的原因,他在省会人才市场举办的几次招聘会上碰了壁,后来心生自卑,陷入恶性循环而不能自拔,以至于在此后每次招聘会上,只是害羞地问人家"专科的要不要",其他什么话都不敢讲,最终也未能落实就业单位。请问小刘失败的原因何在,他应该如何调适自己的就业心理?

3. 请尝试书写求职信、个人简历,并请制作一份适合自身的求职材料。

第五章　医学生的求职技巧

学习目标

1. 掌握就业信息的搜集与筛选方法。
2. 了解笔试及面试技巧。
3. 掌握网上求职的技巧。
4. 识别常见的网络求职陷阱。

第一节　就业信息的收集与筛选

一、医学生就业信息的收集

面临毕业,医学生也要准备收集就业信息并进行整合分析。这些信息将使你在众多求职者中处于优势地位,自信地接受职场的挑战。

(一)在收集就业信息之前应做的准备

1. 要了解当年国家有关部门对毕业生尤其是医学生的就业政策

国家关于毕业生就业的方针政策是根据国家社会和经济发展形势而确定的,与当年的社会经济形势有着密切的关系。不了解就业政策,就无法把握就业的方向。学校和用人单位将按照就业政策来指导和规范毕业生的求职择业活动。因此,医学生在收集就业信息前,应主动了解当年国家关于毕业生就业工作的具体规定,并了解国家医疗体制改革的精神和进展情况,了解当年医疗卫生行业的人才需求情况等。比如,近年来国家鼓励应届毕业生预征入伍或者志愿参加西部服务计划,为此出台了一系列优惠政策。这些政策对毕业生今后的发展十分有利。就业形势随着社会经济形势的变化而变化,每年都会有不同的特征,毕业生应学会审时度势,恰当地去收集信息,把握好就业的机会。

2. 要了解地方医疗卫生行业主管部门和学校当年关于毕业生就业的政策和规定

这些政策和规定是在国家政策指导下结合本地、本校实际情况制定出来的。鼓励什么,限制什么,是毕业生必须明白的。这些具体的政策和规定,可视为毕业生收集就业信息的"指挥棒"。作为医学专科毕业生,要多了解国家和当地医药主管部门给予基层医疗机构哪些优惠政策,以及正在进行的医疗改革对基层医疗机构会产生哪些影响。

3. 要恰当地给自己"定位"

从自己目前的知识、能力、特长及足以影响自己就业的相关因素的角度,清醒客观地认识自己,把握自己,选择适合自己的就业单位,不要盲目与人攀比。比如,医学专科生按照国家的培养目标,就业单位应该在基层,但很多毕业生眼里只有中等以上城市,二级甲等以上医院,这是很不明智的。只有在正确认识自己的基础上,毕业生才能用现实和发展的眼光去分析和判断什么样的信息适合自己,自己适合什么样的岗位,这样才能在择业的过程中抓住机遇。

(二)医学生就业信息的收集途径

对于医学毕业生来讲,收集就业信息主要可从以下6个方面着手:

1. 通过专业招聘网站获取就业信息

为了节省求职的费用,提高求职的广度,应届毕业生可以精心制作好电子简历,多投几份到专业招聘网站,如中华英才网、前程无忧、智联招聘、百度百聘、猎聘网等。此外,国家、省级行政单位通常设有卫生人才网站,医疗卫生单位一般也都有自己的网站,其中就有用人信息的发布。另外,通过网络很容易了解到用人单位的一些背景情况,对于择业者来说,网络已成为通向成功之路的重要工具。

2. 通过就业市场或毕业生就业洽谈会获取就业信息

为了推介毕业生,一般由教育行政主管部门或者学校负责,在学生毕业前,举办一定规模的毕业生就业洽谈会(校园招聘会),这为毕业生求职提供了良好的机会。参会的用人单位都经过有关部门的审核,比较可靠,毕业生可直接去择业应聘。

人才市场也是就业信息的主要来源。随着人才交流的日益频繁,各级各类人才市场不断地涌现和发展起来。当前,全国几乎所有的地级市都设有专门的人才市场,甚至许多县(市)也有了自己的人才市场。人才市场经常发布就业信息,还会定期、不定期举办人才交流会。这些交流会一般由政府、人才市场或有影响力的人才中介机构举办,招聘单位大多具有较高的可信度。

3. 电话联系和登门拜访

各省或地区医疗卫生主管部门都汇编有行业单位目录,一般会简介单位名称、性质、隶属、地址、邮编、电话,当你获得有关单位的地址或电话后,可向其人力资源部门打个电话或者亲自到单位拜访一下,这样就能搞清楚单位是否需要你这样的人才,同时又能获得单位的交通、地理位置、环境条件等有关信息,还可以获得用人单位的发展前景、劳资关系、人员素质等方面的信息。

4. 通过社会关系网络和有关人员介绍来获取就业信息

这种方式就是通过家人、亲友、同学等社会关系寻找就业单位。这种信息来源的可靠性是最高的,提供的信息也很深入。这是因为许多信息的提供者往往就是单位的职员,所以对内部的职业需求信息可以说是知根知底。家长、亲友主要通过其自身或个人社会关系寻找就业信息,相对固定,也有相当大的局限性,一般不反映职业市场的实际供求情况。家长、亲友的职业信息来源是"一次性"的,除非有了新的社会关系,否则原来的信息一般不会再派生出更多的就业信息。另外,家长、亲友提供的就业信息与家长、亲友的职业、经历、社会关系、社会地位等家庭背景有很大的关系。因此,毕业生由家长、亲友提供的信息的数量和"质量"有很大的差异。对有些毕业生来说,家长、亲友提供的职业信息是其主要的选择,对有些毕业生而言,则可能限制了更好的就业选择。需要注意的是,在托关系寻找单位时,一定要使用人单位相信自己的业务能力、专业水平以及作风品质。

在医学院校,不少教师经常与医疗卫生单位合作开展科研项目或临床兼职,对医疗卫生单位比较熟悉。毕业生可以通过专业教师获得有关单位的用人信息,来不断补充自己的信息库。同时,教师提供的就业信息往往针对性强,比较看重毕业生的学业成绩、在校表现及其资质、能力、特长。他们提供的就业信息是经过筛选后再传递给毕业生的,其针对性和可靠性较大。

校友是近似于教师的非正式就业信息提供者。毕业生可以尽可能多地找一些自己的"师兄""师姐",打听一下是否可以在他们单位为你探查就业的可能性。校友比较了解本专业的毕业生在人才市场上的供求状况,以及用人单位在具体行业中的实际发展状况。近几年毕业的校友更有着对就业信息的获取、比较、选择、处理的经验和竞争择业的亲身体会,其提供的就业信息比一般纯粹的就业信息更有参考利用价值。

5. 通过学校毕业生就业主管部门获取就业信息

学校的毕业生就业办公室和毕业生就业指导中心,同上级主管部门和有关用人单位保持着长期、广泛而密切的联系,积累了丰富的工作经验,已形成了网络或稳定的关系。因此,通过学校毕业生就业主管部门获取的职业信息准确性高、可靠性强。许多学校毕业生就业工作做得相当出色,不仅能给学生提供用人单位的需求情况,而且还提供用人单位的隶属、性质、规模、户口关系接转、人才配置状况、经营状况、行业发展前景及在国家发展规划中所处的地位等情况,供毕业生参考。

在每年毕业生就业阶段,学校毕业生就业指导机构会有针对性并及时地向各个用人单位发布毕业生资源信息函,并以电话联系和参加各种信息交流活动等方式征集大量的需求信息。同时,这些机构一般在每年的11月至次年的3月专门组织各种形式的毕业生就业招聘会等。毕业生应定期浏览学校就业指导机构的网站,从而获得就业需求信息。这些信息数量多,针对性、准确性、可靠性都较强。同时,毕业生还要经常浏览本系或本学院的网页,也能获得一些非常有用的就业信息。

二、医学生就业信息的筛选

收集到一定的就业信息后,毕业生就要结合自己的情况,依据国家有关政策、法规以及社会常识对它们进行去伪存真、去粗取精地筛选以及有目的、有针对性地排列、整理和分析。

(一)就业信息的选择

对于收集到的职业信息,要依据自己的专业、特长、爱好、志向等情况,进行认真地筛选,有针对性地进行排列、整理和分析。只有这样,才能使获得的信息具有准确性、全面性和实用性。

一般来说,一则比较好的就业信息应包含以下要素:

(1)工作单位全称、性质及其上级主管部门。

(2)工作单位的发展实力及远景规划,在整个行业中的地位,如医院的等级。

(3)工作单位对从业者政治面貌、工作态度、学历及学业成绩的要求。

(4)工作单位对从业者职业技能和其他方面才能的特殊要求。

(5)工作地点、工作环境、个人收入、福利待遇、培训深造等的明确规定。

一旦就业信息被确认为真实有效,紧接下来就要鉴别信息的适合性,可以从专业适合性、兴趣爱好适合性两个方面来鉴别。

专业适合性是指专业是否对口。专业对口可以缩短个人进入职业岗位后的适应期,使个人更容易发挥专业特长,避免自己专业资源的浪费,也可以减少单位在职业培训中的投入。因此,选择专业对口的就业信息加以考虑是适当的。

兴趣爱好是一个人在职业生涯中取得成功的重要条件,对一项工作有兴趣不仅可以促使你投入大量的精力,而且有益于身心健康。在多数情况下,个人专业特长与兴趣爱好是基本一致的,不过也有两者发生矛盾的情况,此时一定要注意权衡利弊,做出决策。

(二)就业信息的处理

1. 正确、有效地选择就业信息

首先,要在较短的时间内查阅大量的就业信息资料,以便从中选出最有用、最重要的信息。其次,要善于运用查询、核实等方法来鉴别、判断、识别就业信息的准确性、有效性与可行性。

2. 善于发掘有价值的职业信息

信息是否有价值,往往取决于人们怎样利用。确定择业目标的主要依据是:① 求职者自身的条件,诸如文化素质、所学专业、兴趣爱好、特长等。② 就业信息,主要指就业行业及用人单位的情况、人才需求情况等。通过认真地分析、综合与推断、假设、验证,发掘信息的价值,对于择业来说,也是十分有利的。

【案例】

某医学院女生吴华,在学校期间,就听说女大学生就业难。于是,她在离毕业还有一年多的时候,就开始收集就业信息,包括国家就业形势与政策,医院的招聘信息,还特别留意那些新建的具有发展空间医院信息等,并将这些信息分类整理。就业前,她对自己收集的几百条信息进行了筛选,最后,结合自己的实际情况,选择了沿海一家新建的医院,轻松就业。她选择的理由是:① 新建医院重视人才,自己有良好的发展机遇。② 医院地理位置、硬件设施、管理都很好,前景光明。③ 医院的要求比较符合自身的能力。

3. 及时利用职业信息

职业信息往往具有一定的时效性,在经过了认真、全面筛选之后,要准确把握,确定适合自己的去向,尽快与用人单位建立协约关系,切不可坐失良机。如果在求职择业的实施过程中出现偏差,应及时调整,使之可行。

(三)擦亮眼睛,谨防受骗

目前,某些人才市场、劳务市场存在种种虚假信息和非法招聘活动等陷阱,毕业生在求职就业时一定要擦亮眼睛,提高警惕。毕业生求职可以到那些大型、管理正规、有国家相关权威部门颁发的人才交流和劳务中介服务许可证的人才服务机构去。各种虚假信息和非法招聘活动主要存在于那些管理不规范,甚至根本就没有营业许可证的小型民营职业中介机构。它们利用毕业生迫切求职的心态,发布虚假信息,设置种种陷阱,非法收取报名费、保证金、培训费等。有些毕业生甚至被骗入非法传销组织。

面对某些人才市场和劳务市场的那些虚假信息、陷阱和非法招聘,毕业生要提高警惕,仔细判断信息的真伪,防止受骗上当。首先,应提高自我保护意识,在求职应聘过程中,注意以下几个方面:

(1)优先选择到政府人力资源和社会保障部门所属的人才市场或大型品牌人才中介机构去求职,这类部门以为用人单位、为人才服务为宗旨,运作规范、服务周到、信誉高、功能全。尽量不到那些让人生疑的职介场所求职应聘。

(2)审看招聘单位的营业执照。一看招聘单位有无法人执照。二看是否办理了合法的

招聘手续。在省级人才市场设摊招聘的单位介绍均由人才市场统一印制、统一装订,求职者可看所公示的单位名称与实际招聘单位名称是否一致。另外,省级人才市场在入口处贴有摊位总表,招聘单位名称、性质、拟聘岗位均列于表中,应聘者可先浏览一下摊位总表再进场应聘,做到心中有数。三看招聘工资是否与该岗位社会基本工资相符。

（3）仔细询问招聘人员,不可轻信于人。应聘者在人才市场求职应聘时应仔细询问招聘单位的详细情况,包括其上级主管部门、单位性质、用工形式、工资待遇等,还可以直接向有关的管理部门咨询。

（4）认真听取招聘单位的情况介绍,不放过任何疑点。求职者在应聘时应留心听一听招聘者向求职者介绍的情况是否和招聘简章一致,多听一听其他求职者的发问和议论,以便掌握较全面的信息。

（5）运用法律武器维护自己的利益。在应聘活动中一旦遇到非法中介机构欺骗、讹诈求职者,应及时到人力资源和社会保障部门咨询、投诉,寻求帮助。

三、医学生网络求职技巧

网络被人们形象地称为信息高速公路,网络求职具有选择范围广,成功率高,方便快捷,求职成本低等特点。医学毕业生应该充分利用网络资源搜集就业信息,投递电子简历,这样可以节省很多时间和金钱。很多用人单位已经认可并使用这种招聘方式,以便更广泛地招揽优秀人才,节约招聘成本。

（一）网络求职信息的获取

1. 直接查询卫生人才网站

输入"卫生人才网",你会查询到中国卫生人才网以及各省、自治区、直辖市的卫生人才网,一些重要的城市也设有卫生人才网。这类网站由政府部门主办,发布的招聘信息比较真实、可靠,是医学毕业生的首选网站。

2. 利用关键词搜索

如果想快捷地获得自己想要的信息,可以将求职意向的关键词摘出,利用搜索引擎进行搜索。关键词主要包括所学专业、求职岗位等,加上招聘等词语即可。此外,毕业生还可以根据自己的实际情况,多用一些关键词进行搜索,以获得更多有用的招聘信息。

3. 浏览医药企事业单位官网

一般来讲,重要的招聘信息会放在企事业单位网站首页上,在"最新消息"或"公告"之类的栏目里发布,有的信息是通过滚动字幕的形式发布的,因此,浏览时要有些耐心,不可一目十行,草草而过。在浏览专门的招聘网页时,信息很多,也很简略,更要认真仔细地鉴别,找出对自己有用的信息。

（二）网络求职信息的处理

1. 及时下载

看到觉得有用的招聘信息要及时下载,有些同学浏览网页时不做记录,认为网页就在那里,可以随时查阅。其实不然,网页的容量也是有限的,而且招聘信息的发布也有时限性,因而处在不断地更新之中,你今天查到的信息也许明天就难觅踪迹。因此,最好的办法就是建一个"招聘信息"文件夹,下设若干个分文件夹,下载后对信息分门别类进行整理。

2. 权衡主次

如果招聘信息很多,你一定要认真地甄别,及时选择到主要信息,以便迅速对招聘信息做出有针对性的回应。权衡主次的原则一般有专业对口、医疗机构的等级、福利待遇、发展前景、地域等。比如有同学即使待遇低一点,也愿意留在家乡工作,有的则倾向于外地。

3. 及时联系

确认好主要招聘信息后一定要及早与用人单位取得联系,以免被别人捷足先登。俗话说"先入为主",早联系能够争取主动。再说,招聘一般持续很短时间,机会可谓稍纵即逝。联系方法一般是先发电子简历,接着电话联系,咨询有关招聘事项,并提醒对方审阅自己的电子简历。

(三)谨防网络求职陷阱

1. 无效虚假信息

有些网站公布的招聘信息是过时信息、垃圾信息、虚假信息,只是为了保持网站的信息量刻意而为的。有些单位没有招聘意向,为了追求宣传效应,提高知名度,也会发布招聘信息,对毕业生构成欺骗。这就需要毕业生擦亮眼睛,认真分析,减少无效信息对自己的影响。

2. 骗取求职者的资料

有些骗子以招聘为名,要求求职者提供自己的身份证号、银行卡号、手机号等资料,然后利用这些资料盗取求职者的存款或者从事其他诈骗活动。

3. 骗取培训费

有些骗子公司以高薪为诱饵,在网上发布招聘信息,骗取信任后,再以岗位培训为由,收取求职者的高额培训费、教材费等,然后以各种理由搪塞求职者或者干脆销声匿迹。

(四)网上求职应注意的法律问题

在数字化时代,各种各样的骗子也渐渐地认识到网络这一虚拟空间里存在着可利用的诈骗资源,于是他们纷纷涉足这一空间,随之,纷繁复杂的网络诈骗行为也在网络空间里遍地开花。与传统诈骗相比,网络诈骗行为的手法更具多样性和欺骗性。由于网络的虚拟性,法律监管和制裁的难度都非常大,求职者上当受骗后,很难挽回自己的损失。因此,要有效地对付网络诈骗,首先必须认真研究网络诈骗的手法。

网络求职诈骗,是指行为人借助网络,利用数字化工具,使用虚构事实或者隐瞒真相的方法,骗取求职者财物的行为。

网络求职诈骗的主要形式有两种:一是骗子在网上声称有怎样的职位,只要你交了介绍费就可谋得该职。而当求职者按要求寄上介绍费后便杳无音信。二是以为求职者介绍工作为由,要求求职者提供个人资料,而当骗子获取资料后,再利用这些资料进行其他非法活动。例如,网络骗子在网上公布"招聘信息",在收到求职者的应聘通知后,利用求职者急于找到工作的心理,要求求职者将自己的一切详细信息包括社会保障账号都发送到该公司的电子信箱里,然后再利用这些求职者的个人资料进行非法活动。

网络维权难度很大,一旦诉至法院,将给法院调查取证工作带来较大的难度:一是对对方当事人基本情况难以查明;二是双方无具体书面契约,对履行义务、违约责任、解决争议的方法等没有具体的约定;三是收款凭证等重要证据无法获取;四是异地调查取证将产生许多难以预料的困难。

此外,对网络欺诈如何适用法律问题界定不明。网络具有虚拟的一面,骗子可以通过匿名方式与外界发生交易,从而逃避管理部门的监管,回避法院调查或者公安机关的刑事侦查。目前,我国对网络欺诈行为适用法律问题没有翔实规定,什么情形下适用民法通则调整,又在什么情形下适用刑法调整,未作明确界定。由于建立和完善相关法律法规和执行体系还需要相当长的过程,因此,医学毕业生在网络求职上要以自我防范为主。

第二节　笔　试　技　巧

一、笔试的目的

笔试是用人单位采取书面形式对应试者的基本知识、专业知识、文化素养和心理健康等综合素质进行考查与评估的一种测试方法。对于应试者来说,笔试是相对公平的一种测试方法,因而被越来越多的用人单位所采用。一般来说,用人单位采用笔试方法主要是为达到以下目的:

(1)测试应聘者的智商和反应能力。

(2)检查应聘者掌握专业知识的程度。

(3)了解应聘者的文字功底和写作水平。

(4)考查应聘者理解问题和分析问题的能力。

(5)通过考试的成绩来决定是否录用应聘者或进入下一轮的面试,以此体现竞争的平等和公平。

二、笔试的种类

1. 智商和心理测试

在一些医疗部门看来,专业能力可以通过培训来获得,而毕业生是否具有不断接受新知识的能力是至关重要的。智商测试通常运用的一种是图形识别,比如有四种图案的一组图形,让应试者指出其相似点和不同点。另一种是算术题,主要测试毕业生对数字的敏感程度以及基本的计算能力。心理测试就是用事先编制好的标准化量表或问卷要求被试者在一定的时间内完成,根据完成的数量和质量来判定其心理水平或个性差异的方法。一些特殊的岗位(如外科医师)常常以此来测试求职者的工作态度、兴趣、抗压能力、个性等心理素质。

2. 专业考试和专业技术能力考试

这类考试主要是检验应聘者是否具备担任某一职务所要求的专业知识水平和相关的实际能力。一般医疗单位在招收毕业生时,看其求职信、简历、推荐表和推荐信、成绩单、各种证书及其他自荐材料就可以了解其基本的知识、能力等情况。但也有一些用人单位,需要通过笔试的方式对求职者进行专业知识考核。专业技术能力考试主要是测试应试者处理问题的速度和效果,检验应试者对知识和智力运用的程度和能力。

3. 事业单位招考

一般来说,事业单位招考笔试主要考核招聘岗位所必需的公共知识、专业知识、业务素质和工作技能,分为"公共基础知识"与"专业基础知识"两科。"公共基础知识"为各类考生通考科目,包括法律、政治、历史、经济、管理、科技等知识;"专业基础知识"测试内容为岗位、行业要求等知识。

4. 公务员招录

一般来说,公务员招录的公共科目笔试包括"行政职业能力测验"和"申论"两科。"行政职业能力测验"主要考核与公务员职业密切相关的、适合通过客观化纸笔测验方式进行考查的基本素质和能力要素,包括言语理解与表达、数量关系、判断推理、资料分析和常识判断等部分。"申论"主要考查应考人员对给定材料的分析、概括、提炼、加工,测查应考人员的阅读理解能力、综合分析能力、提出问题和解决问题能力、文字表达能力等。

三、笔试的准备

(一)笔试前的准备

1. 身心准备

应聘者要保持良好的身心状态,适当减轻思想负担,不可给自己过大的压力,否则适得其反。笔试的前一天要注意休息以保证充足的睡眠,避免考试时精神不振,影响正常思维。另外,可适当参加一些文体活动,从而使高度紧张的大脑得到放松和休息,以充沛的精力和良好的竞技状态去参加考试。

2. 知识准备

首先要学以致用,做到理论联系实际。现在的求职考试越来越强调用学过的知识来解决实际问题,具有很强的应用性。从考试准备角度讲,知识分为两大类:一类是主要靠记忆掌握的知识;另一类是必须通过不断运用来掌握的知识,在复习过程中必须始终突出一个"用"字,把学得的知识运用到工作实际中,去解决各种具体的问题。另外,不同类型的笔试都有个大体的范围,复习准备时,应考虑到医疗单位、岗位的特点进行相应的准备。在知识与能力这两者中,知识无疑是基础,没有扎实的基础知识,也就无从谈及能力的培养和提高。掌握知识的一个有效方法就是把零散的知识系统化。在着手复习时,应先打破各学科的界限,认真梳理各科目要点,将其整理成一个条理化、具体化的知识系统总纲目,然后按照这个总纲目有计划、有步骤地进行复习。

(二)笔试的复习方法

1. 计划周全

应聘者要对考前复习的情况进行具体分析,包括需要复习的内容,自己掌握知识和能力的情况,哪些内容是自己掌握得不好或没有把握的,有多少复习时间,如何分配等。

2. 妥善安排复习时间和内容

应聘者要计划出每科复习大致需要的时间,每一阶段要复习什么内容,达到什么目标。不仅要有总的复习目标,还应有阶段性的目标。复习计划中的复习活动要多样化,各科复习要交替进行等。

3. 严格执行复习计划

应聘者要以顽强的意志控制自己的复习,按计划一步一步地实施。要增强战胜困难的信心,可采用限时量化的复习方法,加快复习速度,提高复习效率。

4. 掌握适当的复习方法

(1)归纳提炼法:将大量的知识归纳提炼为几条基本的线索,用一个简明的表格或提纲或几句精练的语言准确地表达出来。把个别的概念、定义、公式、定律、定理放到知识的体系中贯穿思考,弄清相互联系和衔接,列出它们的相似点和不同点;或者抓住概念、定义、公式、定律、定理等基础知识,对于容易混淆的概念或法则用对比的方法进行辨析,弄清相互间的联系和区别。这是加深理解、强化记忆的有效方法。

（2）系统排列法:对归纳提炼出来的知识点,进行聚同去异,使之成为系统的排列过程。在系统排列时,以某种相同的或相似的特征为基础,不断地把较小的组或类联合为较大的组或类。也可采用相反的方式,依据对象的某些特征或排列组成一定的顺序,从而找出各部分之间的联系和关系,以便更好地认识其特征。

（3）厚书变薄法:把章节或单元的学习按一定的科学系统自编提纲,进行高度概括,把"厚书变薄"。变"薄"的原则是具有科学性,把大量看起来是单一的或逐个理解的知识内容有意识地归入某个知识体系中,从横向、纵向上形成有机联系,组成一条知识链。在概括学习内容时,抓住关键的知识点,前后联系,纵横结合,起到提纲挈领的作用。

（4）串联建构法:在系统复习的基础上,对章节与章节、单元与单元进行各种串联,作更高层次的理解。对已掌握的知识进行整理、归纳、分类、列表,以形成自己的知识体系,建立良好的认知结构。在复习每个具体内容时,先冷静地想一想,再看书。逐个章节复习,找出难点、重点。在全面复习后,把整个知识点,在脑子里过一次"电影"。这种方法可以改变一味死记硬背的方法,从整体上把握知识。

四、笔试的答题方法与技巧

笔试成绩的高低与答题的方法、技巧有很大的关系。要提高答题技巧,就要有良好的考试心理状态,要了解考试的特点,了解各类考试题目的特点和解答各类题目的方法,以充分反映自己已掌握的知识,充分发挥自己的真实水平。考试的心理要做到适度紧张和适度放松相结合。

1. 先易后难,先简后繁

拿到试卷后,应首先通览一遍,以便掌握答题的深度和速度,了解题目类型、数量、难易程度。然后按照先易后难、先简后繁的原则,合理安排答题时间。

2. 精心审题,字迹清楚

在具体答题时,必须认真审题,切实弄清题目要求,逐字逐句分析题意,按要求进行回答。书写时,力求做到字迹清楚,卷面整洁,格式、标点正确,不写错别字,特别注意不要漏题。

3. 积极思考,回忆联想

有些试题的设计从理论和实践两方面检查考生的基础知识和技能,并以综合运用为主,来检验应试者的基础知识和技能、实际水平和学习灵活性。因此,有的试题具有一定的难度,应试者在考试时要积极思考,努力回忆学过的知识并进行联想,将已学过的有关内容相互联系起来比较分析,找出正确答案。

4. 掌握题型,答题精细

要了解各科考题的特点,熟悉每种题型的答题方法,防止出现不必要的差错。常用的题型有填充题、问答题、选择题、判断题、应用题、作文题等。

（1）填充题:这是一般试卷中不可缺少的基本题型,用以检查考生对基础知识的掌握情况。答题时必须看清题目要求,是填词还是填句,是填写一个词、短语或句子还是填写几个。

（2）问答题:要求考生对试题提出的问题做出回答,较多的是要求用简单的语句回答简单的问题。答题时要对准中心,抓住重点,开门见山,简明扼要。落笔前先理顺思路,按要求回答。

（3）选择题:是从试题已给的几个备选答案中,选择一个正确、恰当的答案。要答好这种题型,可用经验法,凭所掌握的知识做经验性选择;可用假设法,假设某选择答案正确,代入验证,以获取正确答案;可用排除法,将题目中的选择项,采取逐一排除的方法,最后确定正确的答案;有的也可用计算法,通过计算来确定正确答案。

（4）判断题:要求对所给的命题做出明确的是或非的回答。一般判断题只有一个错误点,较多出现在基本知识中易混淆、易误解的常识性知识部分。必须把解题注意力集中在这些部分上。

（5）应用题:要求考生运用所学的知识解决实际问题。应根据题目的要求,选择适当的方法,予以解决。解题时先找出关键词,理解题意,再认真仔细地做,确保正确无误。

拓展阅读

综合素质测试题举例

选择题(请把下列各题中唯一正确的答案的序号填写在括号中):

1. 汉语使用人口最多,(　　)使用范围最广。

A. 法语 　　　　B. 日语 　　　　C. 德语 　　　　D. 英语

2. 2001 年 9 月 7 日,联合国通过决议,决定将每年(　　)定为国际和平日。

A. 5 月 4 日 　　　B. 8 月 21 日 　　　C. 9 月 21 日 　　　D. 10 月 21 日

3. "己所不欲,勿施于人"这句话是(　　)说的。

A. 孟子 　　　　B. 孔子 　　　　C. 老子 　　　　D. 庄子

4. 下面设备不属于输出设备的是(　　)。

A. 打印机 　　　B. 显示器 　　　C. 扫描仪 　　　D. 音箱

5. 下列说法正确的是(　　)。

A. 只要计算机启动起来,就可以收发电子邮件

B. 只有填写收信人的真实地址,才能收到电子邮件

C. 发送电子邮件与收信人的真实地址无关

D. 发送电子邮件时,只能同时发给一个人

6. 汽车的后视镜是(　　)。

A. 凸透镜 　　　　B. 凸面镜 　　　　C. 凹面镜

7. 浴霸所用的能量转化形式是(　　)。

A. 电能转化为热能 　　　　　　　　B. 电能转化为光能

C. 电能转化为热能和光能

8. 与卵石的形成最有关系的是(　　)。

A. 巨石断裂 　　　　B. 植物 　　　　C. 流水

9. 在太阳光照射下,升温最快的是(　　)。

A. 白色纸 　　　　B. 粉红纸 　　　　C. 黑色纸

10. "种瓜得瓜,种豆得豆"这句谚语说明的生物现象是(　　)。

　　A. 遗传　　　　　　B. 变异　　　　　　C. 繁殖

11. 歌曲《看大戏》是豫剧,又称河南梆子。这种剧种的伴奏乐器主要有(　　)、小三弦、笛子等。

　　A. 京胡　　　　　　B. 二胡　　　　　　C. 高胡　　　　　　D. 板胡

12. ——Did he go to the park yesterday?

　　——Yes,he(　　).

　　A. do　　　　　　B. did　　　　　　C. does　　　　　　D. was

13. ——(　　) did she have for dinner?

　　——Fish and chips.

　　A. Where　　　　　B. What　　　　　C. Who　　　　　D. How

14. ——What time is it now?

　　——It's(　　).

　　A. bag　　　　　　B. 4 o'clock　　　　C. book　　　　　　D. can

15. 下列属于竞赛项目的是(　　)。

　　A. 400 m 接力　　B. 跳高　　　　　　C. 标枪

16. 下列颜色属于邻近色的是(　　)。

　　A. 红紫与蓝紫　　B. 黄橙与红橙　　　C. 黄与黄绿

17. 下列哪个朝代以后山水画成为中国画中主要的画科? (　　)

　　A. 隋唐　　　　　　B. 宋元　　　　　　C. 明清

第三节　面试技巧

　　面试是一种在特定场景下,经过精心设计,通过主考官与应试者双方面对面的观察、交谈等双向沟通方式,了解应试者素质特征、能力状况及求职动机等的人员测试方式。日常的观察、考察,虽然也少不了面对面的观察与交谈,但它只是面对面地直接接触与情感沟通,并非经过精心设计。"面对面地观察、交谈等双向沟通方式",不但突出了面试"问""听""察""析""判"的综合性特色,而且使面试与一般的口试、笔试、操作演示、背景调查等测评的形式区别开来了。

一、面试的特点

1. 面试以谈话和观察为主要工具

　　谈话是面试过程中的一项主要工具。在面试过程中,作为主考官,主要向应试者不断地提出各种问题;作为应试者,主要是针对主考官提出的问题进行回答。观察是面试过程中的另一项主要工具。在面试中,主考官运用视觉观察应试者的非语言行为,而且判断应试者的行为属于何种类型,进而借助于人的表象层面推断其深层心理。对应试者非语言行为的观察,主要有两个方面:一是面部表情的观察;二是身体语言的观察。国外一项研究表明,在求职面试中,从应试者面部表情中获得的信息量可达 50% 以上。在面试过程中,应试者的面部表情会有许多变换,考官观察到这种表情的变换,判断其内在心理。例如,应试者面部涨得通红、鼻尖出汗,目光不敢与主考官对视,反映出应试者自信心不足,或心情紧张。应试者的目光久久盯着地面或自己的双脚,默不作声,这可能反映了其内心的斗争与思考过程。当主考官提出某一难以回答的问题时,应试者可能目光暗淡,双眉紧皱,带着明显的苦恼、焦急或压抑的神色。总之,主考官可以借助应试者面部表情的观察与分析,判断应试者的自信心、反应力、思维的敏捷性、性格、情绪、态度等素质特征。

在面试过程中,具有不同心理素质的人,其身体语言的表现形式是不同的。一个情绪抑郁的人除了目光暗淡、双眉紧皱,还可能两肩微垂,双手持续地做着某个单调的动作,身体移动的速度相对较慢,似乎要经过很大的努力才行。而一个心情急躁、焦虑的应试者,常常会有无休止的快速手足运动,双手还可能不断颤抖。一个行为退缩、缺乏自信和创新精神的人,会始终使自己的双手处于与身体紧密接触的部位,头部下垂。当一个人紧张或焦躁不安时,往往会出现膝盖或脚尖有节奏地抖动,手指不停地转动手里的东西,或摆弄衣服、乱摸头发等一些不雅动作。

2. 面试是一个双向沟通的过程

面试是主考官和应试者之间的一种双向沟通过程。在面试过程中,应试者并不是完全处于被动状态。主考官可以通过观察和谈话来评价应试者,应试者也可以通过主考官的行为来判断主考官的价值判断标准、态度偏好、对自己面试表现的满意度等,从而调节自己在面试中的行为表现。同时,应试者也可借此机会了解自己应聘的单位、职位情况等,以此决定自己是否可以接受这一工作。因此,面试不仅是主考官对应试者的一种考查,也是一种双向沟通、情感交流和能力的较量。主考官应通过面试,从应试者身上获取尽可能多的有价值的信息。应试者也应抓住面试机会,获取那些自己关心的关于应聘单位及职位的信息。

3. 面试内容具有灵活性

从主考官角度看,面试内容既要事先拟定,以便提问时"有的放矢",又要因人因"事"(岗位)而异,灵活掌握;既要让应试者充分展现自己的才华,又不能完全让应试者信马由缰、海阔天空地自由发挥,最好是在半控制、半开放的情况下灵活把握面试内容。

4. 面试对象的单一性

面试的形式有单独面试和集体面试两种。在集体面试中多位应试者可以同时位于考场之中,但主考官不是同时面向所有的应试者,一般是逐个提问,逐个测评。即使在面试中引入辩论、讨论,评委们也是逐个观察应试者表现的。

5. 面试时间的持续性

面试与笔试的一个显著区别是,面试不在同一个时间展开,而是逐个地持续进行。笔试不论报考人数的多少,均可在同一时间进行,甚至不受地域的限制。这是因为笔试的内容有统一性,且侧重于知识考查,其考查的内容具体,题目客观,主观随意性较小,而面试则不同。

(1)面试是因人而异,主考官提出问题,应试者针对问题进行回答,考查内容不像笔试那么单一,既要考查应试者的专业知识、工作能力和实践经验,又要考查其仪态仪表、反应力、应变力等,因此,只能因人而异、逐个进行。

(2)每一位应试者的面试时间,不能像笔试那样作硬性规定,而应视其面试表现而定。

如果应试者对所提问题对答如流,阐述清楚,主考官很满意,在约定时间甚至不到约定时间即可结束面试;如果应试者对某些问题回答不清楚,需进一步追问,或需要进一步了解应试者的某些情况,则可适当延长面试时间。但是在考录公务员面试时,一般不会发生追问或延长面试时间的现象。

6. 面试交流的直接互动性

与笔试、心理测验等甄选方式不同,面试中应试者的语言及行为表现,与主考官的评判是直接相关的。面试中主考官与应试者的接触、交谈、观察也是相互的,是面对面进行的。双方之间的信息交流与反馈也是相互作用的。而在笔试、心理测验中,一般对命题人、评分人严加保密,不让应试者知道。面试的这种直接性提高了主考官与应试者间相互沟通的效果与面试的真实性。

二、面试的准备

在面试中,你相当于从简历里走出来,站在面试主考官面前,施展你的才华与特长,让他们认识你、了解你、评估你,让他们相信你是最理想的人选。在有些单位不能来招聘现场,或有些求职者不方便去外地面试时,让求职者通过视频等形式接受用人单位面试官的考核,这就是网络面试。虽然网络面试相对传统面试较为轻松活泼一些,但也需要求职者具备一定的礼仪性和严肃性,拿出重视的态度,在面试前做好充分的准备。

拓展阅读

网络面试注意事项

1. 通常网络面试的场所,都是求职者自己选择的场所,首先应该选择一个比较安静且干净的场所;

2. 在网络面试之前,应该提前检查并调试好面试的设备,避免在面试过程中出差错;

3. 在正式面试开始之前,求职者要提醒周围的人,不要在面试过程中打扰自己。

（一）自我判断

在面试之前,你应当至少从以下几个角度进行自我判断,发现自己的优势和不足,兴趣与潜能,职业适应性等关系重大的个人特征。

1. 知识结构

知识结构是指一个人所掌握的知识类别,各类知识相互影响而形成的知识框架以及各类知识的比重。知识结构可以从以下几个方面进行分析:自然科学知识和社会科学知识的比重,基础知识和专业知识的比重。

在求职应试之前,知识结构的分析至少对你有两方面的作用:① 根据自己的知识结构,选择适宜的职业。② 针对所要应聘职位所需的知识结构,尽快弥补不足,使自己的现有知识结构得到改变,以适应职位的要求。

2. 能力结构

一个人所具备的能力类型及各类能力的有机组合就是他的能力结构。能力的类型多种多样,至少包括记忆能力、理解能力、分析能力、综合能力、口头表达能力、文字表达能力、推理能力、岗位工作能力、环境适应能力、应变能力、人际关系能力、组织管理能力、想象能力、创新能力、判断能力等。每个人所具备的能力结构是不同的,而且即使共同具有一种能力,但能力的大小会有所差别。求职面试前,对自己的能力结构进行判断分析是必要的,不同的职业、不同的岗位需要不同的能力结构。发挥自己能力方面的优势,避开能力方面的欠缺,是事业成功的一个十分有利的条件。

能力倾向测验一般比较客观,是很好的评价工具。标准化了的能力倾向测验具有两种功能:① 判断一个人具有什么样的能力优势,即所谓的诊断功能。② 测定在所从事的工作中,成功和适应的可能性,包括发展的潜能,即所谓的预测功能。在发达国家中,能力倾向测验被广泛地运用于职业决策和甄选录用中,经实践检验,具有较强的科学性。因此,你可以用一些标准化的能力倾向测验来进行自我评价和指导。国内已经有一些比较成熟的能力倾向测验量表,如文字运用能力测验、语文推理能力测验、数字理解测验、推理能力测验、机械工作能力测验、环境适应能力测验、想象能力测验、判断能力测验、领导能力测验等。你可以根据自己的情况进行测验,如果想追求准确可靠,可向职业咨询专家或心理学专家咨询。一般来说,面试在能力方面的考查主要集中在专业应用能力、语言表达能力、逻辑应变能力、分析判断与综合概括能力、自我控制能力等,因此,你应当对有关这几项能力的测验多加注意,从而在接受测验时做出有利于自己的回答。

3. 个性心理特征

个性是决定每个人心理和行为的普遍性和差异性的那些特征和倾向的较稳定的有机组合。个性心理特征主要包括气质和性格两个方面。气质是与个人神经过程的特性相联系的行为特征。气质类型一般划分为多血质(活泼型)、胆汁质(兴奋型)、黏液质(安静型)、抑郁质(抑制型)四种。这四种类型为典型的气质类型。人们的气质存在着相当大的差异。对自己的气质类型做出评判,选择适合于自己的工作,对每个人都是十分必要的。性格是个人对现实的稳定态度和习惯性的行为方式。与气质相比,人们的性格差异更是多样而复杂的。心理学家从不同角度来归纳性格差异,划分性格类型。如按何种心理机能占优势可将其划分为理智型、情绪型、意志型、中间型;按心理活动的某种倾向性可将其划分为外倾型和内倾型;按思想行为的独立性可将其划分为顺从型和独立型等。面试过程中还是比较注重个性评价的。例如支配性、合作性、独立性、灵活性、自信心、责任感、自制力、重印象性、掩饰性等都可能成为被考查的对象。一般来说,个性没有绝对的优劣之分,故你在应试过程中不要过于掩饰自己,表现出真正的自我。但是,当你明确知道应聘职务所要求的个性特征时,或当你明确知道主考官所期望的个性特征时,你不妨做些掩饰,使自己表现得适合工作的需要和主考官的期望。

4. 职业适应性和职业价值观

选择正确的职业道路是人生的一件大事。一个人对某项职业的兴趣及其能力的适应性,对其完成该项职务功能及取得工作绩效有直接的影响。求职应试是一个了解自我、寻找职位、实现自我价值的过程。没有经验的求职者经常在谋职中失败,或经常易职,总也找不到适合自己的工作,其中重要的原因就是求职者不了解自己的职业适应性,没有明确的职业价值观,感情用事,随波逐流。正确地评价自己的职业适应性和职业价值观是正确地选择人生职业道路的关键。

面试很注重对职业适应性和职业价值观的考查,应试者应当事先对应聘职位进行尽可能多地了解和分析,以便使回答具有较强的针对性,从而证明你具有适应于该职位的优势。例如,你要应聘护士,你就可以谈及以下内容:我喜欢保持桌子和房间整洁,对患者有同情心和爱心,动手操作能力强,能熟练操作计算机,善于在短时间内分类和处理大量事务,喜欢与人交往,善于与人合作,待人热情等。

(二)自我开发

自我开发是前进的原动力。经过正确的自我判断与评价,你会发现自己的知识能力结构、个性心理、职业适应性与理想状态有一定差距,能够找出这个差距本身就可算是你的一项重要成果,但如何缩小这个差距,则关系到你能否实现自己的理想和追求,其意义重大。那么,怎样才能缩小现实与理想的差距呢? 主要靠自我开发。因为一个人前进的动力只有产生于自身内部才会强大和持久。学习成绩的提高关键靠自己主观的努力。知识结构的完善与更新相对容易,关键是保持对新鲜事物的好奇心和热情,保持旺盛的求知欲,关注时代的进步和对知识结构提出的新要求,掌握适合自己的学习方法。但能力结构的完善与更新更为困难一些,需要付出更艰苦的努力。知识是能力的基础,但知识向能力的转化需要一个过程,特别是实践经验的积累。因此,要想提高能力必须注意把握机会进行实际锻炼。

1. 创造力的自我开发

创造力是指产生新颖、有用构想的能力。对于同一个问题,有的人思维流畅,很快会说出多种答案;有的人则只能想出一种答案。思维是否灵活,就是一个人创造力的表现。一个人要想达到较高的创造力水平,就必须多加锻炼。

开发创造力应当注意以下 3 个方面:

(1)坚定能够创造的信心:曾有心理学家说过:"你想成为怎样的人,你就能成为怎样的人;你认为能做什么事,你就能做什么事。"这句话的意思是,自信心是迈开人生的第一步,是积极人生的开始。每个人切不可低估自己,更不能让疑心抹杀自己的创造力。一个要有所作为的人,必须始终坚信自己的将来比现在更具有创造力。

(2)放开想象:一个人要想富于创造力,必须努力打碎束缚自己想象力的枷锁,对任何事物都表现出好奇,掌握开发创造力的方法,如综合、移植、杂交、求异、放大、缩小、转化、代替、颠倒、重组等。

(3)开发潜意识:人们的意识,犹如冰山,只有 1/10 在工作中显露出来,其他 9/10 都是潜意识。每当有新的问题要解决时,这些问题就会与潜意识发生激烈的碰撞。在这种比较过程中,脑子中的潜意识,常常会与要解决的问题碰出思想的火花,使你豁然开朗。潜意识是人们长期学习、经验积累的结果。知识越丰富,经验越多,横向联系越广的人,潜意识就越多。

2. 沟通能力的自我开发

沟通是信息的交换和意思的传达,也是人与人之间传达思想观念、表达感情的过程。通俗地讲,沟通就是对话,包括口头的和书面的对话。面试过程就是一个主考官和应试者的沟通过程。因此,培养和开发沟通能力对面试的成功具有直接的现实意义,沟通能力的开发应注意以下几个问题:

(1)培养有利于沟通的心理和行为。沟通时直接、诚恳而适当地表达自己的感受、需要和看法,要避免产生防御性沟通:第一,要对事不对人。第二,交谈中要诉诸共同的目标,而不要运用控制的方法。第三,不要使用武断性的语言。

（2）减少使用专门术语,尽量使用对方容易理解的语言,增加传播内容的可接纳性。尽量多用具体化的语言,非用抽象语言不可的时候,要鼓励对方反馈,以促进彼此的了解。沟通的选择要合乎正确、简洁、适当、经济的原则。正确、简洁是指不要选择意义容易混淆的言辞;适当是指语言合乎主题、场合及沟通参与者的需要;经济是指语言要易于理解。

（3）妥善运用非语言信息。说话的语气既不要迟钝,也不要尖刻,而要自信、平静,肯定而有力;音量要大到足以让人听清楚,但又不可乱喊乱叫;目光要保持适当的接触,让对方有参与和受重视的感觉。此外,姿态必须表现出关心而非高高在上的样子或卑躬屈膝的形象。

（4）培养正确的倾听方式。正确的倾听需要不断地锻炼和培养,努力做到以下几点:要注意把握主题,不要先入为主;要表现出对谈话的兴趣,注意说话者的非语言信息,不要害怕听到非常困难或复杂的信息。

3. 自信心的培养与开发

自信心是成就任何事业的必备条件,几乎任何职业都需要从业者有自信心,因此,任何面试都有关于自信心方面的考查。开发自信心是一个长期的过程,但只要努力,采取正确的方法,就会有所成效。开发自信心要注意以下几个方面:

（1）注意区分自信的行为和不自信的行为。不自信的行为有两种:一是屈从;二是粗鲁。屈从的表现是:对他人的不正当要求忍辱退让,不敢提出自己的主张、观点和感受,易受他人左右。粗鲁的表现是:提出自己的要求、感受和主张,而不顾或轻视他人的观点;因出现的问题或失误而责怪他人;讽刺、不友善或持骄傲的态度。自信的表现是:在表达自己的观点、要求和感受时,也尊重他人所拥有的同样权利。

（2）在生活和工作中尽量表现出自信的行为,即使只是形式也是必要的和有益的。行为经过反复和强化,最终将从形式转化到本质。

（3）善于发现自己的长处,对自己的进步给予奖励。

（4）努力学习别人的长处。

（5）不要害怕暴露自己的缺点,不要追求尽善尽美。每个人都有自己的缺点,你有缺点是正常的,不要为此而感到羞愧,而应积极地去克服和改正。

（三）自我"包装"

自我"包装"主要是指应试者的外在形象的准备,如衣着、服饰、首饰、妆容、发型等。仪表形象是最先进入主考官评价范围的求职要素,会极大地影响主考官的第一感觉。端庄、美好、整洁的仪表形象能够使主考官产生好感,从而做出有利于应试者的评价。科学研究的结果表明,个人感受到的对方仪表的魅力同希望再次与之见面的相关系数是 0.8,远远高于个性、兴趣等同等因素的相关系数。所以在面试前,必须塑造自己的最佳形象。

对于仪表与形象问题,通常存在两种错误认识:一种人自认为是国色天香,不管穿什么,做什么,永远都是美的,对于别人的评价往往不屑一顾。其实一个人长得美丽并不意味着真的能给人留下美感。另一种人对自己缺乏信心。街上流行什么,他们便推崇什么,至于自己适合穿什么、怎么穿,并不知道。这种人走到极端便是不修边幅,根本不去注意自己在他人心目中的形象。为了有助于在面试中给招聘者留下一个自己的最佳形象,就需要对自己的仪表形象进行有意识地"包装设计"。

1. 注重发型

在参加面试之前,应试者应理发、剃须。若非民族习惯或从事文艺等方面的工作,不理发、不剃须就去面试,是很不礼貌的。在现代生活中短发是青年人的最佳选择,它适合快节奏的生活特点,又能体现青年人朝气蓬勃的精神面貌。头发的整洁和发型的选择,也至关重要。脸长的人不宜留短发,下巴丰满的人可以把鬓发朝上梳一些,而下巴较方的人可以留2~3 cm的鬓发。男生的发型还要适合体型:矮胖或瘦小的人应当剪短发,而瘦高的人头发可以适当长一些。女生在发型上的要求更宽松一些,可以保留自己的特色,但不宜过短或过长。

2. 男生的衣着

面试是一种正式的场合,衣着不能过于随便,运动服、沙滩装或牛仔服等休闲服装一般不是好的选择。西装是公认的礼仪服装,穿西装面试已成为惯例,但也要因人、因时、因地而异。如果很不习惯穿西装也不必勉强,否则可能适得其反;天气太热或太冷也不要穿西装。男士的衣着主要要求整洁、合体、大方。不应有过多颜色变化,大致不超过3种颜色。如果穿西装面试,要精心选择衬衫和领带。衬衫最能体现人的风度,白色衬衫将使男士精神焕发;领带最好是丝质的,并要注意与西装的颜色协调。不穿西装也可以,上衣和裤子的颜色最好一致,既不要看上去"头重脚轻",也不要上下身的颜色不搭配。

3. 女生的衣着

女生在衣着上选择的余地较广,但最能展现女性魅力的服装是裙子,一条恰到好处的裙子能够充分增加女性美和飘逸的风采。面试中,女生穿着的裙子至少长应及膝,超短裙、无袖式或背带连衣裙是失礼的。选择裙子要注意其厚薄、色彩与质地,裙子色彩不要过于华丽,质地要好一些,领边、肩头和袖口等处也要注意,不使内衣外现。着装首先要干净、整洁、合身,其次要考虑突出个性,并且要符合应聘职位的性质。国外有关于穿戴的"TPO原则",T代表时间,P代表地点,O代表目的。"TPO原则"要求穿戴必须与时间、地点、目的相适应。

4. 其他注意事项

(1) 不可忽视帽子、鞋子、袜子。戴帽子要注意其式样、颜色与自己的装束、年龄、工作相和谐,并要按自己的脸型来选择。脸圆的人适合戴宽边较高的帽子,脸窄的人适合戴窄边的帽子。

鞋袜的选择也要注意与整体装束相搭配,其颜色应当与皮带、表带保持和谐,这样才能体现穿着的整体美。在面试场合,男生适宜穿黑色或深咖啡色皮鞋。参加面试前,一定要把皮鞋擦干净。裤脚前面能碰到鞋面,后面能垂直遮住1 cm的鞋帮即可。穿中山装、夹克衫等穿皮鞋、布鞋均可,但穿西装一定要穿皮鞋。女生在面试场合除了凉鞋、拖鞋外,其他鞋子一般都可以穿。高跟鞋是很多女生都爱穿的,但不要穿鞋跟太高太细的高跟鞋,否则走起路来步履不稳。

男生穿袜子要注意长度、颜色和质地。长度要高及小腿,袜子的颜色以单一色调为佳,彩条、带图案的袜子不太合适,质地以棉线袜最好。女生穿裙子应当配长筒丝袜或连裤袜,颜色以肉色、黑色为佳。修长的腿穿透明丝袜最合适,腿太细可穿浅色丝袜,腿较粗可穿深色的袜子。

(2) 不要忽视服装的配件。一件用得好的配件,好似画龙点睛,可使你更加潇洒飘逸。

而一件用得不好的配件,好比画蛇添足,只能够败坏你的形象。因此,在面试场合中,对服装的配件应当给予必要的注意。如腰带、纽扣、手帕、围巾等都不可轻视,要正确地发挥它们各自的作用。

（3）项链的佩戴因人而异。脖子细长的人可选择粗且短的项链;脖子粗短的人可选择细长的项链,或者什么也不戴,这样才有利于弥补自己的缺陷。选配项链上的挂件,可以展示自己的性格。富于幻想的人,可选配星形挂件;活泼好动者,可选配三角形挂件;成熟稳重的人,可选配椭圆形挂件;追求事业者,可选配方形挂件。

（4）恰到好处的化妆,可以充分展示自己容貌上的优点。当你容光焕发,神采奕奕地参加面试时,无疑会赢得主考官的好感,但不要浓妆艳抹。女生不要使用浓香型的香水和香粉,把自己搞得香气四溢。男士一般不必化妆,即使需要化妆也要轻描淡写,不要让人觉得有女性化倾向。

三、面试的策略

（一）面试的起始阶段

1. 迅速适应面试环境

接到面试通知以后,你一边为临场面试积极地做准备,一边在脑子里想象着面试的情境,以及可能面临的各式各样的提问,自己应采取的各种应对措施等。所有这些,都是很自然的,也是必要和有益的,这种想象可以使自己有良好的心理准备,提前进入面试状态。不过,想象和现实往往存在着一段距离,特别是没有面试经验的人,到应聘单位后,一旦发觉现实根本与自己想象的不同,就难免出现不安和烦躁的情绪,一时不知如何是好,很难迅速适应面试的环境。但是,能否迅速适应面试环境,将直接影响你在面试中正常水平的发挥,为此你有必要对可能面临的面试环境有更加全面、准确的预测,不要把面试环境事先就在脑子里规定好,而是要根据现实场景随机应变,迅速适应现实存在的面试环境。假如等待你的面试场所是一间狭小而杂乱的办公室,主考官悠闲地叼着烟卷,品着茶,翻着文件或报纸,电话铃声不断。看到这种情况,你可能很失望或很厌烦,但是,你一定要平定自己的情绪,不能在表情和动作上表露出来。因为,这并不一定表明考官对应试者不重视,而可能是因为这是他们一贯的工作作风或者是因为他经验不足,根本不知道面试环境的作用。你时刻要知道,你是来应试求职的,不是来挑毛病的。要改造现实,首先要适应现实,只有你争取到任职的机会,工作以后处理好人际关系,发挥出你的聪明才智,你才能一步步地达到自己预定的目标。

2. 礼貌对待考务工作人员

面试时,考场工作人员负责对求职者的接待服务,热情友好地引导应试者进入考场。一般情况下,考务工作人员会热情、自然地与应试者寒暄几句,对求职者前来参加面试表示欢迎,并把应试者引荐给考官。对考务工作人员的热情服务,应试者应及时给予积极的反应,平等礼貌地表示诚挚的感谢。这样不仅会获得考务工作人员的好感,而且你温文尔雅、平等待人的君子风度会给考官留下美好的印象。如果遇到个别素质较低的考务工作人员,不能对他表现出厌烦、憎恨的情绪,而且同样要对他们的"服务"表示诚恳的感谢,这样你不仅可以使他回味自己的所作所为,更重要的是向考官表现出你善于忍让、不计较小事、顾全大局的高贵品质。总之,礼貌对待考务工作人员,会表现出你细心周到,尊重别人的劳动,平等待人和善于情绪自控,不因小失大等个人修养,这是每个应试者都要争取做到的并非小事的小事。

3. 配合考官迅速建立和谐友好的面试气氛

建立和谐友好的面试气氛对主试和被试双方都有利。在和谐友好的气氛中,被试对主试有一种信任感和亲切感,从而愿意开诚布公,说出自己的真实想法,而且会轻松自然地发挥出正常的水平。被试能发挥正常的水平,主试才能获取真实的信息,这当然是两全其美的事,是双方都希望发生的,但这需要双方的共同努力。一般说来,在正式提问开始之前,有经验的考官会积极主动地去创造一个和谐友好的气氛,以消除应试者的紧张或警戒心理。当考务工作人员将应试者引入考场后,考官中的主试人一般会迎上来与应试人握手表示欢迎,然后请应试人入座,面试即开始。

在没有考务人员引见的情况下,应试者进入考场之前,应轻轻地叩门,待得到考官应允后方可入室。入室后,背对考官,将房门轻轻地带上,然后缓慢转向面对考官。有礼貌地同主试人打招呼。若无主试人邀请,切勿自行坐下。对方叫你坐下时,切勿噤若寒蝉或扭扭捏捏,应即口说"谢谢",坐下时要放松自己,但应坐得挺直,切勿弯腰弓背,不要双腿交叉和叠膝,不要摇摆小腿。最好双腿自然并拢或稍微分开一点儿。女士特别要注意,坐下后不要把腿向前伸直,也不要大大地叉开。应试者要绝对避免有伸懒腰、打呵欠、双手抱在脑后、莫名其妙地跺脚等忌讳的举动。已经安排好的应试者的座位,你不要随意挪动。随身携带的皮包、物品应拿在手中,或放在膝盖上面。双手保持安分,不要搓弄衣服、纸片、笔或其他分散注意力的物品。

神态要保持亲切自然。面试过程中,和颜悦色、不卑不亢是最佳神态。面容与眼神最容易引起考官的注意,面带微笑,使人如沐春风,最受欢迎。而不苟言笑,面无表情,最令人反感。眼神非常微妙,但不可乱用。在面试中,审视、斜视以及瞟、瞥都是不能采用的。

4. 配合考官顺利度过引入阶段

引入阶段主要是围绕应聘者的基本情况提出问题,逐步引出面试正题。在引入阶段,考官的提问一般很自然、亲切、渐进,像闲聊漫谈一样。考官这样做的目的,一是消除或缓解应试人的紧张和焦虑情绪,二是引出面试的主题。当考官看见一个应试者一进考场便频频地向他点头,然后拘谨地走过去坐在应试席位上,不停地搓动双手,或满脸涨得通红,鼻尖冒汗等,考官会找一些比较轻松的话题让应试人平静一下。如"是骑自行车来的吗?""我们办公楼不难找吧?"一些幽默风趣的考官可能会找一些很容易拉近彼此距离的话题。应试者要注意用敬语如"您""请"等,市井街头常用的"俗语"要尽量避免,以免被认为油腔滑调。面部表情要自然,谦恭和气。眼睛应看着问话的考官,但不要盯着看,不时看看旁边的考官。目光注视着答话者是尊重对方的表现,同时也表现出你的自信。漫不经心、无缘无故皱眉或毫无表情都会使人反感。应试人要积极配合考官顺利度过引入阶段,同时集中精力,时刻留心话题的转变,调动全身心力量准备进入攻坚阶段。

5. 机智敏捷,应付意外情况

虽然面试有其内在的一般原理和规律性,有其一定的程序和方法,但并不是每个考官都遵从这些规律、程序和方法。因此,应试者头脑里对面试要在遵循一般规律的同时,随机应变,具体问题具体分析。

【案例】

某医院有一次招聘护士,在面试场中设置了这样一个情境:在每个考生推门进屋前,故意把几片废纸撒在门口,屋角放一个废纸篓,然后观察每个考生进门后的反应。结果发现,有的考生昂首阔步一直走到应试席前,根本没有注意到地上的废纸;有的考生走过去才发现,但瞟了一眼又继续向前走;有的考生一进门就发现了,但犹豫了半天也没把废纸捡起来;有的犹豫了一阵儿然后把废纸捡起来扔进了废纸篓;有的考生发现地上的废纸后毫不犹豫地捡起来放进了废纸篓。考官依据每个人不同的反应,给每个人下了不同的结论,录用结果也就不同。例如,那个发现废纸后毫不犹豫捡起来扔进废纸篓的人被判定为:工作认真细致,办事果断,个人修养好……获得了最高的评价,从众多的竞争者中脱颖而出。

6. 调动全身心力量,准备进入攻坚阶段

面试的起始阶段非常重要,这是因为"首因效应",即我们平常所说的"第一印象"的影响。调查结果显示,80%的考官在3分钟内就已经对考生下结论了,甚至有的考官在问话还没开始就已经决定录不录用某人了。"首因效应"强烈地左右着主考官对应试者的判断,但这种凭第一印象评判一个人往往不一定正确。

如果考官对你的第一印象特别好,就可能对你有过高的期望,要是你以后的表现一团糟,这种反差会让考官大失所望,极可能把你从高山推入深谷。如果考官对你的第一印象不太好,就可能对你不抱什么期望,要是你以后的表现意外的精彩,这种反差往往会使考官惊喜异常,极可能把你从深谷托向高峰。因此,应试者绝不要因一时顺利而得意忘形,也不要因一时失误而自认倒霉,而应该胸怀全局,时刻关注时局的发展,追踪和预测考官的意图,调动全身心的力量,进入攻坚阶段。

(二)面试的核心阶段

面试的核心阶段是面试的最主要环节。考官就广泛的问题向应聘者征询、提问并根据应聘者的回答和表现对他们的能力、素质、心理特点、求职动机等多方面内容进行评价。之后,考官可能提出一些比较敏感、尖锐的问题,以便深入彻底地了解应聘者的情况,为录用抉择提供更加充足的信息支持。为了能在面试的核心阶段获得考官的认同和赞许,赢得关键阶段的胜利,应试者应从以下几方面做出积极的努力:

1. 正确有效地倾听

应试人要时刻关注考官的思维变化、谈话内容的要点、主题的转变,语音、语气、语调、节奏的变化等各种信号,准确地进行分析和判断,然后才能采取合理有效的应对措施。倾听的要点是:先不要有什么成见或决定,应密切注意讲话的人所要表达的内容及其情绪。优秀的谈话者都是优秀的倾听者。虽然应试者答话时间比问与听的时间多,但应试者还是必须学会倾听。因为别人讲话时留心听,是起码的礼貌;别人刚发问就抢着回答,或打断别人的话,是无礼的表现。不听清楚就回答,意味着粗心;答非所问,就意味着自己缺乏系统的思考。

(1)倾听,要有耐心。即使对一个你知之甚多的话题,出于尊重也不能心不在焉。要尽量让对方把话讲完,不要不顾对方的想法而发挥一通。如果确实需要插话,应先征得对方的同意,用商榷的语气问一下:"请等一下,让我说一句"或"我提个问题好吗?"这样可以避免考官对你形成误解。

(2)倾听,要专心。求职者应全神贯注,始终保持饱满的精神状态,专心致志地注视着

对方,以表明你对他的谈话感兴趣。在对方谈话过程中你要不时表示听懂或赞同。如果你一时没有听懂对方的话或有疑问,不妨提出一些富有启发性或针对性的问题,这样不但使你的思路更明确,对问题了解更全面,而且对方在心理上会觉得你听得很专心,对他的话很重视,从而会直接提高他对你的评价。

（3）倾听,要细心。也就是要具备足够的敏感性,善于从对方的话语中找出他没有表达出的意思。同时了解考官对你的话是否真正理解了,对你谈的内容是否感兴趣,作为调整自己谈话的根据。

2. 回答问题要注意一定的方法与技巧

面试的主要内容是"问"和"答"。在面试中,考官往往是千方百计"设卡",以提高考试的难度,鉴别应试人是否为单位所需求的人才。要应付这种局面,就一定要掌握应答中的基本要领。对于从不同角度,以不同形式提出的问题,只有掌握了这些要领,才能够临阵不慌,应付自如。

知之为知之,不知为不知。在面试场上,常会遇到一些自己不熟悉、曾经熟悉却忘了或根本不懂的问题。面对这种情况,应该做到以下几点:

（1）要保持镇静。不要表现得手足无措、抓耳挠腮、面红耳赤。每个人都不是全才,不可能什么都知道,考官也不会要求考生无所不知,所以应试者不必为自己的"无知"而懊恼,甚至感到无地自容。事情没那么严重。

（2）不要不懂装懂,牵强附会。与其答得驴唇不对马嘴,还不如坦承自己不懂为妙。

（3）不能回避问题,默不作声。因为回答考官的问题是应试者必须要做的,这是起码的礼貌。你应该明确告诉考官你的看法,没有把握的问题可以略答或致歉不答,但绝不能置之不理。

（4）确认提问内容,切忌答非所问。面试中,对考官提出的问题,"想当然"地去理解而贸然回答,可能被视为无知,甚至是傲慢无礼。对于不太明确的问题,一定要采取恰当的方式搞清楚,请求考官谅解并给予更加具体的提示。与其听"答非所问"的叙述,不如将问题搞明白,再进行对话更轻松些。

（5）冷静沉着,宠辱不惊。在面试中,考官可能故意提出不礼貌或令人难堪的问题。其真意在于观察你在这种场合以何言相对,从而考察你的适应性和处理问题的应变性。在这种面试中,应试者应事先有心理准备,面对为难之问,切勿表现出不满、怀疑、愤怒,要保持冷静,提示自己这是在面试而不是实际情况,不要去妄推考官的不良目的,应表现出理智、容忍、大度,保持风度和礼貌,有系统地与考官讨论问题的核心,将计就计。有的考官要测你的应变能力,可能提出一个令你非常尴尬的问题,看你如何反应。如考官问了你一个问题,你根本不知怎么回答。本来当你坦率地承认不知道并表示歉意就可以了,可考官却说了一句:你怎么连这样简单的事情都不懂?这时你最好继续镇静地、谦虚地承认自己的无知,并表示以后努力学习,弥补不足,而不应当强调客观理由与考官争辩。

3. 正确地判断考官的意图,对症下药

首先,要注意识破考官的"声东击西"策略。当考官觉察到你不太愿意回答某个问题而又想有所了解时,可能采取声东击西的策略。例如,对于一些敏感性的问题,许多人不愿真实地表达自己的观点。考官为了打消你的顾虑,可能会这样问你:"你周围的人对这个问题有些什么看法?"面对这种情况,你不要疏忽大意,不能信口开河,不要以为说的不是自己的意见,说出来不会暴露自己的观点。因为考官往往会认为,你所说的很大部分都是你自己的观点。另外,考官可能采用投射法测验你的真实想法。投射是以己度人的思想方法。例如,考官让你看一幅图画,然后让你根据画面编一个故事。这种方法一方面是测验你的想象力,另一方面是测验你心理意识的深度。这时,你可以放开思维,大胆构思,最好能有一些新奇的想法,表明你具有创造力、想象力,但同时不要忘记这样一个原则,新编故事情节要健康、积极、向上,因为考官认为你是在"以己度人",故事情节中融入了你的真实心理。

其次,要分析判断考官的提问是想测试你哪方面的素质和能力或其他什么评价要素,要做到有针对性地回答,切不可夸夸其谈,没有重心。

(三)面试的收尾阶段

1. 察言观色,判断时机

面试的过程主要由考官来控制,面试的每个阶段都有其内容上的侧重点,考官的行为也会有一些微妙的变化,应试人应善于察言观色,判断面试的进程,采取相应的灵活措施。面试临近尾声之时,考官可能会提一两个比较尖锐或敏感的问题以便深入、彻底地了解应试人的情况。在此之后,话题的选择可能会非常随意,有点聊天的味道,谈话十分轻松,这就标志着面试已经进入收尾阶段。

在收尾阶段,考官的神情会更为自由放松,目光中"审视"的意味会明显减少,谈话语气会显得更加柔和等。考官在提问结束之前,往往要说:"我的问题完了,我想听听你有没有什么问题,如果有,尽管提,我们来一起讨论。"这时可以针对单位和工作本身提一些问题,但提问一定要谨慎,注意礼节和分寸,不要提问太多,不要让考官因回答你的提问而劳神费力。要留意考官的各种暗示。如果考官兴致正浓,你不妨多说几句;如果考官显得疲倦,急于休息,你就要尽快结束你的提问,并主动告诉考官你的提问结束了。

2. 充满自信地重申自己的任职资格

在面试的收尾阶段,应试人最重要的任务之一就是创造时机、抓住时机重申一下自己的任职资格。你能否胜任应聘职位的工作任务,是考官最为关注的事情,你应用自己的自信心来感染考官的情绪,使他更加相信你是一个优秀的人选。

重申自己的任职资格必须把握以下3个原则:

(1)事先要对应聘职务和职位进行分析,总结出该职务和职位的工作执行人员履行工作职责时应具备的最低资格条件,包括必备的知识、经验、操作能力、心理素质等。

(2)语言要概括、简洁、有力,不要拖泥带水,轻重不分。重复的话语虽然有其强调的作用,但也可能使考官产生厌烦情绪,因此,你最后重申的内容,应该是浓缩的精华,要突出你与众不同的个性和特长,给考官留下几许难忘的记忆。

(3)充分展现你的自信心。身体动作要自然放松,得体适宜,语气要坚定、恳切,态度要谦虚谨慎,给考官留下值得信赖的形象。

3. 坚定恳切地重申自己的求职意愿

因为大部分考官都认为,把工作交给一个特别想得到它的人要比交给一个认为该工作无所谓或厌恶该工作的人要好得多。凡是有经验的考官无一不注重对应试人员求职动机的考察。因而,应试者在面试收尾阶段,在恰当的时机坚定恳切地重申自己的求职意愿就成为十分必要和有益的事了。应试者向考官表达自己的求职意愿,态度要明朗、坚定、诚恳,语言要有感染力,身体语言要协调配合,坚持以诚动人,以情感人。"精诚所至,金石为开",幸运之神总是垂青那些诚挚、执着的人。

4. 配合考官,自然地结束面试

有经验的考官十分重视面试结束阶段的自然和流畅,避免给应试者留下某种疑惑、突然的感觉。临近结束时,考官一般都会给应试者提供最后的、充分提问或重申、强调某些信息的机会。应试人应注意察言观色,抓住机会,向考官传达一些重要的有利的信息,既要尽力表现自己,又要适可而止,见好就收。应试者要全力配合考官,使面试在自然、轻松、愉悦的气氛中结束。

需要指出的是,一定要让考官自觉结束面试,应试人不要自作聪明主动提出结束面谈,也不要给考官任何暗示和提醒,不要在考官结束面谈之前表现出浮躁不安,如整理所携带的物品、头发、衣饰等,不要表现出急欲离去或另赴约会的样子。

5. 礼貌地向考官告辞

当考官暗示或明示可以结束面试时,被试人要礼貌地与考官告辞。告辞时一般要面带微笑,并说感谢对方给了自己这次面试机会之类的话。例如,"非常感谢你们给了我这次难得的宝贵机会,我会为曾经参加过贵单位的面试而感到自豪! 真心地谢谢你们,再见!"告辞时应试者还可以向考官们说一些真心求教的话。例如,"非常有幸能与你们谈了这么多,我感觉收获很大,希望今后能有更多的机会向你们求教……"

6. 对考场工作人员表示感谢

如果在你进入面试房间前,有秘书或接待员接待你或招待你,在离去时应向他们的服务表示诚挚的感谢。尊重和谦逊是一种风度,在面试时要表现出这种风度。尊重别人的劳动,平等待人,是有良好修养的表现。"敬人者,人恒敬之",你的付出肯定会得到应有的回报。这种尊重他人,谦虚谨慎的作风将赢得考官的好感,给他们留下美好的印象。

(四)面试结束后的有关事项

一般情况下,招聘单位最后确定录用人选可能需要三五天的时间。求职者在这段时间内可以耐心地等候消息,不要过早打听面试结果。

在面试后的一两天内,你可以给负责招聘的具体负责人写一封短信。你在信里应该感谢他为你所花费的精力和时间,感谢他为你提供的各种信息。这封信还应该简短地谈到你对招聘单位的兴趣,你有关的经历和你可以帮助他们解决的一些问题。这样做的原因,一是你觉得有必要重新强调一下自己的优点,而且你又发现了一些新的理由、成绩或经验,有必要让他们知道。二是加深招聘人员的印象,增加求职成功的可能性。

如果两星期之内没有接到任何回音,你可以给考官打个电话,问他"是否已经做出决定了"。这个电话可以表示出你的兴趣和热情,还可以从他的口气中听出你有无希望得到那份工作。

面试看起来很成功,但结果你还是落选了,对此不要大惊小怪。面试时,大多数的考官都尽量隐藏他们的真正意图,不会轻易让你看出来。万一他们通知你,你落选了,你也应该虚心地向他们请教你有哪些欠缺,以便今后改进。这样,你可以知道自己到底为什么落选。一般来说,能够得到这样的反馈并不容易,你应该好好抓住时机向他们请教。

如果你在打电话打听情况时觉察出自己有希望中选,但最后决定尚未做出,那你最好在一两个星期后再打一次电话询问。记住,机会不是等来的,是自己争取来的。得到一次面试机会不容易,故不要轻易放弃希望。

能为面试带来契机的 21 条法则

（1）足够的简历备份。当用人单位是由多个面试官进行集体面试的时候，他们未必都把你的简历打印了多份，多带几份简历前往面试，显示你准备得充分，这样不仅能助你获得好感，面试完了也可以再要回来。细节决定成败，预先料到这一点并准备好会显得你做事正规、细致，给用人单位留下好印象。

（2）面试礼仪的充分准备。你的穿着需要匹配你应聘的职业特性，网上有很多这方面的介绍，这里就不再详细阐述，这是心理学说的"首因效应"，也就是常说的第一印象，往往面试官的第一印象在评分中占据七成以上的分数，切记。关于初步印象和最后印象，最初和最后的五分钟是面试中最关键的，在这段时间里决定了你留给人的第一印象和临别印象以及主考人是否欣赏你。最初的五分钟内应当主动积极沟通，离开的时候，要表现出自己对该职位的渴望，还有期待下一次沟通的眼神。

（3）不要准时到达——要提早到！不管你的主考人多么谅解你在路上碰到的意外情况，要克服负面的第一印象几乎是不可能的。尽一切能力准时，包括预先给可能发生的意外留下时间。

（4）把你碰到的每一个人看成是面试中的重要人物。一定要对每一个你接触的人都彬彬有礼，因为你碰到的不知道是谁，每个人对你的看法对面试来说都可能是重要的。

（5）留心你自己的身体语言，尽量显得精力旺盛、有活力，对主考人全神贯注。

（6）完整地填妥公司的表格。很多公司面试前都会要求你填一张表格，你愿意并且有始有终地填完这张表，会传达出你做事正规、做事善始善终的信息，字体也需要端正，不要觉得满不在乎，否则用人单位也会觉得你对这份工作同样有可能满不在乎。

（7）谨记每次面试的目的都是获聘。清楚雇主的需要，表现出自己对公司的价值，展现你的能力，突出地表现出自己的性格和专业能力以获得聘请。要确保你有适当的技能，知道你的优势。你怎么用自己的学历、经验、受过的培训和薪酬与别人比较。谈一些你曾经做得十分出色的事情，那是你找到下一份工作的关键。

（8）展示你勤奋工作及追求团体目标的能力。大多数主面试官都希望找一位有创造力、性格良好、能够融入团体之中的人。你要通过强调自己给对方带来的好处来说服对方你两者皆优。

（9）将你所有的优势推销出去。营销自己十分重要，包括你的技术资格、工作经验、能力和性格优点。雇主非常在乎两点：你的资历凭证和你的个人性格。你能在以往业绩的基础上工作并适应公司文化吗？谈一下你性格中的积极方面并结合例子告诉对方你在具体工作中会怎么做。

（10）给出有针对性的回答和具体的结果。无论你何时说出你的业绩，举出具体例子来说明都更有说服力。告诉对方当时的实际情况，你所用的方法，以及实施之后的结果，一定要有针对性。

（11）不要害怕承认错误。雇主希望知道你犯过的错误以及你有哪些不足，因此，不要害怕承认过去的错误，但也要主动地强调你的长处，以及你如何将自己的不足变成优势。

（12）若时间允许，阐述和过去业绩成就相关的故事。过去的成绩是对你未来成绩最好的简述。如果你在一个公司取得成功，也意味着你可以在其他公司取得成功。要准备好将你独有之处和特点推销出去。

（13）面试前要弄清楚你潜在雇主的一切。尽量为其需要量身定做你的答案，关于公司的、客户的，以及你将来可能担任的工作，用对方的用词风格说话，也可以利用在公交车上的时间去构思和准备。

（14）面试前先自己预演一下。预演一下你会被问及的各种问题和答案，即使你不能猜出所有你可能被问的问题，但思考它们的过程不仅会让你减轻紧张，而且在面试时心里有底。必要的话可以找朋友进行模拟面试、角色扮演。

（15）知道怎么回答棘手的问题。大部分的主要问题事前都可以预料到，但是，总会有些让你尴尬的问题，以观察你在压力下的表现。应付这类问题的最好情况就是有备而战，冷静地整理好思路并尽量从容回答。

（16）将你的长处转换成与工作业绩和效益相关以及雇主需要的用语。如果你对自己和工作有关的长处深信不疑，重点强调你能够给对方带来的好处，在任何可能的情况下，举出关于对方需要的例子。

（17）说明你的专长和兴趣。对雇主最有利的事情之一就是你热爱自己的专业，面试之前要知道你最喜欢的工作是什么，它会给雇主带来什么利益。问你的兴趣也可从侧面来了解你对工作和生活的热爱，不可忽视。

（18）清楚自己的交际用语。对大部分的雇主而言，交际的语言技巧十分有价值，是受过良好教育和有竞争力的标志。清楚你自己的交际语言运用能力，不断取长补短，往最好方向努力去展现自己。

（19）用完整的句子和实质性的内容回答问题。谨记你的主考人都想判断出你能为公司带来什么实质性的东西，不要只用"是的"或"不是"来回答问题。给出完整的答案让人知道你和公司的要求有什么联系，让他们知道你是什么人。

（20）用减轻紧张的技巧来减少你的不安。公众人物有很多舒缓压力的方法会帮助你进行面试，在面试临近时练习一下如何放松自己，譬如放慢语速，深呼吸以使自己冷静下来。你越放松越会觉得舒适自然，也会流露出更多的自信。

（21）一定要准备问题向面试者询问。准备好几个和工作、雇主，以及整个机构有关的问题，比如关于企业文化、部门之间的同事情况，企业发展的问题，他们对员工有哪些培训计划等。一方面可以发现企业的管理理念，另一方面，可以向面试者表明，你在某一领域有长期发展的打算，你有希望不断学习、不断提高自己的愿望。对于大学毕业生而言，企业认为无论是工作技能还是专业知识与人际网络，他们都必须重新学习和建立，积极的学习精神可以让他们弥补工作技能上的不足。如果可能的话，求职者还应当对所应聘的行业提出自己的见解。无论对现状的分析，还是对趋势的预言，都是向面试官表明你一直在关注这个行业，你是这个行业的专家。这些问题将能够帮助你获取有效的信息，同时表达出你对工作的兴趣和热情。

思考与练习

1. 就业信息的收集有哪些途径?
2. 笔试的答题技巧、方法有哪些?
3. 面试时男女着装的要求有哪些?
4. 分组开展一次模拟招聘面试活动。

附:

常见的护士面试题

(1) 用1分钟简单介绍自己。

(2) 你对护理职业的认识是怎样的,你为什么要当护士?

(3) 当护士要具备哪些素质?

(4) 对基本护理模式、护理程序进行叙述。

(5) 病情观察:如考官会举例患者意识、瞳孔、呼吸、血压等变化,让你判断,看看你理论知识是否扎实,是否能应用到临床。

(6) 应急应变:如考官会举例皮试或药物过敏休克的例子,让你判断和处理;打错针或输错液、发错药时该怎么处理;为小儿打头皮针穿刺不成功,家长意见很大时你怎么处理;遇到抢救患者时抢救器械坏了怎么处理等。考察你遇到突发事件时的应急能力。

(7) 人文方面,包括你的举止、服装、谈吐等。

(8) 从现在开始算,未来的五年,你想自己成为什么样子?

(回答一定要得体,根据你的能力和经历来规划。对工作拥有具体期望与目标的人,通常成长较快。应试者针对这类问题可以回答:"我的目标是……为了达到这个目标,必须努力充实自己……而我拥有这样的自信。"或"这是我从小到大的理想……")

(9) 假如你在输液过程中,两次失败,你应该怎么办?

(10) 告诉我,你的事业目标是什么?

第六章　医学生的社会适应与发展

学习目标

1. 了解医疗卫生行业的特点。

2. 认识大学生在社会适应上存在的问题。

3. 了解医学生角色转变中的注意事项。

4. 了解医患关系的特点、性质、内容及模式。

第一节　医学生的社会适应能力

爱因斯坦曾经说过："学校的目标始终应当是——青年人在离开学校时,是作为一个和谐的人,而不是作为一个专家。"大学与其他教育阶段的目标不同,不仅是学习知识,更重要的是培养自学能力和社会适应能力。作为一个医学生,还要有良好的动手能力、高尚的职业道德、接受挑战的勇气,这样才能成功地步入社会,从而更好地发展自己。

高校教育的根本目的在于促成大学生的社会化,发展其一定的认知结构和信念,由于个体与环境交互作用之间的不平衡性,促使个体心理水平呈现一定的差异性,其主要表现为认知方式和情绪体验的差异性。这种内隐的不同心理状况通过外显的社会行为得以显现,从而体现出大学生的社会化程度和心理健康状况。因此,对大学生社会适应的探讨有利于更好地把握认知与情绪之间的关系,有利于促进大学生的心理健康,帮助大学生提高适应社会的能力。

大学生社会适应是个体在与社会环境的交互作用中,追求与社会环境维持和谐平衡关系的过程。大学生社会适应从根本上说是人际适应,人际适应能力是体现社会适应能力的重要标志之一。大学生的社会适应主要是社会角色的扮演,从而形成自我意识,实现个体社会化的过程。大学生社会认知水平的发展及其局限在一定程度上导致其社会认知偏见和情绪发展的不稳定性,容易在社会化过程中产生角色冲突和自我意识的矛盾性。

一、大学生人际适应中的社会认知偏见

社会认知是个人对他人的心理状态,行为动机和意向做出推测与判断的过程。社会认知的过程,是依据认知者过去的经验及对有关线索的分析而进行的,社会认知还必须依赖认知者的思维活动,包括某种程度上的信息加工、推理、分类与归纳。人们对他人的行为进行推测与判断时,往往是根据自身的经验与体会来认识他人当时潜在的心理状态,即以己度人。因此,社会认知受主观因素的制约。

社会认知的基本过程包括社会知觉—社会印象—社会判断。社会知觉是社会认知的第一步,是关于他人和自我所具有的各种属性与特征的一种整体性知觉,在此基础上形成社会

印象和社会判断,并进一步对他人和社会行为进行归因。社会印象是人们通过与认知对象的接触和知觉,在头脑中形成并留在记忆里的认知对象的形象。社会判断则是在社会印象的基础上,对认知客体的评价与推论。

在认知过程中,个体的某些偏见时时影响认知的准确性,使认知发生偏颇。大学生常见的社会认知偏见主要有以下 8 种:

(1)首因效应:又称“第一印象”,是指在社会认知过程中,最先的印象对人的认知有极其重要的影响,它具有前摄和泛化的作用。第一印象具有表面性、片面性和先入为主的特征,使人容易形成一种心理定式,产生负面效应。

(2)近因效应:是指后来的印象对人的认知有重要的影响,它具有后摄作用。

(3)晕轮效应:又称光环效应或目晕效应,是指当我们对一个人的特征形成一定的印象后,无论是好的还是坏的,都被赋予一种光环笼罩着,容易以点概面,以偏概全。

(4)社会刻板效应:是指人们对某个社会群体形成的一种概括而固定的看法。按照预想的类型将人分成不同种类,然后贴上标签,按图索骥。这种沿袭已久的固定的看法,容易积淀为一种心理定式,这些偏见严重影响大学生的正常交往。

(5)相似假定作用:是指在认识活动中,人们有一种强烈的倾向,即假定对方与自己有相同之处。

(6)类化原则:是指认知者总是按一定的标准将他人分类,把他人归属于一些预设好的群体范畴之中。在认知具体个人时,一旦发现对方所属的群体类别,就会将群体的特性加在对方身上。

(7)积极偏见:是指认知者表达积极肯定的估价往往多于消极否定的估价,这种倾向又称为宽大效应。

(8)隐含人格理论:是指每个人在成长过程中,都发展了自己的人格理论,一套关乎个人各种特征是怎样相互适应的、未言明的假定,这种理论之所以是隐含的,是因为它很少以正式的词汇表达出来,甚至个人自己也并没有意识到它的存在,这种理论又称相关偏见。这种偏见为人们提供了一种方法:把认知到的各种特性有规则地联系起来。每个人都依照自己有关人格的假定,把他人的各种特性组织起来,形成一种总体形象。

二、大学生的社会角色冲突

角色是描述一个人在某位置或状况下,被他人期望的行为总和。每一种角色只是一个人的某一个方面,一个人可以同时担负多种角色。角色意识是指个体对自己在社会生活中所扮演的角色的认知,以便使自己的行为符合社会对该角色的要求。社会生活的多样性决定了社会关系的复杂性。任何一个人,当他进入某一社会位置后,就与一系列的行为模式联系起来,其言行举止都受到社会对这一位置的规定或制约。大学生对自己角色的认知,很大程度上影响着其相应社会角色的扮演。

社会角色的扮演,是大学生社会化的一个重要内容。社会化的根本目的在于培养合格的社会成员。在社会化过程中,大学生不断将社会要求转化为社会角色的心理内容,即通过个人的内心活动或亲自体验,真正相信并接受社会主导价值、行为规范,把它纳入个体的价值体系之中;同时,又不断将调适了的社会角色内容表现为个体的行为。这实际就是社会角色的学习与扮演过程。角色冲突是当一个人扮演一种社会角色或同时扮演几个不同的角色时,发生的内心矛盾与冲突。

导致大学生社会角色冲突的原因既有主观的,也有客观的,主要有以下两个方面:

(1)在社会角色的学习过程中出现了心理适应不良。社会角色的学习包括:学习角色的责任与职权和学习角色的态度与情感。社会角色的学习是在人与人、人与社会的关系中进行的,并随着角色的改变而无止境地进行着。

(2)理想角色与现实角色的差距。理想角色包括社会对某一角色的理想要求,它的权利和义务是社会认可的或正式条文规定的,是一种完美的行为模式。人们也正是从理想角色中知道社会对角色的要求。但是个人担任某一角色时,有其实际表现,这种实际表现就构成了现实角色。在人们的社会生活中,由于主观方面(如角色意识问题)和客观方面的多种原因,现实角色和理想角色总是有差距的,这种差距被称为角色差距。严重的角色差距可导致角色冲突,使心理失衡,出现角色障碍。

三、大学生自我意识发展的矛盾性

个体社会化的结果之一是形成自我意识。自我意识指个人对自己存在的意识,对自己以及自己周围事物关系的意识。即指个人对自己身心状况、人我关系的认知、情感以及由此而产生的意向。自我意识包含三种成分:自我认知,即对自己各种身心状况、人我关系的认知;自我情感,即伴随自我的认知而产生的情感体验;自我意向,即伴随自我认知、自我情感而产生的各种思想倾向和行为倾向,自我意向常常表现为对个体思想和行为的发动、支配、维持和定向,因而又称自我调节和自我控制。

大学生自我意识发展的矛盾冲突主要有以下几种:

(一)独立意向的矛盾性

1. 独立意向强烈

独立意向是大学生在成长和发展过程中摆脱他人监督、支配和管教的一种自我意识倾向。他们希望自己独立自强,成为一个有独立见解、能决定自己命运的人。主要表现为反抗权威,不愿遵循传统,总想标新立异。

2. 逆反心理和依赖心理同时存在

大学生经济上尚未独立,生活来源依赖家庭,但又急于摆脱家庭的束缚。大学生心理上没有完全成熟,社会地位还未确立,其独立性常表现为非理性和盲目性。大学生逆反心理具有独立意向的盲目性和突出自我的典型特征。如对正面宣传反向思考,对先进人物无端否定,对不良倾向产生认同,对思想政治教育和校规校纪产生抵触。

(二)自我评价的矛盾性

1. 自我评价更加深刻

大学生拓展了自由空间、交际面和活动空间,急于在新的环境里认识自己、评价自己,找到自己的位置。这种认知和评价既重视外貌仪表,更在乎对自己的能力、性格、品德、人生价值等深层次问题的探讨,自我认识的内容更加丰富和深刻,常出现矛盾倾向。

2. 自我评价易出偏差

大学生由于受自身认识水平的限制,在认识、评价自我时缺乏必要的客观性和正确性,对自我的理解和判断流于表面,易出现自我否定、自卑或自负、盲目自大。

（三）自我体验的矛盾性

1. 自我体验敏感、丰富、深刻

大学生自我体验的强度大，具有敏感性、丰富性、深刻性等特点。随着自我认识的发展，大学生开始重视自己在集体中的地位与权威，对他人的言行与态度十分敏感，对涉及自己名誉、地位、前途、理想及异性交往等方面的问题，更易引起强烈的自我情绪体验。

2. 内心闭锁与情绪波动

大学生由于独立欲望与自尊心比较强，所以不愿向别人袒露自己的内心世界，会有意无意地掩盖自己的缺点。这种闭锁心理妨碍新的友谊关系的建立，易产生莫名的孤独感，造成心理压力。若其心理困扰不能及时得到解决，便可能导致心理障碍。大学生自我体验还会随着情绪的波动表现出波动性，如情绪好的时候自我肯定多一些，充满自信，一旦情绪低落，自我否定就多些，容易产生自卑、内疚。

（四）自我控制的矛盾性

1. 控制愿望强烈

大学生自我控制的自觉性与独立性显著增强，自我控制的水平显著提高，自我控制的愿望十分强烈，力图摆脱社会传统的约束，按照自己的意愿行事；他们也能够自觉地根据社会的要求来调节、改变自己不切实际的目标和动机，能够在较高水平上驾驭自我。

2. 控制能力仍然不足

大学生自我控制水平不高，不善于及时、迅速地调整自我追求的目标和行为，也不善于用理智控制自己的行动，其打架斗殴、破坏公物等现象就是不善于控制自我的表现。

在大学生社会化的过程中，社会认知和情绪状况都会直接或间接地影响其社会角色的扮演和自我意识的构建。情绪对社会认知的影响：一是会影响社会认知的归因分析，不能冷静、客观地分析事件发生的来龙去脉和因果关系，造成某种偏见、主观和武断。二是情绪也会影响认知信息的整合。例如，过分紧张和激动的情绪会抑制记忆信息的提取和对参照标准的选择。三是个体的社会认知方式所引发的情绪体验在某种程度上表现为强弱的不同和积极与消极的区分。

四、大学生社会适应心理误区的几种表现类型

1. 孤独与抑郁

不能接受新环境，或是对新环境期望值过高，现实不尽如人意；或是缺乏人际交往的技巧，不能建立自己的人际支持系统；或是生活中受到重大挫折，自己没有能力解决等，这些都会使个人在心理上感到孤独与抑郁。

2. 失落与沮丧

对学习、生活、工作所定的目标与自己的实际情况相距甚远，或是在前进的道路上遭到意外的失败与打击，情绪一落千丈，一蹶不振，自暴自弃，怨天尤人。这种情绪只能挫伤自己继续努力的信心。

3. 自卑与退缩

自我估计过低，夸大自身的弱点，看不到自己的长处；或是过于自卑，在某一次行为中遭到一点挫折，比如认为自己的学习成绩不如别人，能力不如别人等，就自愧无能，自叹弗如，在现实环境中胆怯畏惧，踯躅不前。

4. 恐惧与逃避

害怕竞争中的失败,担心选择带来的风险,畏惧探索中的困难。做事瞻前顾后,忧心忡忡,不敢给自己提出更高的标准,不敢超越常规一步。躲避一切可能给自己带来损失的事情,永远选择"安宁"和"稳定"。

5. 浮躁与烦恼

在利益的驱动下,匆忙地追求社会时尚,当受个人实力和外界条件所限不能如愿时,又陷入无尽的烦恼之中。长期在这种状态下生活,内心的和谐和宁静会被打破,出现情绪的紊乱状态。

6. 紧张与焦虑

由于缺乏独立生活能力,到了新的生活环境,不会安排自己的生活;或是由于担心成绩不如别人;或是社会变化太快、竞争太激烈等,因而心理不能放松,时时处于紧张、焦虑之中。高度的紧张、焦虑导致精力不能集中,甚至常常失眠和头痛。

7. 愤怒与冲动

青年人情绪不稳定,年轻好胜,在某种情况下,碰到不顺心的事,容易勃然大怒,甚至动武。冲动使人失去理智,容易出现打伤人或其他犯罪问题。

8. 空虚与怠倦

有些同学因"雄心大志"一次次受到打击,感到前途无望,目标渺茫;或是对自己太没信心;或是遭受了不公平的待遇等,于是对什么都失去兴趣,精神十分怠倦,自认为"活得太累"。这些学生以对付的态度看待学习,以应付的方式对待工作,每天懒懒散散,任光阴流逝,表面上看起来很"潇洒",实际上内心十分痛苦。

以上各种适应心理问题常常使人的能力受到抑制,养成很多不良的习惯。例如,注意力不集中,记忆力下降,交往能力受到限制等。此外,还会使人的生理功能产生障碍,如头痛、头昏、消化功能紊乱等,严重地影响个人身心健康发展。

五、大学生要超越自我——提高适应社会发展的能力

在校大学生是一个比较特殊的群体,他们所处的年龄阶段是人生中较为敏感又不太稳定的时期,而社会对于他们来说已近在咫尺。这个时期的大学生,表面上看身体的各种机能都已成熟,而实际上内心却非常脆弱。习惯了校园生活的他们在即将步入社会的时候,往往准备不足,内心中会产生烦躁不安的情绪,严重的会患上社会不适应症,持续出现焦虑、压抑、愤怒、狂躁等不良情绪反应,导致疾病发生的可能性进一步提高,并且会抑制人的能力的发挥,养成很多不良的习惯。但是这也是无法避免的,只有去发现它、面对它,大学生的社会适应能力才能提高。只要在日常生活中注重以下几个方面,便会逐渐适应社会:

1. 多参与社会活动

从社会实际出发,正确认识客观现实。不逃避现实,也不做无根据的幻想,将自己置身于社会实际中,了解现实,认识生活,调整心态以适应社会。

2. 积极调整,选择对策

和社会现实生活保持良好的接触,不回避现实,主动面对现实生活中的各种挑战,当个人需要与社会现实矛盾时,能充分发挥主观能动性,积极妥善处理环境与自身的关系,创造条件使自己始终处于有利的环境中。从主观上采取积极的态度而不是消极的等待;在选择

对策上要审时度势,有条件地选择改造环境的策略,无条件地选择改造自身的办法,这样才能既不想入非非,又不自暴自弃,从而找到最佳方案。

3. 加强人际交往

每个人都需要支持、理解、尊重,这些需要通过人际关系来获得。在日常学习、工作中,和谐的人际关系是生命的滋补品。为了提高人的生活质量,应该培养和提高为人处世的能力。

4. 加强体育锻炼

通过体育锻炼可以接触更多的人和事,通过运动与人交往,增强大脑兴奋与抑制的调节功能,改善神经系统,使人忘却烦恼和痛苦,消除孤独感;锻炼可以唤醒人们的精神情绪,使人精神振奋,心情轻松愉快,焕发青春的激情,提高社会适应性。

总之,大学生首先要做到的就是超越自己,要想在社会中有自己的一席之地,就必须去不断地努力,不断地超越。你面前的最强对手不一定是别人,很可能就是自己,所以在超越别人之前要先超越自己。

第二节　工作初期的角色适应

一、从医学生到医务工作者的角色转变

从医学生到医务工作者的转变过程,是一个渐进的漫长过程。怎样才能尽快从医学生转变为合格的临床医务工作者呢? 作为一个医学生,应该进行包括思想、工作、学习、服务等多方面的锻炼与提高。

(一)遵守职业道德规范,提高服务意识

医疗服务的主体是患者。为人民健康服务是卫生工作者的基本信念与行为准则。准备从事医疗卫生服务的医学生应该时刻遵守职业道德规范,不断加强学习,提高自身素质和修养,树立以人为本、无私奉献的服务意识。为了达到这一个目标,应该做到以下几点:

1. 展现良好的医德

高尚的医德是医务工作者提高医疗服务技术的内在动力。作为人类社会道德观念组成部分的医德,是医务工作者在生活和医疗实践中不断培养和形成的。"医乃仁术",这是中国古代对医学道德最著名的概括,既表明医学技术是"生生之具,活人之术",又体现了中国古代医师的道德信念,通过行医施药实现仁者爱人、济世救人的高尚理想。医学生在开始进入临床工作时,就应当树立一个信念——一切为患者,不计名利、不计得失,为医学事业发展和患者健康做出毕生贡献。

2. 树立正确的服务意识

对待患者要树立正确的服务意识和奉献精神,应围绕"为了一切患者,一切为了患者,为了患者一切"开展医疗工作。在医疗过程中,始终视患者为亲人,急患者之所急,想患者之所想,关怀并体贴患者,努力培养出良好的敬业精神和服务态度。

3. 培养高度的责任感和使命感

人命关天,生命重于泰山,任何生命对于家庭来说都是擎天柱。作为医务工作者更是责任重大,面对患者必须认真对待,科学诊断,用药合理而准确,治疗及时有效,绝不能因为医

疗工作疏忽和失误而延误对患者的诊治。因此,必须要有高度的责任心和强烈的使命感,勤奋工作,刻苦钻研,为患者早日康复做最大的努力。

4. 严格遵守纪律,培养良好的工作习惯

作为医学生应该从参加工作开始就严格要求自己,培养自己的自律性,遵守单位的工作制度,坚守岗位,不迟到、不早退,尊重上级医师,团结同事,具备良好的团队意识和协作精神。

(二)强化"三基"训练,建立知识平台

医学是实践性很强的学科。医学知识浩如烟海,诊疗过程涉及多个学科知识。医学生刚进入临床工作时会有茫然不适感,究其原因,主要是知识面狭窄、基础理论不扎实和缺乏临床经验。因此,需要医学生有计划、有重点、有针对性地加强对专业基础理论、基础知识、基本技能的继续学习和训练。通过"三基"训练,使自己不断熟练和规范基本操作技能,提高实际动手能力,增强综合判断、分析和解决问题的能力,迅速提高业务技术能力和水平。

(三)加强医患沟通,提供优质服务

医患沟通是根据患者的健康需要进行的,可使医患双方充分、有效地表达对医疗活动的理解、意愿和要求。良好的医患沟通不仅能使医师更全面了解患者的整个病史,做出准确的诊断和及时的治疗,还能使患者更好地配合医疗活动,从而使患者得到满意的服务。怎样才能达到和谐的医患沟通呢? 首先,理解入院患者焦虑不安的心理,真诚地关心和问候患者,让患者有被关注、被重视的感觉。其次,医务工作者工作时应该着装得体,仪态庄重,交流时讲究语言艺术,表达清晰,交谈亲切。由于患者对医学知识缺乏认识和了解,因此在沟通中语言应通俗易懂,尽量不用医学术语,使患者容易理解和接受。采集病史时要认真、耐心地倾听患者的述说,并不时应答、复述,使患者从医师的回答中知道医师在认真听、想,不要因为患者的陈述冗长、杂乱而不耐烦或简单臆断,尽量不要干扰患者对身体症状和内心痛苦的述说。另外,在诊疗过程中,必须尊重患者的选择权和知情权,让患者明白检查、诊断、用药、治疗及预后情况等,并详细提供各种不同的诊疗方案的优点和缺点,让患者做适当的选择。

(四)规范病历书写,培养严谨作风

病历是医务人员在医疗活动中形成的文字、符号、图表、影像、病理等资料的总和,包括门(急)诊病历和住院病历。病历的记录与疾病的诊疗过程同步进行,它客观、完整、连续不断地记录了患者的症状、体征、检查结果、治疗效果、病情变化等,因此病历是伴随着疾病诊疗过程而形成的。病历不但能反映医疗服务的水平和医务人员的基本素质,而且也是医疗、教学、科研的第一手资料和评估医院医疗质量的重要依据,同时还是医疗纠纷和医疗保险理赔的重要法律依据。病历书写是指医务人员在问诊、体格检查、辅助检查、诊断、治疗、护理等医疗活动过程中获得有关资料,并进行归纳、分析、整理形成医疗活动记录的行为。通过病历书写能锻炼、培养医师的综合思维能力和诊断能力。而目前处理医疗纠纷中的举证责任倒置更要求医务工作者要学会搜集证据,特别是病历中的知情同意书,如患者对治疗的自主决定签字、急危重症患者的通知和签字等。因此,医学生应该提高对病历书写的重视程度,以高度负责的敬业精神、实事求是的科学态度,适时、客观、准确、完整地写好每一份病历。

二、建立良好的人际关系

人际关系是我们生活中的一个重要组成部分。倘若不能正确地处理好人际关系,将对我们的工作、生活及心理健康有不良的影响。在现实社会中,由于各人的性格、禀赋、生活背景及目的等不同而产生思想隔阂是正常的,也是可以理解的。我们不能说一个具有良好人品的人就一定拥有良好的人缘,但我们可以肯定的是,一个道德品质低下、人品低劣的人绝对不会拥有好人缘。俗话说:物以类聚,人以群分。人品好坏是人际关系好坏的决定因素,当然,还必须掌握一些交际艺术。

(一)处理人际关系的原则

处理好人际关系的关键是要意识到他人的存在,理解他人的感受,既满足自己,又尊重别人。

1. 真诚原则

真诚是打开别人心灵的金钥匙,因为真诚的人使别人产生安全感,减少自我防卫。越是好的人际关系越需要关系的双方暴露一部分自我,也就是把自己的真实想法与人交流。当然,这样做也会冒一定的风险,但是完全把自我包装起来是无法获得别人的信任的。

2. 主动原则

主动对人友好,主动表达善意能够使人产生受重视的感觉。主动的人往往令人产生好感。

3. 交互原则

人们之间的善意和恶意都是相互的,一般情况下,真诚换来真诚,敌意招致敌意。因此,与人交往应以良好的动机出发。

4. 平等原则

好的人际关系能让人体验到自由、无拘无束的感觉。如果一方受到另一方的限制,或者一方需要看另一方的脸色行事,就无法建立起高质量的心理关系。

还要指出,好的人际关系必须在人际关系的实践中去寻找,逃避人际关系而想得到别人的友谊只能是缘木求鱼,不可能达到理想的目的。

(二)处理人际关系的基本方法

1. 确立"以和为贵"的观念

在中国的处世哲学中,中庸之道被奉为经典之道。中庸之道的精华就是以和为贵。同事是你工作中的伙伴,或许有利益上或其他方面的冲突,处理这些矛盾的时候,你第一个想到的解决方法应该是和解。毕竟,同处一个屋檐下,低头不见抬头见,如果有人破坏了你的心情,影响了你的工作,吃亏的可能是你自己。与同事和睦相处,在领导眼中,你的地位将会又上一个台阶,因为和谐的人际关系不仅仅是一种生存的需要,更是工作上、生活上的需要。和谐的同事关系让你和周围同事的工作和生活都变得更简单、更轻松、更有效率。

2. 处理好远近亲疏的关系

在同一个单位工作,每个人之间的交情不可能完全相同,远近亲疏自然是存在的。问题的关键就在于应该如何处理这"远近亲疏"的关系。我们可以回想一下,平常我们容易对哪些人产生意见。其实我们并不会对谁与谁关系密切,谁与谁关系疏远产生异议,因为对于我们自己来讲,也存在着和有的人关系比较亲近,而和有的人关系比较疏远,甚至为自己的好友找理由搪塞错误,我们认为也是人之常情。但是当我们发现,这种远近亲疏的关系开始因为共同的利益扩大化,甚至出现营私舞弊、相互倾轧的时候,我们就应该开始反思了。这种状况是一个优秀团队的大忌,甚至可以说是一个团队瓦解分化的开端,结果就是导致整个团队的瘫痪或崩溃。

为了避免此类事情的发生,我们就要控制好与同事之间的远近亲疏的关系。无论你与一个同事的关系是亲还是疏,这都是私人之间的关系,而这种关系更是工作以外的关系,不应该对工作产生任何影响。道理虽然很简单,但实际上人与人之间的感情并不容易控制。尽管你的心里知道一定不能把私人关系带到工作中来,但是更多的时候,连你自己都感觉不到。避免这种状况的最好办法莫过于"君子之交淡如水"。

3. 学会尊重同事

在人际交往中,自己待人的态度往往决定了别人对待自己的态度,因此,你若想获取他人的好感和尊重,必须首先尊重他人。研究表明,每个人都有强烈的友爱和受尊敬的欲望。爱面子是人们的一大共性。在工作上,如果你不小心,很可能会在不经意间说出令同事尴尬的话,表面上他也许只是颜面受损,但其内心可能已受到严重的挫伤,以后对方也许就会因感到自尊受到伤害而拒绝与你交往。

4. 尽量避免与同事产生矛盾

同事与你在一个单位中工作,几乎日日见面,彼此之间免不了会有各种各样鸡毛蒜皮的事情发生。每个人的性格、脾气秉性、优点和缺点也暴露得比较明显,尤其每个人行为上的缺点和性格上的弱点暴露得多了,会引出各种各样的矛盾和冲突。这种矛盾和冲突有些是表面的,有些是内在的,有些是公开的,有些是隐蔽的,种种的不愉快交织在一起,便会引发各种矛盾。

同事之间有了矛盾,仍然可以来往。第一,任何同事之间的意见往往都是起源于一些具体的事件,而并不涉及个人的其他方面。事情过去之后,这种冲突和矛盾可能会由于人们思维的惯性而延续一段时间,但时间一长,也会逐渐淡忘。所以,不要因为过去的小意见而耿耿于怀。只要你大大方方,不把过去的事当一回事,对方也会以同样豁达的态度对待你。第二,即使对方仍对你有一定的成见,也不妨碍你与他的交往。因为在同事之间的来往中,我们所追求的不是朋友之间的那种友谊和感情,而仅仅是工作。

总之,处理好人际关系是一门艺术。所有的人都需要不断地学习和实践,才能臻于娴熟。希望你能根据自己的具体情况,做一个自我分析,从而冲破自我封闭的思想,虚怀若谷,去建立一个和谐的人际关系。

三、正确地处理医患关系

"医患关系"已成为当今媒体关注的焦点。作为一个准医务工作者,你对这四个字的了解又有多少呢?从世界范围来看,医学或医疗活动在社会中的影响力越来越大、越来越明显,成为左右人们社会生活"巨大的力量";从我国目前的现实状况看,医疗纠纷呈现快速上升趋势,医患之间的信任急剧滑坡,医患关系已经成为社会焦点问题、热点问题。无论是何种情况、何种问题,对其理解和解决的关键都不能离开医疗活动中最基本的关系单位——医患关系。医患关系的把握不能仅仅从概念获得,还必须分析医患关系的性质、特点,以及发展趋势。

(一)医患关系的内涵

医患关系是人类文化特有的一个组成部分,是医疗活动的关键,医疗人际关系的核心。著名医史学家西格里斯曾经说过:"每一个医学行动始终涉及两类人群:医师和患者,或者更广泛地说,医学团体和社会,医学无非是这两群人之间多方面的关系。"所以医患关系是指以医务人员为一方,以患者及其社会关系为另一方在医疗诊治过程中产生的特定人际关系。现代医学的高度发展更加扩充了这一概念的原有内涵,"医"已由单纯医师、医学团体扩展为参与医疗活动的医院全体职工;"患"也由单纯求医者、患者扩展为与之相联系的社会关系,如家属、朋友及单位。

(二)医患关系的特点及性质

对医患关系的把握主要通过医患关系的特点及其性质来实现。目前,社会学的研究相对清楚地分析了医患关系的特点,而对医患关系性质的研究在理论上则尚无十分令人信服的结论。

1. 医患关系的特点

美国功能学派社会学家帕森斯和福克斯认为医患关系和父母与子女的关系有相似性,故此他们将医患关系的特点归纳为4点:支持、宽容、巧妙地利用奖励和拒绝互惠。

(1)支持:在医患关系中,由于对患者提供保健照顾,医师变成患者生病期间依靠的支柱。支持包括使自己可以被患者利用,并且尽力为处于依赖状态的患者提供所需要的保健照顾。

(2)宽容:在医患关系中,患者被允许有某种方式的行为举止,而在正常情况下这些举止是不被允许的。患者的某些行为和举止之所以得到宽容是因为患病期间患者对他的疾病不负责任,只要他继续承担患者角色并承担希望和尽力恢复健康的义务。

(3)巧妙地利用奖励:在医患关系中,为了在获得患者的服从时提供另外的支持,医师有能力建立并巧妙地利用奖励。通过控制患者非常重视的奖励,就可以增加医师的权威和患者的依赖性。

(4)拒绝互惠:在医患关系中,尽管医师给患者以支持,并且比较宽容患者的偏离常规的行为,但医师通过在人际反应中保持一定的距离来保证医患关系的不对称性。也就是说,医师了解患者的真实感情,但不以允许患者了解自己的真实感情作为回报。

2. 医患关系的性质

医患关系既是一种人际关系,也是一种历史关系。医患之间建立的人际关系在社会发展的不同历史时期,所呈现给人们的及人们对其性质的认定是不一样的。从最初服务于氏族部落的巫医,到具有独立行医能力的职业者,再到形成医院,承担社会医疗服务功能的职业群体,医师和患者之间的关系始终处在不断变化的状态中,基于这种变化,人们对医患关系的性质也在做出个不同的解释。例如,将医患关系定位为信托关系或契约关系。医患关系绝不是也不等同于消费关系,从而医患关系的性质也绝不是消费关系。作为一般人际关系存在的医患关系有其特殊性,特别是特殊的道德要求。

(三)医患关系的内容及模式

在医疗活动中医患关系的内容由技术性关系和非技术性关系两大部分组成。技术性关系是指在医疗过程中以医务人员提供医疗技术、患者接受医疗诊治为纽带的医患之间的人际关系。非技术性关系是指求医过程中医务人员与患者(及其家属)之间在社会、心理、伦理、法律等诸多非技术方面形成的人际关系。技术关系是构成医患关系的核心,非技术关系是在技术关系的基础上产生或形成的。技术关系对诊疗效果起关键性作用,而非技术关系在医疗过程中对医疗效果同样有着无形的作用。

1. 技术关系及其模式

针对医患之间的技术关系,国内外学者基于医务人员和患者之间的不同地位和角色以及权利和责任等提出对医患关系的不同划分方式,称之为医患关系模式。目前,比较公认的关于医患关系模式的理论主要有三种:萨斯-荷伦德模式、维奇模式和布朗斯坦模式。

2. 非技术关系及其内容

在传统医学中,技术关系和非技术关系非常紧密地融合在一起,但是随着医学的发展,非技术关系渐渐从技术关系中分离出来,具有了一些相对的独立性,并且具有了自己的内容。现代一般认为非技术关系包括:道德关系、价值关系、利益关系、文化关系和法律关系等。

(1)道德关系:医患关系是人际关系中的一种特殊关系。人际关系的协调需要道德原则和规范的约束,医患关系由于其信息的不对称性等特点,需要双方特别是医务人员对道德更高水平地遵守。诊疗的效果如何,医疗工作完成好坏有时并不完全取决于医务人员的技术水平,医患双方特别是医务人员的道德品质状况有时甚至对医疗结果和医患关系的和谐起决定性作用。所以说,医患之间的关系又是道德关系。

(2)价值关系:在医疗过程中,医患双方通过医疗活动本身都在实现着各自价值。对医师而言,这一点是非常明显的,医师通过自己的技术给患者提供高质量的医疗服务,以期患者借此恢复健康,医师的价值即可得以实现;而患者价值的实现则必须建立在上述活动顺利完成的基础上,否则其价值就无法实现。因此,医患关系建立的同时也奠定了医患之间的价值关系。

(3)利益关系:医疗活动本身为医患双方满足各自的需要——物质利益和精神利益提供可能。对医师而言,通过医疗行为活动从患者处获得报酬并得到自身价值实现的满足感就是医务人员的利益;对患者来说,通过医师提供服务恢复健康就是患者的利益。故医患关系包含着利益关系。

(4)文化关系:医疗活动中的医师和患者都是一定文化中的个体,当这种关系建立时,必然形成一种文化关系,并影响着医患关系的进一步展开和医疗行为活动的结果。由此可见,医患关系也是一种文化关系。

(5)法律关系:之所以说医患关系同时也是法律关系,是因为现代的医患关系不仅依靠道德调节,也越来越依赖法律的调节力量,有越来越多医患关系中的细节被纳入法律法规的范围之内。这一点是现代医学与传统医学非常不同的方面,虽然在传统医学中也存在着对医疗活动的法律形式的制约情况,但是这种现象并不普遍化,而医患关系的法律化则已是当代的普遍现象。医患关系又是法律关系,是当代社会和医学发展的产物。

(四)医患关系的发展趋势

随着整个社会生活领域中的一些根本性变革以及医学科学技术的突飞猛进与经济生活的日益市场化发展,身处其中的医患关系也在发生着一些实质性的变化。从目前的情况看,医患关系的发展趋势呈现出如下几个特点:

1. 医患关系完全技术化

医学高技术应用于临床治疗,大大地提高了医学对疾病的诊治能力,使医学朝着认识疾病内在机制的方向迈进,但是人们在享受医疗技术进步所带来的好处时,也走向了对医疗技术运用的另一个极端:一些医学工作者对先进技术,由倚重发展到顶礼膜拜,认为医疗服务不过是药物、手术的混合物。新技术的出现使医师对患者的关心、爱护和亲密快速减少了，医师忽视了对患者生命的关爱，淡化了对患者的理解和尊重，使医患关系演化成了医师-机器-患者的关系。

2. 医患关系不断趋向市场化

尽管从世界范围来看，无论是发达国家还是发展中国家都否认医疗服务是商品，但是市场对医疗领域的渗透却日渐增强。市场为医学发展带来了巨大的推动力，特别在医药科技研发方面表现最明显，但是市场干预医疗活动也带来了非常大的负面影响。特别是在我国目前医疗卫生体制处于改革和不完善的情况下，少数医务人员把市场经济的"等价交换"原则移植到医患关系中来，使本来纯洁的救死扶伤神圣职责成了与患者交换的筹码。尽管将医疗服务变成商品是非常困难的，但随着整个社会市场化的不断强化，似乎没有什么是不可能的，那么医患关系的市场化就是一种必然的趋势。

3. 医患关系不断民主化

传统的医患关系是医师凭借着对医疗技术的掌握而具有权威性，而患者对其只能绝对服从。但是随着医学的发展和社会生活领域的诸多变迁，在现代医患关系中医师的权威在不断降低，而患者的权利则在不断增长。在医疗活动中，医患之间已衍变为共同参与医疗决策和选择。在诊疗过程中，患者不再是被动的接受体，而是在知情同意的前提下，主动参与治疗。在对待疾病的问题上，医患双方地位越来越平等，医患关系变得越来越民主化。

4. 医患关系日益法治化

想想希波克拉底誓言，当今法律意识与医患关系的结合就似乎带有一丝讽刺意味了。传统的医患关系中，医患双方的权利义务是约定俗成的，在很大程度上完全依赖于医患双方的道德自律。在此基础上，医患之间形成了以绝对负责-信任为纽带的人际关系。但是随着上述纽带的不断解体，在当代医疗活动中，再期待仅仅通过道德自律来实现医患双方的权利和义务的可能性已经非常小了，所以当今医患双方的权利和义务更多的是以法律规定的形式出现。目前的医患关系依然是道德关系，但是可能随着时间的流逝将更多地表现为法律关系，医患关系的法律化同样是医患关系演化的必然趋势。

随着整个社会生活和医学科学的发展，医患关系的发展还会展现其他的发展趋势，仅从目前状况来说，医患关系在发展趋势方面，上述趋势将会不断增强，成为未来医患关系的几个突出特征。

拓展阅读

"因为我姓甘，所以不怕苦"

讲述人：甘如意，24岁，湖北中医药高等专科学校2017届医学检验技术专业毕业生，武汉市江夏区金口中心卫生院范湖分院检验科医师。

2020年春节前夕，我从武汉回到公安县老家过年。得知我要回去，爸妈很早就开始置办年货，准备我爱吃的东西。可刚到家，我就得知，为控制疫情扩散，离汉通道已经关闭。当时，武汉疫情异常紧急，急需要医护人员，而我们医院化验室本来人手就紧张，他们一定忙得不可开交。回去！我必须回去！

可一打听，所有去武汉的公共交通都停运了，就连从老家斑竹垱镇双河场村到公安县城的路也封了。

"就是骑自行车，我也要回武汉！"我对爸妈说。

他们脸上满是担心和不舍。爸爸说："你要回单位，我不反对。可你一个女孩子要骑车300多公里，得几天才能到。天气冷不说，路上你吃什么？住哪里呀？"

我宽慰他们："车到山前必有路。我是医生，病人需要我。哪怕是回去喊一声'武汉加油'，我也要和同事们在一起！"

我一边规划骑行路线，一边办理通行手续。在村委会，工作人员问我："开了通行证，可你怎么去呀？"我说骑车去。他以为听错了，我又说了一遍，骑车去！就这样，他在"车牌号"登记栏里，写下了"自行车"三个字。这张折痕累累的通行证，我会珍藏一辈子。

临行前一天(1月31日)晚上，妈妈拉出一个行李箱，里面塞得满满当当。"这些都是你最爱吃的，路上饿了就吃一点吧。"妈妈说的时候，眼睛红红的，眼泪一直在眼眶里打转。为了骑得轻快些，我最后只带了一个背包，装了几件厚衣服和一些零食。

爸爸不放心，说什么也要陪我到县城。我们骑了五六个小时，当晚就住在县城的亲戚家。

第二天(2月1日)上午，我不忍心再让爸爸陪着，对他说"你回去吧"。担心爸爸会偷偷跟着我，我执意要看着他先离开再上路。看着爸爸远去的背影，我的眼泪忍不住掉下来。"爸爸妈妈，女儿不在身边，你们要好好保护自己啊！"

一路上几乎看不到人，车也很少。下午一点钟，我骑到荆州长江大桥时，自行车不让过，我只好把车寄存到桥头的一个副食店，顺便休息一会儿，吃点饼干补充一下体力。拨通家里电话，爸妈对我说："路还有那么远，实在不行还是掉头回家吧。"

我一边安慰他们，一边给自己打气："你们放心，女儿一定行！"

走过大桥，眼看天色越来越晚，我决定今晚就住在荆州。可住在哪里呢？城里也没有亲戚，这个时候去投靠朋友，显然不是最好的选择。我决定到荆州火车站去找家旅馆，这也是我经常坐车的地方。我骑着自行车到那里时，天快黑了，手机也没电了。火车站外空无一人，街街商店大门紧闭，这还是我熟悉的车站吗？我像一个迷路的孩子，四处寻找能够帮助我的人。看到有一家小店的窗子还透着光，我便壮着胆子上前求助。老板听说我是医师，要赶回武汉上班，十分感动。他多方打听，终于为我在附近找到一个可以落脚的地方。

第三天(2月2日)一大早，我到处找去武汉的车，可是哪里有啊？

前方是病毒肆虐的武汉，后面是温暖的家。是继续前行，还是原路返回？我真有些犹豫了。我的同事们正在坚守岗位，全国各地的医务人员也在星夜驰援武汉，这时候退缩放弃，我会自责一辈子。

搭不上车，那就还是骑车吧。我沿着318国道，继续赶路。下一个目标——70公里以外的潜江。

天上下起小雨，风也特别冷。我没有雨衣，冰凉的雨滴打在脸上，不一会儿，我的手就冻僵了,可羽绒服里却是一身汗。长时间的骑行,我的膝盖越来越痛,背包里的东西也吃完了,又冷又饿。

突然,自行车前轮猛地一抖。呀!掉进一个大水坑了!鞋湿了,袜子也湿了,冰冷刺骨。我的背包也被甩出了很远。

狼狈不堪的我,简单收拾一下,又出发了。我看了看导航,已经骑了7个多小时,而距离潜江还有10公里。天越来越黑,雨也越来越大。我一会儿骑,一会儿推,夹杂着雨点的风,肆意地打在脸上,说不出来的疼,我再也忍不住,大哭了起来。

是泪水还是雨水?我已经分不清了。只记得,自己一边骑,一边在嘴里念叨:"甘如意,加油!加油!走一段就少一段了!"

9个多小时后,我终于到了潜江。天已经漆黑,在入城的一个卡口,我遇到了几名警察,"我有希望了"。

看了我的通行证和返岗证明,警察很吃惊。得知我是骑自行车过来的,他们纷纷竖起大拇指:"厉害了!小姑娘!"有一个警察叔叔,马上让爱人给我送来一大包吃的。阿姨怕执勤点没热水,还专门从家里拎来暖瓶。

感谢这些好心人!他们帮我联系了住宿,还为我找到了第二天开往武汉的顺路车。

当天晚上11点,我躺在旅馆的床上,心里踏实了许多——因为离武汉越来越近了!

2月3号中午,我搭乘到武汉中心血库的顺路车,就近在汉阳下了车。又是一碗泡面下肚,又是一辆自行车。可是,没走多久,手机却没电了,没有了导航,我只好边骑边问路。下午6点,终于看到了熟悉的金口街。

4天3夜!300公里!我终于回来了!

简短地给父母报个平安,我换上防护服,立即回到工作岗位。听说了我的故事,同事们纷纷为我点赞。我说:"因为我姓甘,所以不怕苦。"

在这次抗击疫情中,我身边的医护人员个个都是英雄,党员更是哪里危险哪里去,哪里需要在哪里。抗击疫情期间,我也光荣地成为一名预备党员。

2020年9月8号,我有幸去北京参加全国抗击疫情表彰大会,现场聆听习近平总书记的讲话,总书记多次动情地为青年一代点赞。他说,青年一代不怕苦、不畏难、不惧牺牲,用臂膀扛起如山的责任,展现出青春激昂的风采,展现出中华民族的希望!

听了总书记的话,回想4天3夜的艰难骑行,我的眼泪止不住淌下来。这一路上,我自己都说不清,哭过多少回。膝盖疼痛难忍,我哭了;上坡只能推着车一步步往上挪,我哭了;在加油站吃着泡面,我又情不自禁地哭了。

在父母眼中,我们"90后"还是稚气未脱的孩子,但我们知道,穿上这身防护服,我们就是战士,我们必须扛起肩上的这份责任!

行动是青春的证明,我想用顶风冒雨、骑行返岗的经历告诉大家,我们青年一代是好样的,是经得起考验的。千千万万个青年奋斗的青春、奉献的青春、无悔的青春汇聚在一起,就一定能造就一个青春的中国。

因为"患者需要我"
不惜"千里走单骑"

从家乡荆州到武汉江夏

甘如意"骑行返岗"

经历 4 天 3 夜,吃着饼干泡面

跨越 300 公里,回到工作岗位

"同事一直在前线顶着,

我着急去换他!"

"通行证"上车牌号一栏写着的"自行车"

是她逆行归程的"战马"

驮着担当的执着

载着无悔的善良

——《人民日报》

　　甘如意被授予"全国抗击新冠肺炎疫情先进个人""一线医务人员抗疫巾帼英雄""全国向上向善好青年"等荣誉称号,她的事迹被《人民日报》、新华社、中央电视台、《光明日报》《湖北日报》《长江日报》《荆州日报》、荆州电视台、公安电视台等媒体多次报道。

思考与练习

1. 大学生如何提高社会适应的能力?

2. 处理好人际关系有哪些基本方法?

3. 医患关系有哪些发展趋势?

第七章　医学生就业的法律知识与维权

学习目标

1. 了解就业协议与劳动合同的区别和常见的合同陷阱。
2. 熟悉合同订立、履行、变更和解除的程序。
3. 掌握试用期的注意事项和依法维护就业权益。
4. 理解在择业、就业中所享有的权利和应履行的义务。

第一节　就业协议

一、就业协议的含义

就业协议是明确毕业生、用人单位、学校在毕业生就业中权利义务关系的书面形式。高校使用的《全国普通高等学校毕业生就业协议书》由教育部制定样式,作为示范性文本,地方毕业生就业主管部门或高等学校负责印制。就业协议书由毕业生、用人单位、学校三方共同签署后生效,对签署三方都有约束力。

在高校毕业生正式毕业之前的求职阶段,是签署就业协议的高峰期。协议一旦签署,基本上就意味着你的第一份工作就确定了。

二、就业协议的主要条款

(1)毕业生应按国家规定就业,向用人单位如实介绍自己的情况,在规定的时间内到用人单位报到,如遇特殊情况不能按时报到,需征得用人单位同意。

(2)用人单位要如实介绍本单位情况,提供约定的工作岗位,做好各项接收工作。

(3)学校要如实向用人单位介绍毕业生的情况,做好推荐工作,用人单位同意录用后,经学校审核列入建议就业档案,并负责办理离校和派遣手续。

(4)就业协议上三方签字后都应严格履行协议,任何一方若违反协议,应承担相应的违约责任。

(5)备注栏可补充其他约定,签字后视为本协议的一部分。作为合同的特殊条款,其效力应当高于其他格式条款。

三、就业协议订立的程序

(1)学校向毕业生发放就业协议书。每个学生仅能领一式四份,不得多领冒领,但一般来说,就业协议遗失的,可以向学校申请补办。

(2)线上或线下签约。线上签约是用人单位通过自己的网络签约平台向毕业生发送线上签约邀请,毕业生应约后,即表示用人单位与毕业生达成签约意向;线下签约是毕业生与用人单位达成协议并在就业协议书上签字或盖章,用人单位协议书上注明可以接收毕业生档案的名称和地址。

（3）用人单位上级主管部门批准。用人单位接收毕业生如须经主管部门同意则应报上级主管部门批准。

（4）就业协议书传递回学校。用人单位或毕业生将协议书传递到学校毕业生就业工作主管部门。

（5）学校毕业生就业工作主管部门审查同意后,到省级就业指导中心办理离校毕业生就业报到证。

四、签订就业协议时应注意的法律问题

毕业生就业协议书明确三方的权利和义务,具有法律约束力,也涉及毕业生的切身利益,因而毕业生在就业签约时应注意以下几个问题,以切实维护自身在就业中的合法利益。

1. 签协议前,要全方位地了解用人单位的相关情况

对以下信息一定要先有所了解:用人单位的发展趋势、招聘的岗位性质、员工培养制度、待遇状况、福利等相关内容,最好实地考察。此外,还需要重点了解用人单位的人事状况,是否具有应届毕业生的接收权,是否具备合法的主体资格。一般而言,用人单位必须具有从事各项经营或管理活动的资格,应有录用指标或者录用自主权。

2. 协议的内容必须规范合法

毕业生就业协议一般由主管部门事先拟定,对毕业生和用人单位起示范作用。毕业生与用人单位经协商,还可以增加相关条款。但由于用人单位往往处于相对的优势地位,毕业生在与用人单位签约时,应尽量采用示范文本,防止权益遭受侵害。

3. 对合同的解除条件做事先约定

毕业生就业协议一经订立,就对当事人具有约束力,一方不得随意解除,否则应承担违约责任。毕业生如对用人单位情况不是很了解或感到不完全满意,但又担心就业市场的变化,一旦放弃后,另行就业可能更困难;或本人正在准备深造或考公务员或出国。在这种情况下,毕业生可与用人单位在就业协议书中就解除条件作约定。约定条件一旦成立,毕业生可依约解除协议,而无须承担违约责任,避免产生经济损失或争议。

五、违反就业协议的法律责任

违反就业协议所导致的法律责任,主要是违约责任。理论上讲,违反就业协议应当有三个主体:学校、用人单位和学生。而实践当中,往往是学生在违反就业协议。学校和用人单位都是出于工作需要而进行缔约行为,一般都不会违约。因此,下面着重谈毕业生违约的法律责任。

医学生常常有这样的困惑:眼看毕业期限日益临近,学校又在催促签约,手头虽有几个单位,但往往是自己想去的单位久等不回话,自己不怎么满意的单位同意接收但自己又觉得很勉强。在严峻的就业压力驱使下,很多同学为了不至于"毕业就失业",纷纷签个单位"保底",以后找到更好的单位就毁约。这样的想法和行为不在少数。

许多学生认为签订"保底"协议不是不讲诚信,而是双向选择。这种认识其实是完全错

误的,草率地和用人单位签订协议是危险的,毕业生和用人单位签的就业协议不是一张废纸,都具备相应的法律效力,不能轻易反悔,否则要承担违约责任。作为受过高等教育的大学毕业生,应当遵守诚信原则。既然签了约,就应当一诺千金,努力遵守。

为了避免毕业生"一女多嫁"情况的出现,一般由学校进行监督,进行最后确认。学校的就业指导中心对就业协议的管理都是很严格的,只发给每位毕业生一份就业协议。

第二节 劳 动 合 同

一、劳动合同的含义

劳动合同是劳动者与用人单位确立劳动关系、明确双方权利和义务关系的协议,也是劳动争议发生后处理争议的重要依据。劳动合同依法订立即具有法律约束力,当事人必须履行劳动合同规定的义务。劳动合同有时会成为维权的证据,有时也可能会成为自己发展的障碍,因此必须慎重对待。

每年的 7 月,毕业生纷纷离开学校,前往签订就业协议的用人单位报到。按就业协议明确约定派遣的毕业生,用人单位不得拒绝接收或退回学校,除非该协议无效或者有合法的可撤销事由。毕业生报到后,用人单位应根据就业协议的约定和工作需要及时安排工作岗位,并签订劳动合同。

二、劳动合同与就业协议的区别

劳动合同与就业协议均为用人单位招用毕业生时所订立的书面合同。在就业过程中,毕业生有的将两者等同,有的将两者割裂开来,因而有必要对劳动合同与就业协议进行区别。

1. 主体不同

就业协议适用于应届毕业生与用人单位、学校三方面之间;而劳动合同只适用于劳动者(毕业生参加工作时)与用人单位之间,与学校没有直接的法律关系。

2. 时间不同

一般来说就业协议在毕业生毕业之前签订,而劳动合同往往在毕业生到用人单位报到时才签订。

3. 内容不同

就业协议的主要内容是毕业生表示愿意到用人单位就业,用人单位表示愿意接收毕业生,学校同意推荐毕业生。而劳动合同涉及的主要内容是劳资双方劳动权利和义务的具体条款。

三、劳动合同签字前应注意的法律问题

劳动合同的订立,不仅事关个人在薪酬、福利、保险等方面的物质利益,还涉及诸如培训、晋升等个人长远发展问题。因此,劳动合同可以由用人单位拟定,也可以由双方当事人共同拟定,但都必须经双方当事人协商一致后才能签订。在订立劳动合同时,劳动者应注意以下常见的法律问题:

1. 劳动合同往往是用人单位早已经准备好的格式合同

在劳动合同订立前,求职者可以要求用人单位提供合同文本,以便对合同文本内容有充分的了解。特别是对于双方协商约定的条款,应引起高度重视。在把握合同条款的基础上,还应该重点了解劳动合同解除的违约责任和补偿标准,以及在什么情况下单位不得与劳动者解除劳动合同。值得注意的是,对格式合同的条款发生争议的,应该按照不利于格式合同提供方的解释来裁定。

2. 谨慎交费

用人单位在与劳动者订立劳动合同时,不得以任何形式向劳动者收取定金、保证金(物)或抵押金(物)。

3. 劳动合同必须书面

现在有些用人单位不愿意与职工签订书面劳动合同,想以此逃避某些法律责任。但作为劳动者,有权要求与用人单位订立书面合同,并要求自己保留一份。

4. 必备条款不可缺少

劳动合同应当以书面形式订立,并具备以下条款:劳动合同期限、工作内容、劳动保护和劳动条件、劳动报酬、劳动纪律、劳动合同终止的条件、违反劳动合同的责任等。

5. 附加条款要看清

求职者在签订前一定要让单位拿出原文,仔细审看无异议后,要求其签字或盖章后留存,作为依据。要认真检查有无遗漏的约定事项或者附加说明,需要立即补齐的绝对不可拖延。

6. 数字一定要大写

合同签字后,有些用人单位会抓住时间空隙,将合同上的数字进行更改,让求职者吃"哑巴亏"。所以,求职者在签订合同涉及数字时,一定要用大写汉字。

7. 仔细确认用人单位的签字或盖章

求职者拿到合同,应该让用人单位及其负责人同自己一起当面签字或盖章,以防某些用人单位利用先后签字的时间在合同上做手脚(更改数字、时间等)。同时,仔细鉴定单位所盖公章,看其是否与自己即将入职的单位一致。

8. 合同至少一式两份,双方各执一份,毕业生应妥善保管

如果发生劳动纠纷,劳动合同文本原件是最主要的证据。

9. 对劳动合同的无效或者部分无效有争议的,由劳动争议仲裁机构或者人民法院确认

劳动合同无效或部分无效包括:以欺诈、胁迫的手段或者乘人之危,使对方在违背真实意思的情况下订立或者变更劳动合同的;用人单位免除自己的法定责任、排除劳动者权利的;违反法律、行政法规强制性规定的。劳动合同部分无效,不影响其他部分效力的,其他部分仍然有效。劳动合同被确认无效,劳动者已付出劳动的,用人单位应当向劳动者支付劳动报酬。劳动报酬的数额,参照本单位相同或者相近岗位劳动者的劳动报酬确定。

四、劳动合同法的主要内容

(一)劳动合同法的适用范围

中华人民共和国境内的企业、个体经济组织、民办非企业单位等组织与劳动者建立劳动关系,订立、履行、变更、解除或者终止劳动合同,适用《中华人民共和国劳动合同法》。国家机关、事业单位、社会团体和与其建立劳动关系的劳动者,订立、履行、变更、解除或者终止劳动合同,依照《中华人民共和国劳动合同法》执行。因此,劳动合同法不适用于公务员和参照公务员管理的事业单位中的在编人员,也不适用于农业劳动者、现役军人和家庭保姆等。

对于医学生来说,需要注意的是,事业单位与实行聘用制的工作人员订立、履行、变更、解除或者终止劳动合同,法律、行政法规或者国务院另有规定的,依照其规定;未作规定的,依照有关《中华人民共和国劳动合同法》的规定执行。因此,公立医院中实行聘用制的医师、护士等人员,首先应该适用法律、行政法规或者国务院的另有规定,例如,2014 年的《事业单位人事管理条例》),只有在无规定时,才适用《中华人民共和国劳动合同法》。

(二)合同期限与试用期

劳动合同的期限分为有固定期限、无固定期限和以完成一定的工作为期限三种。大学毕业生就业时,通常都是订立有固定期限的劳动合同。试用期是用人单位和劳动者为了相互了解、选择而约定的考察期。

在实践中应当注意防范以下问题。

1. 试用期过长,超过法律规定的最长期限

劳动合同期限 3 个月以上不满 1 年的,试用期不得超过 1 个月;劳动合同期限 1 年以上不满 3 年的,试用期不得超过 2 个月;3 年以上固定期限和无固定期限的劳动合同,试用期不得超过 6 个月。同一用人单位与同一劳动者只能约定一次试用期。以完成一定工作任务为期限的劳动合同或者劳动合同期限不满 3 个月的,不得约定试用期。试用期包含在劳动合同期限内。劳动合同仅约定试用期的,试用期不成立,该期限为劳动合同期限。

2. 要求毕业生在试用期内承担违约责任

劳动者在试用期内提前 3 日通知用人单位,可以解除劳动合同。如果给用人单位造成损失,应负损害赔偿责任。

3. 在试用期内无正当理由辞退毕业生

用人单位在试用期解除劳动合同的,应当向劳动者说明理由。在试用期内,除劳动者有下列情形外,用人单位不得解除劳动合同:① 在试用期间被证明不符合录用条件的;② 严重违反用人单位的规章制度的;③ 严重失职,营私舞弊,给用人单位造成重大损害的;④ 劳动者同时与其他用人单位建立劳动关系,对完成本单位的工作任务造成严重影响,或者经用人单位提出,拒不改正的;⑤ 以欺诈、胁迫的手段或者乘人之危,在违背真实意思的情况下订立的劳动合同无效的;⑥ 被依法追究刑事责任的;⑦ 劳动者患病或者非因工负伤,在规定的医疗期满后不能从事原工作,也不能从事由用人单位另行安排的工作的;⑧ 劳动者不能胜任工作,经过培训或者调整工作岗位,仍不能胜任工作的。但是,对于⑦、⑧两项,用人单位需提前 30 日以书面形式通知劳动者本人或者额外支付劳动者 1 个月工资。

4. 以见习期代替试用期

试用期与见习期是两个不同的概念,见习期是对应届毕业生进行业务适应及考核的一种制度,不是劳动合同法下的概念,而是人事制度下的做法。目前,见习期制度仅仅适用于国家机关新录用的公务员(尽管在文字表述上称为"试用期")和事业单位的新聘人员,且不超过 1 年。因此,值得医学生注意的是,对于非公立医院等非事业单位,不得实行见习期制度。

5. 约定两个试用期

同一用人单位与同一劳动者只能约定一个试用期。试用期满后,用人单位不得以任何理由再延长试用期。有些用人单位以试用期过短,达不到考察目的为由,在试用期满后要求再增加一个试用期,这是违反法律规定的。

6. 试用期工资低于当地的最低工资标准

劳动者在试用期的工资不得低于本单位相同岗位最低档工资或者劳动合同约定工资的80%,并不得低于用人单位所在地的最低工资标准。

7. 试用期内单位不缴纳社会保险费

试用期是包含在劳动合同期限内的,劳动者在试用期内所享有的权利义务与试用满后享受的权利义务应该是一致的。因此,即使在试用期内,用人单位也必须依法为劳动者缴纳社会保险费。

8. 没有规定劳动合同的生效时间与有效期

建立劳动关系,应当订立书面劳动合同。劳动合同由用人单位与劳动者协商一致,并经用人单位与劳动者在劳动合同文本上签字或者盖章生效。已建立劳动关系,未同时订立书面劳动合同的,应当自用工之日起1个月内订立书面劳动合同。用人单位与劳动者在用工前订立劳动合同的,劳动关系自用工之日起建立。用人单位自用工之日起满1年不与劳动者订立书面劳动合同的,视为用人单位与劳动者已订立无固定期限劳动合同。

(三)劳动报酬

1. 加班报酬

安排劳动者延长工作时间的,用人单位应支付不低于工资的150%的加班报酬;休息日安排劳动者工作又不能安排补休的,支付不低于工资的200%的加班报酬;法定休假日安排劳动者工作的,支付不低于工资的300%的加班报酬。

2. 工资

医疗事业单位工资总额由下列部分组成:岗位工资、薪级工资、绩效工资、津贴等。

3. 最低工资保障

最低工资是指劳动者在法定工作时间内提供了正常劳动的前提下,其所在企业应支付的最低劳动报酬。最低工资标准应高于当地的社会救济金和失业保险标准,低于平均工资。最低工资的具体标准由省、自治区、直辖市人民政府规定,报国务院备案。

4. 社会保险和福利

劳动者依法享有社会保险和福利的权利,用人单位必须为劳动者办理的社会保险有5种:工伤保险、养老保险、医疗保险、失业保险、生育保险。有的地方还要求办理住房公积金以及其他险种。

五、劳动合同的解除

(一)双方协商解除

用人单位与劳动者协商一致,可以解除劳动合同。

(二)用人单位单方解除

1. 无条件解除

劳动者有下列情形之一的,用人单位可以无条件解除劳动合同:

（1）在试用期间被证明不符合录用条件的。

（2）严重违反用人单位的规章制度的。

（3）严重失职，营私舞弊，给用人单位造成重大损害的。

（4）劳动者同时与其他用人单位建立劳动关系，对完成本单位的工作任务造成严重影响，或者经用人单位提出，拒不改正的。

（5）以欺诈、胁迫的手段或者乘人之危，使用人单位在违背真实意思的情况下订立或者变更劳动合同，致使劳动合同无效的。

（6）被依法追究刑事责任的。

2. 有条件解除

有下列情形之一的，用人单位提前30日以书面形式通知劳动者本人或者额外支付劳动者1个月工资后，可以解除劳动合同：

（1）劳动者患病或者非因工负伤，在规定的医疗期满后不能从事原工作，也不能从事由用人单位另行安排的工作的。

（2）劳动者不能胜任工作，经过培训或者调整工作岗位，仍不能胜任工作的。

（3）劳动合同订立时所依据的客观情况发生重大变化，致使劳动合同无法履行，经用人单位与劳动者协商，未能就变更劳动合同内容达成协议的。

3. 裁员

有下列情形之一，需要裁减人员20人以上或者裁减不足20人但占企业职工总数10%以上的，用人单位提前30日向工会或者全体职工说明情况，听取工会或者全体职工的意见后，裁减人员方案经向劳动行政部门报告，可以裁减人员：

（1）依照企业破产法规定进行重整的。

（2）生产经营发生严重困难的。

（3）企业转产、重大技术革新或者经营方式调整，经变更劳动合同后，仍需裁减人员的。

（4）其他因劳动合同订立时所依据的客观经济情况发生重大变化，致使劳动合同无法履行的。

但裁减人员时，应当优先留用下列人员：① 与本单位订立较长期限的固定期限劳动合同的；② 与本单位订立无固定期限劳动合同的；③ 家庭无其他就业人员，有需要扶养的老人或者未成年人的。

用人单位依照本条第一款规定裁减人员，在6个月内重新招用人员的，应当通知被裁减的人员，并在同等条件下优先招用被裁减的人员。

4. 限制解除

劳动者有下列情形之一的，除非出现用人单位无条件解除的情形，否则不得解除劳动合同：

（1）从事接触职业病危害作业的劳动者未进行离岗前职业健康检查，或者疑似职业病患者在诊断或者医学观察期间的。

（2）在本单位患职业病或者因工负伤并被确认丧失或者部分丧失劳动能力的。

（3）患病或者非因工负伤，在规定的医疗期内的。

（4）女职工在孕期、产期、哺乳期的。

（5）在本单位连续工作满15年，且距法定退休年龄不足5年的。

（6）法律、行政法规规定的其他情形。

（三）劳动者单方解除

劳动者提前30日以书面形式通知用人单位,可以解除劳动合同。劳动者在试用期内提前3日通知用人单位,可以解除劳动合同。

用人单位有下列情形之一的,劳动者可以解除劳动合同,但需要事先告知:

（1）未按照劳动合同约定提供劳动保护或者劳动条件的。

（2）未及时足额支付劳动报酬的。

（3）未依法为劳动者缴纳社会保险费的。

（4）用人单位的规章制度违反法律、法规的规定,损害劳动者权益的。

（5）以欺诈、胁迫的手段或者乘人之危,使劳动者在违背真实意思的情况下订立或者变更劳动合同,致使劳动合同无效的。

（6）法律、行政法规规定劳动者可以解除劳动合同的其他情形。

用人单位以暴力、威胁或者非法限制人身自由的手段强迫劳动者劳动的,或者用人单位违章指挥、强令冒险作业危及劳动者人身安全的,劳动者可以立即解除劳动合同,不需事先告知用人单位。

第三节　谨防求职陷阱

近年来,由于就业竞争日趋激烈,容易导致大学毕业生就业心切,盲目相信虚假招聘广告。而非法职业中介机构和个别用人单位往往利用这一点,设置种种陷阱引诱毕业生上当。受害者们不但没有找到工作,还为此赔了许多冤枉钱。因此,希望毕业生擦亮自己的眼睛,不要轻信虚假招聘广告、非法中介或个别用人单位的"花言巧语"。

一、全面解读招聘广告

（一）招聘广告的法律性质

用人单位在招聘有关岗位人员时,正是通过招聘广告的形式,对所需人员提出要求。同样,劳动者通过招聘广告了解用人单位的性质、招聘的岗位和人数及相关的薪酬福利待遇等信息。招聘广告已经成为求职的首选渠道,那么招聘广告到底是什么性质,劳动者要注意些什么呢?

对于一般广告,法律认为它不具有合同效力,而只是希望别人来与自己签订合同的一个邀请,所以一般广告对发出人并不产生法律约束力。但根据劳动和社会保障部门的有关规定,用人单位的招聘行为是受到劳动保障行政部门监管的。招聘广告主要有两种方式:一是委托职业介绍所发布招聘信息;二是经劳动保障部门同意,自行发布。用人单位如委托职介机构发布招聘信息,需要出示单位介绍信、劳动保障年检手册、营业执照（副本）或其他法人登记文件、招聘简章和经办人身份证件。其中,招聘简章必须具备:单位的所有制性质;工种岗位要求;用工形式、劳动报酬、福利待遇和劳动保护;单位的固定和法定地址、电话、联系人等信息。

（二）招聘广告的证据作用

现在各种人才类报刊的招聘广告是求职者索取求职信息的重要来源,可许多求职者一且求职成功,这份招聘广告往往就被随手丢弃了。但是劳动争议中它是一个有用的证据,一旦发生劳动争议,无论劳动者还是用人单位都可以此为据,证明已经承诺的信息。因此,对所有通过招聘广告求职的毕业生来说,保留招聘广告都具有非常重要的证据作用。一是可以证明自己与用人单位的雇佣关系;二是可以证明用人单位的录用标准。

根据《中华人民共和国劳动法》的有关规定,用人单位在试用期内解除与劳动者的劳动关系,就必须证明其不符合录用标准,而招聘广告的内容也可作为"录用标准"。因此,劳动者应注意保留招聘广告,并充分了解其中的内容,尤其在试用期内,要严格照章行事。

有些用人单位在招聘的时候,有各种各样的承诺,如出国培训、住房补贴等。但在正式签订劳动合同的时候,往往就拒不认账了。因此,毕业生在就业后应保留招聘广告,以后与用人单位交涉的时候,招聘广告是个非常有力的证据。

(三)谨防招聘广告陷阱

在"满天飞"的招聘广告中,挑选一个称心如意的工作真不容易,更有甚者,一不留神还会堕进五花八门的广告陷阱中,下面简单介绍一些常见的招聘广告陷阱。

1. 过期或虚构的招聘信息

有一些职介机构,为求壮大声势,在职位推介中,刊登一些已经过期的所谓"招聘信息",有些职介机构甚至把报纸上、电线杆上抄来的招聘广告凑在一起,让求职者"交了中介费就可以多个职位随便挑",而求职者往往在交了钱之后才大呼上当。

2. "高薪"招聘

招聘广告上常常铺天盖地的"高薪诚聘",开出的薪金越高就越能吸引求职者的眼球。但是,等到求职者接触到实质待遇问题时,职介机构或用人单位又玩起了数字游戏。

3. 夸大头衔

一些公司为了提高入职要求,或吸引较高学历的应聘者,将职务头衔粉饰得光彩照人,有别于一般惯用的职务称号。明明招的是推销人员,却非要用"业务主管""部门经理"等来诱惑求职者;明明招的是打杂文员,却一律说成是"储备干部";明明做的是最底层的市场推广工作,可偏要说成是"做一回自己的老板"。

4. 掩饰危机

某些公司会在报刊、职业介绍所或者人才网站大量刊登广告,给人不断发展的错觉,目的是掩饰企业困境,避开债权人的催款压力。另外,一些单位做广告仅仅是为了提高单位知名度。

5. 性别要求

碍于有关禁止性别歧视的规定,招聘广告中不能列明"非男不用"或"非女不聘",但实质上某些行业特性就是如此,例如秘书、厨师等。毕业生应当预先冷静探析,切莫浪费时间和精力。

6. 长期招聘或急聘

某些不法用人单位在招聘广告上冠以"长期招聘""急聘""大量求聘"等字眼,目的是借助广告大量吸纳员工,在录用后的短期内再淘汰不合适的员工。求职者可能只领到试用期的工资就会"下岗",有的甚至借试工之名欺骗求职者为其提供无偿的劳动。"长期招聘"使这些不法用人单位一直都有可以剥削的廉价劳动力。

7. 语言歧义

某报曾经刊登被指责有性别歧视的招聘广告,经法庭裁决,由于文句中无任何标点符号,使人可得出两种不同的理解,而成功脱罪。由此可见,雇主可以利用一长句而避开有关法律的限制。求职者应当仔细推敲广告语言的含义,以免浪费宝贵时间和精力。

8. 非法传销

非法传销最初表现为组织者假借"特许加盟经营""自愿连锁经营""网络资本运作""市场营销""连锁销售""纯资本运作""民间互助理财""人际网络""原始股基金"等名义从事传销,再逐步演变为借用传销组织体系形式和计酬方式,不销售商品或以销售商品、提供服务为幌子。非法传销的特点是:组织者发展下线人员,并要求被发展人员继续发展其他人员,对发展的人员以直接或者间接滚动发展人员的数量为依据,计算和给付报酬。

二、正确认识与合理利用中介机构

(一)职业中介的法律地位

从合同法的角度来讲,中介与当事人的关系属于中间合同关系,中介是一种以委托人名义为其提供定约机会的中间人,是生产力发展过程中出现的一种合理配置人才资源的劳动组织形式,在现代市场体制下是求职者联系社会、走向职业岗位的桥梁和纽带。

由于职业中介的重要社会作用,在《中华人民共和国劳动法》《劳动保障监察条例》等法律法规的指导之下,各省、自治区、直辖市也相继出台了专门的《人才市场管理条例》,对职业中介做了比较详细的规定。

职业中介组织提供有偿服务,其收费项目和标准应按《中华人民共和国价格法》的有关规定向价格行政管理机关申请核定,不得擅自增加收费项目或提高收费标准。职业中介组织应当在其服务场所醒目位置悬挂许可证及其他登记证件,公布服务内容、收费项目、收费标准、监督机关名称及监督电话。

从上面的规定可以看出,法律对职业中介的管理是比较严格的,目的是防范虚假职介对求职者就业权利的侵害。上述法律法规实施以来,取得了较好的效果。

(二)常见的职业中介陷阱

1. 无照无证、打游击

最明显的非法职业介绍机构一般均为无"企业法人营业执照""职业介绍许可证",只是所谓的"租一间房、一张办公桌、一部电话",甚至假身份证、假公章,深藏小巷出租楼骗人的"双无"机构,这样的违法职业中介行为很容易被人们辨认。

2. 有照无证、走偏门

已有相当一部分的非法职业中介具有了独立的法人资格,它们大多在各大开发区或劳动密集型用人单位的周边地区租用一定的办公场所,同时注册的"工商营业执照"上也多注有"劳务信息咨询""人力资源信息咨询""劳务输出"等经营范围,如此借"信息咨询"之名,行职业介绍之实,因而更具欺骗性,一般求职者因难以识别而容易上当受骗。

3. 滥广告、假信息

非法职业中介大多以张贴马路广告、派发小卡片等形式招揽求职者,而有的非法职业中介竟然还在专业性招聘报纸或刊物上刊登广告,有的更是利用互联网发电子邮件,信息量大,影响面广,具有极大的欺骗性。

4. 多名目、乱收费

非法职业中介的收费也日趋提高,过去非法职业中介收费一般在几十元到二三百元不等,现在发现收费最高的竟达千元以上。非法职业中介往往要求求职者支付诸如信息费、报名费、登记费、资料费、推荐费、注册费等名目繁多的费用。

5. 职业中介与用人单位勾结

职业中介机构和用人单位勾结,欺骗、欺诈求职者。一些中介和招聘单位共同创造出子虚乌有的岗位,作为骗取钱财的工具。如果有应聘者前往,就不仅要在职业中介机构支付介绍费,到用人单位进行"面试"或被"录用"时还要缴纳报名费、手续费、培训费、考试费等。最终结果是要么"面试"都不过关,要么被压榨完了试用期的廉价劳动力之后再因"考核不合格"而被"辞退"。

在这种情况下,求职者应当学会保存证据,职业中介机构开出的收据和用人单位的合同等文件都应该妥善保存,至少要备份复印件。一旦权益受到侵害,要积极利用法律武器,向劳动部门、工商部门或者公安部门举报或者直接向法院起诉。

(三)识别职业中介陷阱

1. 注意职业中介的"四证"是否齐全

要识别职业中介机构的性质,首先就要看其是否合法,也就是"四证"是否齐全。在营业场所的明显位置一定同时挂有各行政主管部门颁发的"企业法人营业执照""职业介绍许可证"或"人才中介服务许可证""税务登记证""收费许可证"等证照原件。

2. 注意职业中介的场所是否正规

申请开办职业中介所一般要求具备与业务范围相适应的使用面积不少于50平方米的固定场所和相应的办公设施。合法的职业中介都有规范的名称,大门外无一例外地要写上职业介绍所或市区职业介绍中心等字样,并具有管理部门批准的、正式固定、面积数平方米以上的信息广告栏。办公场所的显著位置还应张贴有明确的职业介绍服务对象、方式、内容等业务范围。

3. 注意职业中介的服务是否专业

合法职业中介不兼营其他业务,还应在经营场所公布劳动部门的举报和投诉电话,其工作人员应该佩戴由劳动部门统一制作的工作牌,在向求职者提供合适的岗位时还应出示用人单位委托其代为招聘的委托书。

4. 注意职业中介的收费是否合理

求职者需掌握的一个重要的判断标准就是看这个机构是否违规收费。根据湖北省劳动保障部门的有关规定,正规职业中介机构在正式给求职者推荐工作之前只能收取为数不多的建档费,并在一年内为其提供求职机会。而且推荐成功所收取的费用一般不高于所提供工作月工资的10%,如果对方收取过高的中介费就应当引起警觉。

如果遇到无证照或证照不全的职业中介,应及时向相关的劳动保障部门、工商管理部门或公安部门举报,有关部门可以根据相应管理条例规定对其进行处罚,所收介绍费等费用应退还给本人。

(四)识别用人单位招聘陷阱

1. 地点偏僻,员工诡异

若面试地点地处偏僻,最好能有友人陪同并在外等候;而面试时若发现其他员工不像在工作,面试官态度轻佻时,女性求职者务必提高警觉,最好尽快结束面谈离开。

2. 还没工作,就先收钱

还没有正式上班,雇主便先要求预付工作保证金、材料费、培训费、拍照费或意外保险费等,要当心陷阱。如果需支付费用,一定要索要发票或收据,并应当留意发票上财务专用章的单位名称与公司实际名称是否一致。

3. 长期在招聘人员

一些公司的招聘广告长期刊登,且每次都以征求储备干部、兼职助理含糊带过,去电询问又对具体工作岗位待遇和长期福利等实质问题阐述不明的,要当心陷阱。

4. 索取扣压身份证件

一些非法公司常借口办理各类手续,索取身份证和印章,以应聘者的名义从事各种违法犯罪活动,使求职者糊里糊涂沦为违法犯罪、偷税漏税甚至借贷的"替罪羊"。

5. 高薪急聘,轻易被录取

有的公司声称待遇优厚、工作轻松、免经验,去面试时发现根本没有问什么,甚至连毕业证都没有仔细鉴别,就被轻易录取时,要当心陷阱。

(五)识别合同陷阱

大学生就业已是完全的"自主择业、双向选择"的今天,合同已成为规范就业市场的重要法律依据,是合同当事人双方维护自己权利的法律武器。但是,如果求职者与对方签订的是一份不利于自己的不平等合同,那么反过来,合同也许就成了对自己具有极大杀伤力的陷阱,下面介绍几种常见的合同陷阱。

1. 格式合同

一些用人单位在劳动部门制定的合同示范文本基础上事先拟好劳动合同,表面看起来,这种合同似乎无可挑剔,可是具体条款却表述含糊,甚至可以有几种解释。一旦发生纠纷,招聘方总会振振有词地拿出这种所谓的规范合同来为自己辩护,并称自己依照合同享有最终解释权等,最后吃亏的往往是应聘者。

2. 单方合同

一些企业利用应聘者求职心切的心理,只约定应聘方有哪些义务,如遵守单位的各项规章制度,若有违反要承担怎样的责任,毁约要交纳违约金等,而合同上关于用人单位的义务几乎一字不提。这是最典型的不平等合同,如果接受这样的合同,无疑是任人宰割。

3. 口头合同

依照《中华人民共和国劳动法》的规定,劳动合同必须采用书面的方式。许多用人单位与求职者就权、责、利达成口头约定,并不签订书面正式文本。一些涉世未深的大学毕业生极易相信那些诱人的许诺,以为对方许诺的东西就是真能得到的东西,毫不怀疑对方的诚意。可是,这种口头合同是最靠不住的,如果碰上对方不讲诚信,那些许诺就会像肥皂泡一样破灭,并且难以被追究其法律责任。

4. "生死合同"

一些危险性行业的用人单位为逃避承担的责任,常常在签订合同时,要求应聘方接受合同中的"生死条款",即一旦发生意外事故,企业不承担任何责任。有的求职者为了得到工作,违心地签了合同,却不知这样做的结果也许是用人单位更无视劳动者的安全,如果真的发生了意外,也许连讨个说法的机会也没有。

5. "两张皮"合同

有些用人单位慑于劳动主管部门的监督,往往与应聘方签订两份合同。一份合同用来应付劳动部门的检查,另一份合同才是双方真正履行的合同。用来应付检查的合同常常是用人单位一手炮制的,连签名也是假冒的,应聘者不但见不到这份合同,甚至不知道有这份合同的存在。而双方真正履行的那份合同,是不能暴露在阳光下的,因为那份真合同一定是只利于用人单位的不平等合同。

第四节 依法维护就业权益

一、医学生的就业权益

普通高校毕业生就业制度改革逐步走向市场化、法治化,但毕业生就业过程中还存在信息独占、不公平录用等侵犯毕业生权利的情况。医学生在其整个择业求职过程中应增强法律意识,自觉遵守市场规则,并运用法律武器保护自己的合法权益。根据目前就业法律法规和政策的有关规定,在就业求职过程中主要享有以下几个方面的权益:

(一)平等就业权

毕业生在就业求职过程中,享有平等就业权。就业时遵循平等、公平、公正的原则,只要符合国家的就业方针、政策,就可以平等地选择用人单位。平等就业权包含三层含义:一是任何公民都平等地享有就业的权利和资格,不因民族、种族、性别、年龄、文化、宗教信仰、经济能力等而受到限制;二是在应聘某一职位时,任何公民都需平等地参与竞争,任何人不得享有特权,也不得对任何人予以歧视;三是平等不等于同等,平等是指对于符合要求、符合特殊职位条件的人,应给予他们平等的机会,而不是不论条件如何都同等对待。

(二)获取信息权

就业信息是毕业生择业成功的前提和关键,只有在充分占有信息的基础上,才能结合自身情况选择适合自身发展的用人单位。毕业生获取信息权,应包括两方面含义。

1. 信息公开

信息公开即所有用人信息向全体毕业生公开。各地根据当地实际情况,信息公开的范围、程度有所不同。

2. 信息准确

信息准确即毕业生有权获得准确的就业信息,以便对用人单位进行全面的了解,从而做出符合自身要求的选择,而不是盲目地迷从。

(三)被推荐权

高等学校在就业工作中的一个重要职责就是向用人单位推荐毕业生,这也是毕业生享有的基本权益。主要包含卜几方面内容:

1. 公平、公正、平等地被推荐

学校对毕业生进行推荐应做到公平、公正,应给每一位毕业生以平等的就业推荐的机会,不能厚此薄彼。

2. 实事求是、择优推荐

学校在公正、公开、平等的基础上,还可以择优推荐,用人单位录用毕业生也应坚持择优标准,真正体现学以致用、人尽其才。这样才能调动广大毕业生和在校生学习的积极性。

（四）选择权

大学毕业生在国家就业方针、政策指导下自主择业。毕业生只要符合国家的就业方针、政策,可以自主地选择用人单位、学校,其他单位或个人均不得干涉。可结合自身情况自主与用人单位协商,要求学校予以推荐,直至签订就业协议以及被学校派往用人单位报到。

（五）接受就业指导权

《中华人民共和国高等教育法》中规定,"高等学校应当为毕业生、结业生提供就业指导和服务"。由此可以看出在学校接受就业指导和服务是毕业生的一项重要权益。各高校应成立专门的学生就业指导服务机构,配备专门人员对毕业生进行就业指导与服务工作。

（六）公平待遇权

用人单位录用毕业生的过程中,应公平、公正、一视同仁。目前,在就业实践中,毕业生的公平录用权受到很大的冲击,也最令人担忧。由于各项配套措施滞后,完全公平的就业市场尚未真正形成,用人单位录用毕业生还不同程度存在不公平、不公正的现象,如女生就业难仍然是困扰女毕业生就业的一大问题。公平待遇权是毕业生最为迫切需要得到维护的权益。

（七）违约求偿权

毕业生、学校、用人单位三方签订就业协议后,或者毕业生与用人单位双方签订劳动合同后,合同当事人都应严格履行协议。任何一方提出变更或解除协议,均须得到其他当事人的同意,并应承担违约责任。对于用人单位无故要求解除就业协议的,毕业生有权要求对方严格履行就业协议或者要求对方承担违约责任,按照合同约定取得求偿权。

二、就业权益的法律保护

毕业生在就业过程中,应学会运用法律手段维护自身的合法权益。针对侵犯自身就业权益的行为,毕业生有权向用人单位上级主管部门和学校进行申诉并听取他们的处理意见,同时也可提交给当地的劳动争议仲裁机构进行调解和仲裁,也可以向人民法院提起诉讼。

（一）保护就业权益的法律法规

与大学毕业生就业相关的法律、法规主要有《中华人民共和国高等教育法》《中华人民共和国合同法》《中华人民共和国劳动法》《劳动保障监察条例》《中华人民共和国公务员法》等。近年来我国政府和有关部门制定了一系列的就业政策和法规,主要分为以下几类:一是教育部及有关部委关于毕业生就业的规范,如《普通高等学校毕业生就业工作暂行规定》《国家促进普通高校毕业生就业政策公告》;二是各地方就业主管部门根据本地方实际情况出台的有关毕业生就业的规范性文件,用于规范指导本地方的毕业生就业;三是高等学校结合学校实际,根据国家的就业方针、政策和规定以及主管部门工作意见制定的本校工作实施办法、实施细则。

（二）就业权益的自我保护

毕业生的就业权益遭受侵害后,可以请求学校保护或者劳动保障监察机构保护。此外,毕业生权益保护的一个重要方面就是毕业生自我保护,主要体现在以下方面:

1. 熟悉和了解有关法律常识及规定,自觉提高个人法律意识

毕业生应了解目前国家关于毕业生就业的有关方针、政策和规范以及它们之间的关系,熟悉毕业生在就业过程中的权利和义务,这是毕业生权益自我保护的前提。如果在就业过程中因为所谓的公司规定或部门规定与国家政策法规有抵触,侵犯了自己的权益,则可以依据法律维护自己的合法权益。

2. 诚实守信,谨防侵害自身合法权益的求职陷阱

毕业生在就业求职过程中,无论是自荐、应聘、面试、笔试还是洽谈就业意向,都应本着诚实守信、平等优先的原则,以自身实力参与竞争。同时,要有风险意识,对于有些用人单位招聘人员夸大优厚条件,以欺骗手段吸引人才的陷阱要有提防戒备心理,预防侵害就业权益行为的发生。

3. 签好就业协议、劳动合同,重视合同的作用

就业协议是明确毕业生、用人单位、学校在毕业生就业工作权利义务的书面文本,由教育部制定统一格式。毕业生必须认真签订就业协议。而用人单位在与毕业生、学校签订"三方协议"后,还要与毕业生再签订一份比较详尽的正式确立劳动关系的劳动合同。在缔约当中,一定要高度重视合同条款的约定,讲究诚信,不要违约。

4. 用法律手段维护自身合法权益

(1)毕业生有权向就业主管部门、劳动保障主管部门或者学校进行申诉并听取他们的处理意见。

(2)毕业生可直接向用人单位的主管部门投诉。若被投诉对象有营业执照,可向劳动保障部门投诉;若是无证照经营,可向工商部门投诉;若情节特别严重,诈骗金额大,可向公安部门报案。

(3)毕业生同时也可将劳动纠纷提交给当地的劳动争议仲裁机构进行调解和仲裁,若对仲裁不服,还可向人民法院提起诉讼。

三、劳动纠纷的解决

毕业生进入工作岗位发生劳动争议后,当事人应该按法定程序解决。自 2008 年 5 月 1 日起施行的《中华人民共和国劳动争议调解仲裁法》第二条规定,中华人民共和国境内的用人单位与劳动者发生的以下劳动争议,适用本法:

(1)因确认劳动关系发生的争议。

(2)因订立、履行、变更、解除和终止劳动合同发生的争议。

(3)因除名、辞退和辞职、离职发生的争议。

(4)因工作时间、休息休假、社会保险、福利、培训以及劳动保护发生的争议。

(5)因劳动报酬、工伤医疗费、经济补偿或者赔偿金等发生的争议。

(6)法律、法规规定的其他劳动争议。

解决劳动争议,应当根据事实,遵循合法、公正、及时、着重调解的原则,依法保护当事人的合法权益。发生劳动争议,劳动者可以与用人单位协商,也可以请工会或者第三方共同与用人单位协商,达成和解协议。当事人不愿协商、协商不成或者达成和解协议后不履行的,可以向调解组织申请调解;不愿调解、调解不成或者达成调解协议后不履行的,可以向劳动争议仲裁委员会申请仲裁;对仲裁裁决不服的,除本法另有规定外,可以向人民法院提起诉讼。应当注意的是,发生劳动争议,当事人对自己提出的主张,有责任提供证据。与争议事项有关的证据属于用人单位掌握管理的,用人单位应当提供;用人单位不提供的,应当承担

不利后果。

（一）调解

调解是指在查明事实、分清是非、明确责任的基础上，依照国家劳动法的规定以及劳动合同约定的权利和义务，推动用人单位和劳动者之间相互谅解，解决争议的方式。企业调解委员会是解决劳动争议的第一道防线。2011年人力资源和社会保障部《企业劳动争议协商调解规定》对劳动争议的调解组织、调解原则、调解程序做出了具体的规定。

劳动争议调解委员会可以设在用人单位内部，也可以由各地方的工会负责组织。劳动争议调解委员会应当由职工代表、用人单位代表和工会代表组成。劳动争议调解委员会主任由工会代表担任。

劳动争议的调解应当遵循当事人双方自愿的原则。调解委员会只能起调解作用，本身并无决定权，不能强迫双方接受自己的意见，也无权做出对双方具有法律约束力的裁决。

（二）仲裁

仲裁是根据法律规定或者当事人之间的协议，由一定的机构以第三者身份，对双方发生的争议在事实上做出判断，在权利义务上做出裁决。我国劳动仲裁指劳动争议仲裁委员会以第三者身份为解决劳动争议而做出裁决的劳动执法活动，因此兼有行政和司法的双重性质。

劳动争议仲裁委员会不主动介入劳动争议，发生劳动争议的当事人应在劳动争议发生之日起60日内提出仲裁申请，仲裁委员会在受理案件后，经过开庭审理，在确定事实后，应先进行调解，如调解不成或双方不愿进行调解，可以做出仲裁裁决，该裁决具有强制执行力。如当事人双方未在裁决书送达之日起15日内向法院起诉，则裁决生效，当事人必须履行，如一方不履行仲裁裁决，另一方可以请求强制执行。

当事人申请仲裁应向有管辖权的仲裁委员会，即向劳动争议发生的县、市、市辖区仲裁委员会提出申请。发生争议的用人单位与劳动者不在同一个仲裁委员会辖区的，由劳动者工资关系所在地仲裁委员会受理。

当事人对仲裁裁决不服的，自收到裁决书之日起15日内，可以向人民法院起诉。当事人起诉后，原裁决即无约束力，人民法院有权对该劳动争议独立审判，并做出判决。

（三）诉讼

诉讼是处理劳动争议的最后一道程序。关于违反劳动法的诉讼与一般的民事诉讼有很大的不同。劳动争议产生后，劳动者不能直接向法院提出诉讼，必须先经过劳动争议仲裁程序。依据《中华人民共和国民事诉讼法》的规定，人民法院适用的普通程序审理的民事案件，应在立案6个月内审结。有特殊情况需要延长的由本院院长批准，可延长6个月，还需要延长的须报请上级人民法院批准。当事人不服地方人民法院第一审判决的，有权在判决书送达之日起15日内向上一级人民法院提起上诉。二审法院做出的裁判为终审裁判，不能上诉。

思考与练习

1. 有哪些常见的合同陷阱，如何防范？

2. 医学生应从哪些方面实现就业权益的自我保护？

3. 劳动争议的解决有哪些程序，各自有什么特点？

附：

大学毕业生就业程序

一、相关表格的填写

（一）填写《毕业生就业推荐表》

《毕业生就业推荐表》（以下简称《推荐表》）是学校对毕业生在校期间情况的反映，供毕业生向用人单位推荐就业时使用。因此要求毕业生、各系部严肃认真对待，保证填写质量。在系部加盖公章后，以班或系为单位到学校就业指导中心加盖"同意推荐"的公章。《推荐表》为每一位毕业生一份，学生推荐就业时一般使用《推荐表》的复印件。

（二）填写《高等学校毕业生登记表》

《高等学校毕业生登记表》（以下简称《登记表》）是毕业生在校期间情况汇总，也是毕业生档案中一份重要的材料，因此要求毕业生严肃认真地对待，保证填写的质量，各系部要做好填写的指导与督促工作，严格把关。

（三）签订大学毕业生就业协议书

（1）毕业生和用人单位达成协议并在就业协议书上签名盖章，用人单位应在协议书上注明可以接收毕业生档案的单位名称和地址。

（2）若用人单位须经主管部门同意，则应报上级主管部门批准。

（3）用人单位或毕业生将协议书于当年6月初送到学校毕业生就业工作部门，由就业工作部门向省就业指导中心上报高校毕业生毕业去向登记情况。

（4）如有其他约定事项可在协议书"备注"内容中加以补充确定。

二、毕业生报到与改派

（一）毕业生报到

学生毕业时到学校就业指导办公室、保卫处和有关组织部门领取户口迁移证明、组织关系介绍信等。户口迁移证明都写有明确的有效期限，必须在有效期内到指定的单位报到。逾期，户口迁移证明将失效。

1. 回生源地报到的毕业生

毕业生在规定的时间内（7月1日—9月30日）到生源所在地人事局报到，并于当年内到人事局确认是否已收到档案，如未收到，要与学校就业指导办公室联系。户口在学校者，必须到保卫处领取户口迁移证，回生源地入户。

2. 已经申请"暂缓就业"的毕业生

妥善保管《暂缓就业协议书》，凭协议书办理相关手续，如有遗失，无法补办。

暂缓就业期间，严格按照《暂缓就业协议书》相关规定处理。

申请了暂缓就业的学生，在暂缓就业两年期限内，根据协议书规定办理相关手续。需要取消暂缓就业的，凭《暂缓就业协议书》自行到本省毕业生就业指导中心办理相关手续。户口仍保留在学校的，凭报到证复印件到学校保卫处办理户口迁移证。毕业生户口迁移证到接收单位或生源地人事局办理入户手续。

3. 已落实接收单位的毕业生

已落实接收单位（能接收档案、户口，并已签订有效《普通高等学校毕业生就业协议书》）的毕业生当年6月初把已签订的《普通高等学校毕业生就业协议书》交到学校就业指导办公室,由就业指导办公室上报派遣计划。户口在学校的,到户籍管理部门领取户口迁移证到单位入户。

4. 专升本或考研究生被录取的学生

6月份向就业指导办公室交"录取通知"复印件,办理档案转寄或调档手续。

5. 档案查询

回生源地报到的毕业生,请在当年内查询生源地人事部门是否收到档案,如未收到,及时到学校就业指导办公室查询。申请了"暂缓就业"的毕业生到省级就业指导中心查询。

(二)报到证改派手续

毕业生因特殊原因要离开原报到单位到新单位工作时,需要办理改派手续,将签有原就业单位的报到证、户口迁移证明改往新的工作单位。

1. 改派须准备的材料

退函:原接收单位及其上级主管部门同意改派并出具的书面材料。

接收函:新接收单位出具的经其上级主管部门批准同意接收的书面材料。

毕业生本人申请改派的书面材料和户口迁移证明。

2. 改派程序

本省内省直或省直以上单位之间调整的,持退函、接收函或协议书到省级大中专毕业生就业指导中心审批并办理改派手续。

本省内由地市级单位改派到省直或中央驻省单位的,持地市级毕业生主管部门盖章的退函和接收单位的协议书,到省级就业指导中心办理改派手续。

本省内两个地市之间调整的,持原单位所在地毕业生主管部门盖章的退函和接收函到省级就业指导中心办理改派手续。

跨省区调整的,退函和接收函必须经过单位所在地省级毕业生就业主管部门盖章同意,否则无效。

三、人事代理手续的办理

1. 单位办理委托人事代理,须向当地人才流动机构提交下列证件。

(1)委托人事代理申请书。

(2)企业营业执照(副本)复印件、企业章程复印件。

(3)事业单位成立的批件复印件。

(4)委托代理人员的履历表、身份证复印件。

(5)代理项目相关的材料。

2. 个人办理委托人事代理,根据各自情况的不同,须向当地人才流动机构分别提交下列有关证件。

(1)应聘到外地工作的,须提交委托人事代理申请、聘用合同复印件、身份证复印件、聘用单位证明信(证明其单位性质、主管部门、业务范围)等。

(2)辞职、解聘人员尚未落实单位的,须提交委托人代理申请及辞职、解聘证明及身份证复印件等证件。

(3)自费出国留学人员,须提交委托人事代理申请,原单位同意由人才流动机构保存人事关系的函、出国的有关材料等。

3. 凡需要毕业生的代理单位均需按照其委托代理的县以上人才交流机构的要求填报

毕业生需求信息,由人才交流机构统一向毕业生就业主管部门申报,经核准的需求信息即作为该单位的需求计划。

4. 代理单位经"双向选择"将已接收的毕业生情况报当地人才交流机构,经批准后,代理单位可与毕业生、学校签订统一规定的就业协议书,并纳入省毕业生调配计划。

5. 毕业生凭调配部门签发的相关材料办理户口关系迁移手续。

6. 对尚未落实单位的毕业生和要求自谋职业的毕业生,可以向生源所在地县以上人才交流机构申请办理人事代理。

下篇 医学生创新创业教育

第八章 医学生创新能力的培养

学习目标

1. 掌握创新能力的培养方法。

2. 掌握开发自己潜能的方法。

3. 培养创新精神。

创新创业教育是以培养具有创业基本素质和开创型个性的人才为目标的教育,它不仅仅培育在校学生的创新精神、创新创业能力,还要面向全社会,分阶段分层次地进行创新思维培养和创业能力锻炼的教育。创新创业教育本质上是一种实用教育。

1991年,东京创新创业教育国际会议从广义上把创新创业教育界定为:培养最具有开创性个性的人,包括首创精神、冒险精神、创业能力、独立工作能力以及技术、社交和管理技能的培养。

教育部在《关于大力推进高等学校创新创业教育和大学生自主创业工作的意见》中指出:"在高等学校开展创新创业教育,积极鼓励高校学生自主创业,是教育系统深入学习实践科学发展观,服务于创新型国家建设的重大战略举措;是深化高等教育教学改革,培养学生创新精神和实践能力的重要途径;是落实以创业带动就业,促进高校毕业生充分就业的重要措施。"

我国政府高度重视高校创新创业教育活动的开展,坚持强基础、搭平台、重引导的原则,打造良好的创新创业教育环境,优化创新创业的制度和服务环境,营造鼓励创新创业的校园文化环境,着力构建全覆盖、分层次、有体系的高校创新创业教育体系。

第一节 创新精神的培养

一、创新的基本含义

什么叫创新?在英语中,创新为 innovation,这个词起源于拉丁语,包含三层含义:一是更新,二是创造新的东西,三是改变。创新作为一种理论被提出,是20世纪的事情。美国经济、管理学家,哈佛大学教授熊彼特,在1912年第一次把创新引入经济领域。

思维有多种形式,创新思维是其中之一。综合来讲,创新思维是指以新颖独创的方法解决问题的思维过程。这种思维能突破常规思维的限制,用超常规甚至反常规的方法、视角去思考问题,提出与众不同的解决方案,从而产生新颖的、独到的、有社会意义的思维成果。

我们平常说的创新思维就是不受现成的、常规的思路约束,寻求对问题的全新而独特的解答思维过程。由此可见,创新思维的本质在于将创新意识的感性愿望提升到理性的探索上,实现创新活动由感性认识到理性思考的飞跃。

在现实生活中,我们对创新可以有多方面的理解。说别人没说过的话,做别人没做过的事,想别人没想过的东西都可以叫创新。它改善了我们的工作质量,改善了我们的生活质量,或是提高了我们的工作效率,或是巩固了我们的竞争地位。创新不一定非得是全新的东西,旧的东西以新的形式包装一下,也叫创新。

二、培养创新精神的重要意义

人类社会发展的历史,就是一部创新的历史,就是一部创新思维实践,创新能力发挥的历史。创新是一个民族进步的灵魂,是国家兴旺发达的不竭动力,迎接未来的科学技术挑战,最重要的是坚持创新,勇于创新。

目前,培养创新创业型人才已经成为各国抢占世界科技制高点的战略举措。党的十七大制定了"建设创新创业型国家"的发展战略;党的十八大提出了"实施创新驱动发展战略",强调"要加大创新人才培养支持力度";党的十九大强调,鼓励更多社会主体投身创新创业,建设知识型、技能型、创新型劳动者大军。党和国家领导人更是对大学生的创新创业给予了极大的关注和支持,国务院总理李克强指出,大学生是实施创新驱动发展战略和推进大众创业、万众创新的生力军,既要认真扎实学习,掌握更多知识,也要投身创新创业,提高实践能力。

1936年10月15日,爱因斯坦在美国纪念高等教育300周年的纪念大会上说,没有个人独创性和个人志愿的统一规格的人所组成的社会,将是一个没有发展可能的、不幸的社会。管理大师德鲁克说,对企业来讲,要么创新,要么死亡。可见,创新精神和能力的培养是何等重要。

三、培养创新精神的方法

我们每一个人都有创新思维的能力,只是在我们的思维活动中,传统性的、常规性的思维占主导地位,所以创新思维发挥不出来。比如,在工作和生活中形成的惯性,让一些人习惯按照既定的流程去例行公事,"原来都是这样做的""大家都是这样做的""书上都是这样写的",不注重从实际的效果出发,更习惯于墨守成规。有些人对于新事物、新方法不屑一顾,"你有你的千条计,我有我的老主意",甚至到了形势所迫的时候,仍然奉行不变应万变,以迟变应快变,以假变应真变。因此,培养创新精神是创新教育的前提。

(一)培养改变现状的意识

要做一个创新的人,决不能安于现状,要有强烈的问题意识,不断寻找并改正现实生活中的缺陷与不足,不断摒弃改进陈旧落后思想认识和工作方法,敢于走出一条新路。胡适有句名言:"大胆地假设,小心地求证",可以作为培养创新精神的前提条件。

【案例】

让我们来看看微信是如何诞生的。微信的创始团队负责人张小龙在 2010 年 11 月 19 日自己的腾讯微博上写道：我对 iPhone 5 的唯一期待是，像 iPad(3G)一样，不支持电话功能。这样，我少了电话费，但你可以用 kid 跟我短信，用 Google Voice 跟我通话，用 Facetime 跟我视频。当时，kid 是一款刚上线 1 个月、基于手机通讯录的社交软件。2010 年 10 月 19 日，kid 登录苹果商店和安卓商店，在短短 15 日之内，吸引了 100 万名使用者。从功能上看，kid 是一款简单到极致的跨平台即时通信软件，但它不能发送照片，不能发送附件。因此，张小龙向腾讯总裁马化腾请缨，开发一款类似 kid 但功能要更强大的产品，马化腾当即回复可以。张小龙带领一支不到 10 人的小团队，其中还有 2 个刚刚入职的大学生，用不到 70 天的时间完成了第一代研发。后期的调试异常艰难，通过夜以继日的攻关，终于在春节的前一天找到了使用中的问题。2011 年 1 月 21 日产品推出，定名为"微信"。

——摘编自《青年博览》

这是一个较为典型的创新案例。它成功的关键在于善于发现现实生活中的缺陷与不足，积极作为进行改进，为用户提供更为实用便捷的新产品，从而获得了用户的认可，而这一切都是从不满足于现状开始的。

（二）培养问题意识和怀疑精神

创新思维强调别致新颖，推陈出新，破除"常规思维"，避免受先前"定势"的影响。医学生在学习过程中要培养自己的创新思维，就要多思考，多质疑。

学起于思，思源于疑，疑则诱发探索。科学发明与创造正是从质疑开始，从解疑入手的。爱因斯坦曾讲过一段精辟的话："提出一个问题往往比解决一个问题更重要，因为解决一个问题也许仅仅是一个科学上的实验技能而已，而提出一个新问题、新的可能性以及从新的角度看旧的问题，都需要创造性的想象力，而且标志着科学的真正进步。"质疑就是要善于寻找事物产生的原因，探求事物发展的规律。医学生在学习过程中，要对教学内容进行独立思考，在临床工作中，要善于提出问题，遇事都要问个为什么，不放过任何疑点，养成爱琢磨、爱钻研、勤学好问的习惯。巴尔扎克说："问号是开辟一切科学的钥匙。"要敢于怀疑权威，在诊断、治疗疾病的探索中有所发现和创新。

拓展阅读

林巧稚是我国最有权威的妇产科专家，从小就有认准了理不服输的脾气。

一次，一位怀孕 3 个月的孕妇，子宫出血，身体感觉也非常不好，经检查，发现子宫颈部有一个肿块，切片检查后证明为恶性病变，是癌症。治疗方案是切除子宫。

主治医师把手术报告送交林巧稚后，林巧稚仔细地找患者了解情况，当得知这个患者结婚 6 年好不容易才怀上一个孩子时，心里非常同情，她马上召集专家会诊，但结论还是宫颈癌。

怎么办？动手术最省事，但患者一辈子就没有孩子了。林巧稚思前想后，觉得切片组织还有可疑之处，与一般的癌症有微小区别。从患者的利益出发，她冒险制订了一个治疗方案，暂不动手术，密切注意瘤子的变化。时间一天天过去，在林巧稚密切注意定期检查的情况下,那位患者终于生下一个可爱的孩子。孩子生下后,肿块也消失了,原来这是一种特殊的妊娠反应。医学界在几年后才认识到。

就这样,林巧稚用她精湛的医术创造了一个个的医疗奇迹。

——《科学家的故事》

(三)培养好奇心和兴趣

好奇心和解放的思维是创新的源泉。对那些特别是司空见惯、熟视无睹的事物,你要问一个为什么,就是好奇心。比如活塞拔掉,水带着漩涡下去,你充满了好奇心,就会主动去探究为什么会这样。乔布斯说:"我跟着我的直觉和好奇心走,遇到的很多东西此后被证明是无价之宝。"对好奇心探究的过程就是兴趣。不要忽略你的兴趣,哪怕你现在觉得它微不足道,或许有一天它会使你的人生更有价值。

心理学上认为,人一旦对什么事物产生兴趣,就会在大脑中形成优势兴奋中心,可以使人的注意力高度集中,并且维持较长的时间。因此,人们对于自己感兴趣的事物,往往呈现出精神愉快、情绪饱满、思维活跃等典型特征。兴趣能够使你探索更多的知识,激发你的潜能,从而让你不断改进创新。

(四)培养积极向上、不怕挫折的心态

创新要有积极向上的良好心态。比如,当看到半杯水时,心态消极的人会说,糟了糟了,只有半杯水了怎么办呢?而心态积极的人会说,太好了,还有半杯水。创新还要经得起挫折,经得起失败。爱迪生发明电灯的时候,失败了 1 000 多次,最后终于成功了。记者问爱迪生,你都失败了 1 000 多次还在努力。他说,我不是失败了 1 000 多次,是成功了 1 000 多次,每一次你们认为是失败,我认为是成功,因为我知道了哪一种材料不适合做灯丝。要创新,我们就要坚持不懈地努力,勇敢面对困难,不要怕挫折,相信成功最终是属于自己的。乔布斯曾经被苹果公司开除,但乔布斯却说:"那是我生命中最有创造力的一个阶段。有时候生活会拿起一块砖头,向你脑袋上猛拍一下。不要失去信仰,我很清楚,唯一使我一直走下去的就是我做的事情令我无比钟爱。"

大千世界,芸芸众生,许多人默默无闻地度过一生,不曾留下些许业绩。究其原因,并非由于缺少聪明才智,而是由于缺乏创新精神和勇气。其实,只要我们以饱满的创造热情去积极探索、思考和想象,我们的创新思维就会时时充满活力,我们的创新就会硕果累累。

拓展阅读

创造力与人格的关系是非常密切的。高创造力的人具有一些有利于其创造力发展和创造性地完成任务的人格特点,这些特点就构成了"创造性人格"。

美国心理学家推孟(Terman)通过长期追踪研究发现,高创造力者具有如下性格特点:① 完成任务的坚毅精神;② 自信而有进取心;③ 谨慎;④ 好胜心强。

美国心理学家索里(Sawrer)认为,高创造力者具有如下性格特点:① 观念的灵活性,即思想开放;② 个人的独立性,即不受习俗的限制和约束;③ 性别角色的相反化,即高创造力的男性具有女性化的气质,高创造力的女性具有男性化的气质;④ 对暧昧

第二节 创新能力的培养

源源不断地培养、造就大批高素质的具有蓬勃创新精神的科技人才,直接关系到我国科技事业的前途,直接关系到国家和民族的未来。现代医学技术飞速发展,医学临床、医学科研、医学管理、医学教育等方面理念的更新,模式的改变都体现出了创新能力的重要性。

人们开展各种医学活动,既要遵循一定的规律,又不能囿于固定的模式。随着医学科学的发展、环境的变化和公众的需要,应该不断地对其内容和形式进行创新、补充和完善。只有那些思维敏锐、能在自然和社会发展中遇到的新问题面前,创新性地解决问题的人才真正符合新时代发展的需要。

一、创新思维的特点

原哈佛大学校长陆登庭曾说:"一个成功者和一个失败者之间的差别,并不在于知识和经验,而在于思维方式。"创新性人才必须具有创新性思维品质,这种品质也是医学生应当具备的。创新性的思维,不仅能揭示事物的本质,还能在此基础上提出更新的、更具有建设性的设想和意见。创新思维与一般性思维相比,主要具有以下特征:

1. 思维的辐射性

思维的辐射性是指思维所发出的数量。爱迪生在发明灯泡的过程中,对各种可能的物质进行试验,寻找了 1 600 多种矿物和金属,近 6 000 多种植物。他在实验中所运用的思维便具有一定的辐射性。

辐射性思维的产生与运用,以丰富的知识储备为前提和基础,并注重各种知识和现象之间的联系。100 多年前,奥地利医师奥恩布鲁格想解决怎样检查出人的胸腔积液这个问题。他想来想去,突然想到了自己的父亲。他是酒商,在经营酒业时,只要用手敲一敲酒桶,凭叩击声就能知道酒桶内有多少酒。奥恩布鲁格想:人的胸腔和酒桶相似,如果用手敲一敲胸腔,凭声音不也能诊断出胸腔中积液的病情吗?"叩诊"的方法就这样被发明出来了。

2. 思维的广阔性

思维的广阔性是指思维的全面性,又称立体思维。英国医学家、生理学家哈维注意到地球自转以及液态水在阳光下变成水蒸气升到空中,然后又变成水降落到地面的周而复始的自然现象,从而破解了人体血液循环这个医学难题。这一发现便是思维广阔性的体现。在实际工作中,有的人往往不自觉地"头痛医头,脚痛医脚",孤立地、静止地、片面地思考问题,思维过于狭隘,给解决实际问题带来障碍。

3. 思维的独创性

思维的独创性是指独立思考、解决问题的程度。具有创新思维的人不迷信、不盲从、不满足现成的方法和答案，总希望拥有自己的观点。

有位工人不小心弄错了配方，生产出了一批不能书写的废纸。这位工人抛弃传统思维方式，发现这批纸虽然无法书写，但吸水性能极佳，于是把纸切成小块，取名"吸水纸巾"，拿到市场去卖，竟然十分畅销。后来，他申请了专利，独家生产吸水纸巾，取得了很好的经济效益。这就是思维具有独创性的体现。

4. 思维的敏捷性

思维的敏捷性表现为能够迅速地对外界刺激做出反应。思维敏捷是不少杰出人才具有的素质。史书上记载，夏完淳 12 岁时已"博及群书，为文千言立就，如风发泉涌"。如今，各行各业的能手汲取和处理信息的速度也是非常快速的。人们生活的空间范围越来越广阔，工作、生活的节奏越来越快，如果对事事反应迟钝，在高度信息化的今天，则会显得手足无措。

5. 思维的灵活性

思维的灵活性是指善于随机应变，依据事物发展变化的具体情况及时提出各种不同的假设和方法。它还体现为及时纠正自己的思维，调整自己的认识。法国细菌学家巴斯德发现酒变酸、肉汤变质都是细菌作怪，经过处理，消灭或隔离细菌，就可以防止酒和肉汤变质。李斯特把巴斯德的理论用于医学界，发明了外科手术消毒法，拯救了千百万人的性命，就是思维灵活性的体现。

二、创新思维训练

1. 发散思维训练

若一个问题可能有多种答案，那就以这个问题为中心，思考的方向往外散发，找出适当的答案，越多越好，而不是只找一个正确的答案。这种训练就是发散思维训练。发散思维有以下特点：一是流畅性，即在尽可能短的时间内产生并表达出尽可能多的思维结果；二是变通性，就是克服人们头脑中某种自己设置的僵化的思维框架，借助横向类比、跨域转化、触类旁通等方式，使思维沿着不同的方面和方向扩散，表现出丰富的多样性和多面性；三是独特性，在发散思维过程中，表现出不同寻常的、异于他人的新奇反应；四是多感官性，除视觉思维和听觉思维外，也充分调动其他感官接受、加工信息。训练方法可采用大脑激荡法，也称为头脑风暴法，开展小组讨论，互相启发，以集思广益的方式，在一定时间内采用快速的联想方式，大量产生各种思维结果。

中国魔球理论的创始人许国泰先生曾说，曲别针的用途可以有 3 万种。除了基本的钩、挂、别、联功能，还可以把曲别针分解为铁质、重量、长度、截面、弹性、韧性、硬度、银白色等要素，用一条直线连起来，形成信息坐标横轴，然后把要动用的曲别针的其他各种要素，用直线连成信息坐标的竖轴，形成一个信息反应场，将两条轴上的信息依次相乘，达到信息交合，曲别针的用途就无穷无尽了。这就是典型的发散思维。

2. 逆向思维训练

逆向思维又称反向思维，倒过来思维。美国著名物理学家费曼，在 1959 年做了个《在底部还有很大的空间》的报告，提出了著名的费曼设想。一般来说，我们的思维都是把大的物件加工或者拆分成小的。费曼的这个设想,就是把很小的东西加工成大件,思维完全倒过来了。20世纪80年代出现的纳米技术,就是根据费曼设想而形成的。

【案例】

圆珠笔芯为什么都那么细

刚刚发明圆珠笔的时候,笔芯和钢笔墨水管差不多粗细。但是麻烦来了——圆珠笔会漏油。

为什么漏油?笔头的耐磨性不好,那颗小圆珠磨小了,自然就漏油了。因此,刚开始改进的技术思路,都是提高笔头的耐磨性。但是这个方向上的努力都失败了。

后来大家发现,圆珠笔一般是写到两万个字母的时候开始漏油。那好,把笔芯做细,装油量减少,一支笔芯的写字范围控制在一万五千个字母以内。问题解决了。

解决一个问题,永远有两个办法。第一,解决这个问题;第二,让问题本身消失。

——摘自"罗辑思维"微信公众号

3. 直觉思维训练

很多心理学家认为直觉思维是创新思维活跃的一种表现,是发明创造的先导,在创造发明的过程中具有重要的地位。"阿基米德定律"是阿基米德在跳入浴缸的一瞬间,发现浴缸边缘溢出的水的体积跟他自己身体入水部分的体积一样大,从而悟出著名的浮力原理。通常人们把它称为灵感。美国密西根和匹兹堡大学的科学家率先开发出"仿生粒子",这是一种无机半导体和有机蛋白质的混合体。研究团队表示,这种粒子是受到魔鬼终结者电影中半机器人的启发而开发出来的。

直觉思维训练包括大胆设想法,即对当前还没有但有可能产生的事物进行大胆设想,海阔天空,甚至可以想入非非,这样便于扩大想象的范围,捕捉创新想象的火花。还有一种回溯思维法,就是对已有的结论或事物的结果进行还原和回溯,对其产生的原因进行探究,暴露出其中谬误,排斥旧的偏见,建立新的观点。

4. 形象思维训练

(1)图像法:符号和图像能把复杂的事物表象变得通俗易懂、简明扼要,还可以看出事物的新关系,可以自由地进行脱离现实的构思或进行新的组合。"知识树"是国际著名金融专家丁大卫教授历经20多年的研究成果。他现在拥有包括"知识树"商标权在内的多项知识产权。"知识树"的创新之处就在于它非常形象地揭示了知识的结构和形成规律。

(2)联想法:经常自由联想可以增强想象力,为进一步的创新奠定基础。按照事物之间的关系,联想可以分为接近联想、相似联想、对比联想、仿生联想和仿形联想等多种方式。很多发明创造都源于联想思维。

联想训练可分为自由联想训练和强制联想训练。自由联想训练,随便找一个词汇起头,在规定的时间内快速联想,要求想到的词汇概念越多越好,这是训练联想的速度。比如:以"眼镜"开头,在1分钟内联想到与之相关的15个词汇。强制联想训练,随机找两个不相关的事物,要求尽可能多地找出它们之间的联系和相同点,比如:"大海""羽毛球"之间有什么联系,有哪些相同点,用一些词汇将它们串联起来。这些训练可以帮助我们提高思维的跨度。

5. 特异思维训练

特异思维是一种超常规的思维方式,对培养思维的灵敏性、广阔性、变通性,激发创新灵感,发挥着独到的作用,常常收到"歪打正着"的效果。"脑筋急转弯"是一种运用非常规思维解答问题的游戏,它故作谜团,人们按照常规思维思考则误入歧途。在这种情况下,只能按照一种特异的,甚至怪异的思维途径思考方能"顿悟"。再比如,笑话之所以能博得人们会心一笑,关键在于它的结尾出乎人的意料,这和"脑筋急转弯"的答案异曲同工,都是特异思维的产物。有这样一个笑话:一位大学生毕业后 7 年,总算接了个工程,造一根 30 米的烟囱,工期 2 个月,造价 30 万,不过要垫资。总算在去年年底完工了。今天验收,不仅挨骂,还拿不到钱。因为图纸看反了,人家要的是一口井。这个笑话的结尾就是一个典型的特异思维,因为在现实中不可能有这样的事情发生。

三、鼓励学生进行创新实践

作为教育工作者,要切实支持学生的求新、求异、质疑等行为,鼓励学生在学习和生活中进行创新探索实践。创新的时代常能听到一句口头禅:"没有做不出来的东西,只有想不出来的东西。"创新教育有两点特别之处,一是注重训练学生的胆量和自我表现意识,注重课堂上的相互启发,因为每个人看问题的角度和出发点都可能不一样,能够培养学生从多角度观察和分析问题的习惯,这样可以激励创新意识,活跃思维。二是鼓励学生进行创新实践,创新教育的课堂上学生不会"害羞",教师从行动上鼓励学生创新、鼓励学生标新立异。教师最爱说的一句话是"你能行,去试试",所以注重创新教育培养的学生动手能力强,而有些地区的学生之所以动手能力弱,是因为给予学生大胆尝试的机会太少了。

四、采用创新教学方法

1. 课堂上让学生思维活跃、主动提出问题

课堂上教师应给学生留有一定的时间,避免"满堂灌",鼓励学生提出问题、大胆想象,使他们在学习上有一定的自由思维空间。美国教育家杜威曾说:"科学的每一项巨大成就,都是以大胆的幻想为出发点的。"在课堂教学上我们不仅要求学生有求同思维、顺向思维,而更为重要的是提倡学生有求异思维、逆向思维,标新立异。

2. 开拓学生的视野,拓宽知识面

教学中教师要摒弃狭隘的"单科"观念,确立各种知识相互贯通、渗透与融合的思想,为学生在课堂上的联想、移植、改组所学知识创造必要的条件。应向学生及时介绍专业领域的国内外动态和进展,新的实验仪器和新的技术,让学生始终接触新的东西,了解科学的前沿,培养学生在专业领域的远大抱负。

3. 建议多采用"实习—见习"教学模式

这是一种非常有效的教学模式,可以使学生获得丰富的实践经验,催生创新意识。产学研合作模式也已经被许多学校采用,可以使创新成果更快地转化为生产力,具有很强的创新推动性,可以在大学里掀起创新的热潮。社区服务模式也应该被学校所重视,社区获得了免费的服务,学生在运用自己专业知识的服务中,不仅能提升自己的社会责任感,提升自己的交流沟通能力,也能在实践中树立创新运用专业知识的意识。

4. 在教学中应注意学生的个性发展

创新能力与个性发展有密切的联系,课堂教学中应鼓励学生的好奇心和个性表现,个性如能得到健康的发展,创新的潜能也就可能得到充分的发挥。反之,压抑或打击个性的发展,学生的想象力就会受到抑制或封闭,因而我们的教学应该是灵活多样、因人而异、因材施教的。对有偏执型爱好的学生,要注意引导和保护,天赋和爱好需要有良好的环境才能发展。对学生要常说"你能行,去试试",不要说"现在还不是你做的事,不要想入非非"。大学可采用弹性学制,会更有利于学生的学习和个性的发展。

5. 学习环境要尽量宽松

课堂上应允许学生提出不成熟的见解,同学之间、师生之间可以讨论、争鸣。教师不能遇见一点错误或偏差就纠正,就对学生说"你不对,你不行"。社会发展到今天,有很多事物,以前被认为是错误的,在经过若干年实践后却被证明是对的。所以,教师在课堂上应大力提倡和培养学生的主观能动性,树立主体意识,在学习上敢于探索和勇于创新。鼓励学生在学习及学术上另辟蹊径、别出心裁、有创新思维的勇气。

第三节　自我潜能的开发

【案例】

笛福森,45 岁以前一直是一个默默无闻的银行小职员。周围的人都认为他是一个毫无创造才能的庸人,连他自己也看不起自己。然而,在他 45 岁生日那天,他读报时受到报上登载故事的刺激,遂立下大志,决心成为大企业家。从此,他前后判若两人,以前所未有的自信和顽强毅力,破除无所作为的思想,潜心研究企业管理,终于成为一个颇有名望的大企业家。

一、认识潜能

潜能,即潜在的能量。脑科学研究发现,人类的大脑约有 140 亿个神经细胞,具有5 000 万种不同类型。神经纤维总长约为地球至月球之间距离的 4 倍。如果一个人能够发挥自己一半的大脑功能,就可以轻易学会 40 种语言、背诵整本百科全书、拿 12 个博士学位……可见人的潜能是巨大的。潜能的动力隐藏在人类的深层意识当中,也就是潜意识当中。潜意识是相对于意识而言的,是你意识不到却又实实在在影响你的心理和行为活动的心理结构。意识犹如冰山浮出海面的一角,而潜意识就是埋藏在海下的部分。但人的内在的、没有开发出来的潜能是巨大的,所显现出来的能力只是浮在海面上冰山的一角而已。

遗憾的是,人类在日常生活中只发挥了自身能力极少的一部分。世界上最聪明的人也没有使用其储存量的 20%。也就是说,人类的聪明才智还远未被充分发挥出来,它们仍处于沉睡之中。美国学者詹姆斯研究发现,普通人只开发了他身心资源的 10%,与应当取得的成就相比较,人类不过是半醒着的。

潜能是一种对外界刺激感应很敏锐的东西,它被唤醒之后,仍需不断地教育和鼓励,诚如有音乐、绘画天赋的人,也必须注意持续不断地培养。否则,潜能和才能会像鲜花一样,容易枯萎或凋零。

二、潜能开发的方法

科学事实证明,任何一个平凡的人都蕴藏着巨大的潜能,只要他的潜能得到发挥,就可以干出一番大的事业。因此,作为医学生,在对自己的职业生涯进行规划时,必须要重视自身潜能的开发和利用。那么,怎样才能更好地对自己的潜能进行开发和利用呢?

1. 设定目标,引导潜能

"成人教育之父"卡耐基说:"我们不要看远方模糊的事情,要着手身边清晰的事物。"不管你是希望拥有财富、事业、快乐,还是期望别的什么东西,都要明确它的方向在哪里,我为什么要得到它,我将以何种态度和行动去得到它。因此,你在进行职业生涯规划时,不妨设想一下:

假如生命危在旦夕,你人生最大的遗憾是什么事情没有去做或者尚未完成?假如给你有一次重生的机会,你最想做的事情是什么?

一旦发现了你最想要的,就应该马上把它明确下来,明确就是力量。它会根植在你的思想意识里,深深烙印在脑海中,让潜意识帮助你达成所想要的一切。在某种意义上,这个世界上没有什么做不到的事情,只有想不到的事情,只要下定决心去做,你就一定能做到。

拓展阅读

童第周是我国著名的生物学家,也是国际上知名的科学家。在他近半个世纪的科学生涯中,一直从事实验胚胎学的研究,是我国实验胚胎学的主要开创者。

童第周小时候由于家境不富裕,没有进学堂,而是一边跟父亲念书,一边干农活,直到十七岁才到学校读书,由于基础差,学习有些吃力,第一学期总平均才考了45分。学校让他退学或留级,他一再向校长请求跟班试读一学期。学校勉强同意后,他便以惊人的毅力,攻克难关。早晨天不亮,就悄悄起来,在路灯下读外语;夜里灯熄了,他仍然靠着路灯自修功课,就这样,第二学期他终于赶上来了,总平均达到了70多分,几何还考了100分。这件事对童第周的鼓舞很大,他心里想:我并不比别人笨,别人能做到的事,我经过努力也能做到。世界上没有天才,天才是用劳动换来的。进入大学后,他学习更加勤奋,基础越来越扎实,最后以优异成绩毕业。

28岁时,童第周到比利时留学,有一次,他的老师布拉舍教授要做一种剥除青蛙卵膜的手术。这种手术很难做,布拉舍做了几年都没有成功。童第周却不声不响地搞成了,一下震动了他的欧洲同行。这件事再一次给童第周极大的鼓舞。他说:"这件事使我相信,中国人也不比外国人笨。外国人认为很难办到的事,我们照样能办到。"

——《科学家的故事》

---

2. 心态积极,推动潜能

心态是指一个人对自己、对别人以及对生活所持的态度、评价和看法。积极的心态是指一个人无论面对怎样的处境或困难,都始终能够保持一种积极、乐观、向上的态度。当人面临困境时,消极的心态会让你退缩,并陷入失败的深渊;积极的心态会让你愈挫愈勇,并获得意想不到的成功。可见,心态在很大程度上决定了一个人能否在事业上取得成功,因为积极的心态有利于潜能的开发和利用,而消极的心态则会抑制潜能的开发和利用。那么,怎样才能拥有积极的心态呢?

（1）避免"绝对化的要求"。有的人认为"我只要付出了努力,就必须要获得成功",但事实上一个人的成功除了和个人的努力程度有关之外,还受到许多因素的制约。如果一个人不考虑实际情况,一旦失败,就很容易产生消极的想法。

如果能够做到使自己的内心处于平和状态,就可以比较充分地发挥个人的潜能。了解自己而且内心充实的人,可以达到充分发挥个人潜能的目的。建议:每天享受十分钟的安静,对自己进行评价,目的是使自己对生活中积极和消极的事情有更加清楚的认识。

（2）避免"过分概括化"。过分概括化是一种以偏概全的不合理思维模式,其特征是以一件事或几件事来评价自身的整体价值。例如,当你在求职时接二连三地遭到拒绝,你就对自己产生了怀疑,认为求职失败是因为自己没有能力造成的,这就是一种以偏概全的过分概括化的想法。事实上,你在求职时接二连三地遭到拒绝,有可能是因为你没有根据自己的优势和特点来寻找用人单位,或者是你所求职的用人单位并不适合你,而不是因为你没有能力造成的。如果你总是过分概括化地评价自己,就必然会抑制你的潜能的开发和利用。

智慧的人,不会仅仅看到个人和环境的局限,只要及时调整并采取相应的行动,那么个人的潜能就能得到很好的发挥。

（3）避免"糟糕至极"的想法。所谓糟糕至极,就是认为一件不好的事情发生后会带来非常糟糕的后果。例如,当你在某次求职遭到失败后,你就认为再也没有单位会录用你,不管自己再怎么努力也都不可能找到工作了,结果越想越没有信心,再也提不起求职的劲头来。这就是一种糟糕至极的想法,它会使你对自己丧失信心,从而抑制你去开发和利用自己的潜能。摆脱糟糕至极的想法,就能够激发自己的潜能,从而获得成功。

【案例】

海伦·凯勒(1880—1968年),出生在美国南部的一个小镇,一岁半时突患猩红热,病魔夺去了她的听觉和视觉,从此她终身生活在一个黑暗而沉寂的世界里。在莎莉文老师极富耐心的教导与帮助下,海伦·凯勒克服了常人难以想象的艰难困苦,以超人的毅力获得了不可思议的成就:16岁时进入哈佛大学附属剑桥女子中学,20岁时考入哈佛大学拉德克里夫学院,与正常同学一起顺利完成4年学业并且以优异的成绩毕业,成为人类历史上第一位获得文学学士学位的盲聋哑人。海伦·凯勒不断超越自己,创造了一个又一个人生奇迹:她掌握了英语书面语,并且在经历无数的挫折之后,竟然学会了用有声语言与他人进行交流,进而又学习了法语、德语、拉丁语和希腊语,最终成为一位杰出的盲聋哑学者、作家、教育家与演说家。

人们常常埋怨社会埋没人才,其实,由于自身缺乏信心和勇气、自卑、懒惰、安于现状、不思进取,自我埋没的现象也是相当普遍的。如果我们能多给自己一点刺激,多一点信心、勇气、干劲,多一分胆略和毅力,就有可能使自己身上处于休眠状态的潜能发挥出来,创造出连自己也吃惊的成功来。

3. 运用暗示,激发潜能

心理暗示是指通过语言、动作,以一种含蓄的方式,对自己或他人的认知、情感、意志以及行为产生影响的心理活动过程。而自我暗示是心理暗示的方法之一,是指自己利用心理语言来影响自己的情感、意志以及行为的心理活动过程。心理暗示在我们的日常生活中可以说是无处不在的。例如,你在购买商品时常常会不自觉地购买电视广告所介绍的商品,这实际上是因为广告不断地暗示你,影响你的判断力,你就在不知不觉中相信它了。

不同的心理暗示,往往会对人的行为产生不同的影响。消极的心理暗示会让你心情沮丧,行动消极;积极的心理暗示会让你情绪振作,行动积极。要有意识地经常进行积极的自我暗示,并长期坚持下来,使积极的自我暗示自动地进入潜意识,左右你的思维,改变你的潜意识,形成良好的习惯,为潜能的开发和利用打下良好的基础。

【案例】

一孔值万金

一家制糖公司,每次运方糖时都因方糖受潮而遭受巨大的损失。结果有人认为,既然方糖如此用蜡密封还会受潮,不如用小针戳一个小孔使之通风,经实验,果然取得意想不到的效果。他申请了专利,据媒体报道,该专利的转让费高达 100 万美元。

一位 K 先生,听说戳小孔也算发明,于是也用针东戳西戳埋头研究,希望也能戳出个发明来。结果,他发现在打火机的火芯盖上钻个小孔,可以使打火机灌一次油由原来的使用 10 天变成 50 天,发明终于被他"戳"出来了。

4. 全方位锻炼,开发潜能

首先,人的躯体拥有自身的潜能,经常锻炼可以增强身体的潜能。为了使身体保持灵活,应该经常进行体育运动,比如打太极拳、做瑜伽、跳舞等。其实,使运动成为习惯,有 21 天就足够了,那时你的身体就会自发产生有助于健康的锻炼要求。健康的身体是我们开发自身潜能的前提条件。

其次,锻炼我们的感觉器官。我们的鼻子有 500 万个嗅觉感受器,我们的眼睛可以辨别 800 万种色彩。我们应该尽可能地把人体内潜在的种种感觉能力充分发挥出来。可以经常进行有意识的锻炼,如经常练习分辨大自然的声音,倾听各种鸟儿的叫声;体验能使自己皮肤舒服的衣服;培养对审美要素的感受力,到大自然和现实生活中去感受色彩、线条、平衡、对称、节奏、韵律等美的要素。生动的、活的审美源泉,可以激发内在的艺术潜能。

国内外许多专家认为,音乐具有开发右脑潜能,调整大脑两个半球功能的奇特功效。例如,美国加利福尼亚大学戈登·肖教授将 78 名 3~4 岁智力相同的幼儿分成三组,一组学习莫扎特和贝多芬的乐曲,一组学习计算机,一组不接受训练。结果 9 个月后,他用拼图游戏对这三组孩子进行智力测试时发现,学习音乐的孩子智力得分平均提高 35%,而另两组孩子则几乎没有提高。科学研究证明,长期听音乐,还可以明显改善记忆力。著名心理学家劳伦斯强调:"只有当大脑右半球即音乐脑也充分得到利用时,这个人才最有创造力。"需要指出的是,分贝太强、节奏异常强烈的音乐听多了反而对大脑有害。

唱歌的八大好处,你知道吗?

1. 唱歌是一项有节奏的体内按摩

唱歌能增强人体膈肌的功能,这种内部的循环按摩,是任何一项运动都代替不了的。

2. 唱歌能增强人体的免疫功能

美国加州大学的研究人员发现,合唱队的成员在每次排练后,他们体内一种名为IgA的免疫球蛋白含量都会增加150%,而在一次公开演出后,这种免疫球蛋白更是增加了240%。这项研究的负责人表示:"虽然我们不能说唱歌能抵御感冒,但在适当的情况下,唱歌确实能够增强人的免疫系统功能。"

3. 唱歌能训练神经通路

无论老人、年轻的学生,还是无家可归的人,在唱歌后的情绪都会变得更好。此外,肺气肿患者在接受唱歌训练后,呼吸也有所改善。业余唱歌爱好者的个人仪态仪表也更好。

4. 唱歌能释放激素,增进感情

研究人员证明,人们在唱歌时,大脑中会释放出一种名为催产素的激素。刚生下孩子的妈妈在给宝宝喂奶时大脑里也会释放出这种激素,恋人含情脉脉地相互凝视时,他们的大脑中也都会释放出这种激素,这种荷尔蒙能增进人们之间的感情。

5. 唱歌能健康减肥

唱歌是一项全身运动,可以锻炼全身肌肉,达到减肥的功效。60千克体重的人唱歌时热能消耗率为每分钟2.0千卡(1千卡=4.186千焦),唱2小时可消耗240千卡(与气息深浅相关)。指挥者的热能消耗率为每分钟2.5千卡,2小时消耗300千卡。这样每周唱两次歌,能完成美国运动医学联合会建议运动量的1/3。再加路途的奔波消耗和每周两次连续快走3 000步,就属于我国体育人口一份子。

6. 唱歌能增强呼吸功能

唱歌能扩大肺活量,增加肺泡通气量,所以唱歌是一种提高呼吸功能的好办法。

7. 唱歌能起到抗衰老的功效

投入地演唱可以活动到许多平时很难活动到的脸部组织,从而达到抗衰老、维护皮肤弹性、防止皮肤老化及改善更年期的功效。

8. 大声歌唱可以改变一个人的心境和精神面貌

心理学家认为大声歌唱对强迫症、抑郁症的治疗都有好处。因此,大声歌唱是一种特殊的心理疗法。

歌唱使你身心愉悦,唱歌使你焕发青春。好歌唱不停,唱出好心情。把大声歌唱当成你生活中最愉快、最舒心的事情吧!

1. 你如何培养自己的创新能力？

2. 你打算怎样开发自己的潜能？

3. 24 人排成 6 列,要求每列有 5 个人,请问应该怎么排呢?

第九章 医学生创业指导

第一节 大学生创业概述

在高等学校办学规模不断扩大,就业形势日益严峻的情况下,选择自主创业的大学生日益增多。尽管创业之路充满挑战,但我们仍然倡导大学生在关注就业的同时,如果自身条件和时机允许,可适时选择自主创业。创业成为继就业、出国和升学后又一重要的就业渠道。随着知识经济的快速发展,越来越多富有激情、拥有知识、敢于超越的莘莘学子投身创业的队伍中,并取得很多成功的经验,大学生创业也逐渐成为社会关注的焦点。

鼓励医学生创业,主要目的是激发医学生的创新创业意识,发掘医学生的潜力,培养高素质人才。医学生也有权利实现自己的创业梦想,成就更好的自己。如果毕业后能成为有医学背景的商业人才,或者是有商业背景的医学人才,可能改变现有的医学服务模式,产生的价值可能会比做一名医师产生的价值要大得多。

【案例】

小刘是一名药学专业的学生,从小到大他一直想成为一名成功的企业家。于是,一进入大学,小刘就想以自己的专业为基础开创自己的事业。

进入大学一年级,他首先加入了学校的前程协会,多方了解各种创业信息,积极了解社会对药学专业的岗位需求,并了解国家对于学生就业的各方面鼓励政策。

进入大学二年级,小刘开始了专业课程的学习,他利用课余时间向老师请教有什么合适的创业项目,经过认真的观察研究,他决定在学校校园开一个常用药的 OTC 药店,一方面可以为广大同学提供价格便宜的药品,另一方面可以让自己在创业的过程中逐渐积累经验。

在学校老师的帮助下,小刘用学校老师的职业药师证在工商局进行了注册,并从家里借了 1 万元钱在学校租了一个 20 m² 的地方开设了大学药店,开业 1 年的时间,药店因为药价相对便宜,销售的都是常用药,经营状况良好,经过 2 年多的时间,小刘的药店已经初具规模,并联系了几个低年级的学生共同创业。

到小刘临近毕业,正好国家出台了相关的鼓励大学生创业的优惠政策,小刘于是注册并开办了自己的公司,扩大了自己的 OTC 药店,他计划 3 年后考取执业药师资格证,把自己的事业做大。

小刘一开始就结合自己的理想立志从商,于是入大学后就多方了解信息,积极寻求帮助,找到了合适的创业项目,最终取得了初步的成功。国家和地方政府相继出台了一系列鼓励创业的优惠政策,如果医学生能够借助自己所学的专业进行创业,将会更好地发挥自己的特长。

一、创业的基本含义

创业的本义是"创立基业",即创立事业的基础、根基,现代一般指开创事业的意思。创业是一种劳动方式,是一种需要创业者思考、推理、判断并组织行动的行为。广义上的创业是指创业者的各项创业实践活动,尤其指那些具有奠定意义的活动。它强调以下几个方面:① 事业的基础性,为事业的长远发展打下基础;② 过程的开创性,突出过程的开拓与创新;③ 成果的创新性,侧重于在前人的基础上有新的突破。狭义的创业即创办一个企业,是指创业者通过发现和识别商业机会,注册成立企业,利用各种资源,提供产品和服务,最终创造价值的过程。医学生创业特指医学生利用自己的专业知识、才能和技术,以自筹资金、技术入股、寻求合作等方式创办企业,提供产品和服务,实现自身价值和社会价值的活动。

创业的本质是创新。没有创新的企业,生存空间就会不断缩小,就不可能产生自己的核心竞争力,并获得必要的竞争优势。创业者如果不改变自己长期形成的思维模式,无法做到创新,创业活动是不会长久的。因此,创业与发展的过程就是不断创新变革的过程。

二、大学生自主创业的意义

2015 年,李克强总理在政府工作报告中指出要把"大众创业、万众创新"打造成推动中国经济继续前行的"双引擎"之一。很显然,把"大众创业、万众创新"写入政府工作报告,并给予特殊强调,这绝不是偶然的。党的十九大报告也明确提出,要提供全方位公共就业服务,促进高校毕业生等青年群体多渠道就业创业。自主创业成为解决大学生就业难、培养创新型人才的重要途径。

1. 创业有利于推动科技进步和生产力的发展

"创新是一个民族进步的灵魂,是一个国家兴旺发达的不竭动力"。大学生创业就是要求大学生运用掌握的科技知识,最大限度地发挥个人创新和创造能力,伴随着新技术、新产品、新方法的应用和推广,将科技转化为新兴生产力,尤其是大学生创办的科技成果转化型的企业,对提升我国的科技生产水平具有重大的意义。

2. 创业有利于推进经济的可持续发展

创业向经济发展注入新的活力,有利于社会资源的优化配置。从企业发展的角度看,创业企业的加入必然会影响现有竞争格局,有利于社会资源向经营效率更高的企业流动,从而实现企业的优胜劣汰。同时,创业也是一种将知识转化为资本的过程,有利于资本的增值和财富的增长,为经济持续发展注入新的活力。

3. 创业有利于缓解社会就业压力

近年来,我国高校毕业生面临的就业形势更加严峻。扶持和鼓励大学生自主创业应该是一种必然选择。创业首先能解决创业者个人就业问题,同时还能带动其他人就业,可以帮助几个,甚至一大批大学生或社会人员就业。因此,大学生创业的氛围一旦形成,就能提供很多就业岗位,可大大地缓解社会就业压力。当然,这就要求我们在加强大学生创业素质教育的同时,倡导大学生转变就业观念,提高创新能力和创业意识,通过创业教育和创业孵化提升创业能力,提高创业的成功率。

4. 创业有利于实现人生价值和社会价值

市场经济正深刻地改变着人们的生活方式、工作方式。由于高等教育从精英化发展到大众化阶段,随着就业市场竞争的加剧,实现高质量的就业变得越加困难。而有远见的大学毕业生通过创办自己的企业,更容易找到适合自身条件的发展空间,找到施展才华的舞台,能更好地发挥自己的主观能动性,从而更快地实现自己的人生价值和社会价值。

5. 创业有利于培养开拓进取的精神品质

哈佛商学院给创业精神下的定义是:"创业精神是指一个人不以当前有限的资源为基础而追求商机的精神。"创业精神追求的往往是尚未被人们注意的趋势和变化,体现的是一种敢为人先的进取精神。创业精神还包括变革、革新,转换和引入新方法、新模式的创新精神。具有创业精神的人不会满足于现状,而是不断地寻找新机会、推出新产品和新的经营方式。因此,当代大学生不一定都要去创业,但应该具备创业精神。

【案例】

湖北中医药高等专科学校针灸推拿专业和美容专业的几位学生学习了有关创新创业的知识后,结合自己的专业特长,成立了"楚易正健康管理"创业团队。团队聘请他们专业课刘老师为指导老师,精心制作了创业策划书,在学校举办的创新创业大赛中获得冠军,并获得第三届中国互联网大学生创新创业大赛的铜奖。获奖之后,他们并没有止步,而是积极投身到创业实践中。在刘老师的带领下,成立了"荆州市楚易正健康管理中心",申请了营业执照,在荆州市中心城区挂牌开业。中心现为湖北中医药高等专科学校社会实践、见习基地,有效地提升了学生的职业能力。向周围的居民宣传中医养生文化,提供推拿、按摩、美容、健康咨询等服务,帮助顾客解决亚健康、身心疲惫及由此引发的一系列健康问题,受到学校和社会的赞誉。

三、创业的要素

1999 年,创业学大师杰弗里·A. 蒂蒙斯(Jeffry A. Timmons)提出创业过程管理模型。他认为商业机会是创业过程的核心驱动力,创始人或工作团队是创业过程的主导者,资源是创业成功的必要保证。同时,他认为成功的创业活动必须要将商业机会、创业资源和团队三者做最科学的匹配,三者之间能随着事业的发展而实现动态的平衡。

1. 商业机会

在创业过程的管理模型中,创业过程始于商业机会,而不是钱、战略、网络、团队或商业计划。商业机会的形式决定创业模式的选择,商业机会的大小、深度将决定资源、团队所需的大小和深度。开始创业时,商业机会比资金、团队的才干和能力及适应的资源更重要。在创业的过程中,资源与商业间经历着一个"适应→差距→适应"的动态过程。

商场问题从本质上讲就是商业机会问题。企业存在与发展的根本原因在于其产品和服务能够满足市场需求,也就具备了商业机会。在激烈的市场竞争中,创业者如果不能开拓市场并管理好市场,也就丧失了商业机会,创业很难成功。

2. 创业资源

创业资源包括资金、技术、商务计划、自身能力、人脉资源和行业资源等。没有资金,再好的技术也难以转化为现实的生产力;而技术含量的高低,又是企业能否满足社会需求的关键。掌握了行业和跨行业的各种关系网,比如供货商、经销商、客户、行业管理部门的人脉,企业运作则会左右逢源。资源的合理配置能够带来意想不到的收益,很多创业者就是依靠合理配置资源而获得成功。

3. 创业团队

创业的主体是创业者,创业者可以是个人,也可以是团队。团队是企业高成长潜力的关键要素。虽然资金对创业者来说是必不可少的,但创业的基础是人才而不是资金。一个好的创业团队对于新创企业的成功起着举足轻重的作用。优秀的创业团队可以创造出巨大的价值。因此,新成立的公司,特别是创业公司,其核心无疑是创业团队。

一个优秀的创业团队应该具有多元的知识结构,包括专业知识、管理知识、营销知识、财务知识、法律知识等;健全的人格特质,包括创业激情、创新意识、自信心、承担风险的意愿、良好的人际关系、强大的心理素质等;较强的运用和实践能力,包括洞察和反应能力、资源整合能力、经营管理能力、交流沟通能力、领导决策能力等。

一个优秀的团队应该具有 9 种不同角色的成员:

创造者——革新者:产生创新思想;探索者——倡导者:倡导和拥护所产生的新思想;评价者——开发者:分析决策方案;推动者——组织者:提供结构;总结者——生产者:提供指导并坚持到底;控制者——核查者:检查具体细节;支持者——维护者:处理外部冲突和矛盾;汇报者——建议者:寻求全面的信息;联络者:合作与综合。

美国的创业家巴斯金·罗宾斯认为,在企业中采用团队形式至少可以起到以下几个方面的作用:① 能促进团结和合作,提高员工的士气,增加满意感;② 使管理者有时间进行战略性的思考,而把许多问题留给团队自身来解决;③ 提高决策的速度,因为团队的成员离具体问题较近,所以团队决策的速度比较迅速;④ 促进成员队伍的多样化;⑤ 提高团队和组织的绩效。

杰弗里·A.蒂蒙斯认为创业过程是一个连续不断地寻求平衡的行为组合。在商机、资源和团队三个要素中绝对的平衡是不存在的,但企业要保持发展,必须追求一种动态的平衡。以保持平衡的观念展望企业未来时,创业者必须思考的问题:目前的团队是否能领导公司未来的成长,资源状况怎样及下一阶段面临的陷阱如何等。

在推进业务的过程中,在模糊和不确定的动态的创业环境中,创始人和工作团队要具有捕捉商机、整合资源和解决问题的能力;要精诚团结、勤奋工作、敢于牺牲、不折不挠,战胜各种困境。

第二节　大学生创业者的特质及培养

一、大学生创业者的特质

纵观成功的创业案例,虽然创业者成功的因素各有不同,但是事实证明创业者个人的特质是创业成功的决定性因素。成功的创业者在心智资源、个人能力、道德修养等方面存在着共同点。

(一)创业者的心智资源

心智资源是通过对自身行为的感知形成的心理资源。创业者的心智资源一般包括与创业有关的欲望、自信、激情、坚韧、乐观、胆识等。

1. 创业欲望

欲望是人改造世界和改造自己的根本动力。所以"欲望是创业的最大动力"。创业者的欲望主要表现在占有大量财富,追求身份和地位,实现人身价值,得到他人认可和尊重,最终表现在对成功的极度渴望。创业者比一般人在这些方面的渴望更为强烈,而且创业者往往受强烈欲望的激发能够快速行动,坚持不懈地努力。欲望是受需求驱使而产生渴望得到满足的要求。往往对财富、地位和成功很渴望的人,容易产生强烈的创业动机。草根创业者由于缺少金钱,地位较低,渴望发财和出人头地的欲望特别强烈,常毅然选择创业;相反,经济条件和身份地位都比较优越的人,往往对财富和地位的欲望相对较弱,创业的动力也较弱。

2. 创业信心

自信是对自我评价的一种积极性。"创业始于自信,成于诚信。"创业者一般对自己的评价比较高,自信心足,所以很多人认为创业者是"自负的人""疯子""吹牛大王"等,但是创业者必须有足够的自信。创业者在创业初期往往会遇到很多困难,例如,资源不足、环境恶劣、旁人的嫉妒和责难等。在这些困难面前,创业者需要自信给自己增强动力,渡过难关。特别在创业的融资阶段,面对融资者,创业者对自己的项目、团队和成功一定要保持足够的自信,创业者要用自信增强投资者的信心。自信是从去掉胆怯开始的。美国第26任总统罗斯福曾经说过:"很多事我起初都很害怕,可是我假装不害怕去做,慢慢地,我真的就不害怕了。"

3. 创业激情

在激情的驱动下表现出来的是一种执行力。创业者在激情的促使下敢想、敢做。创业者应该不安于现状,永远保持那股激情,去追求自己的目标。即使创业成功,富可敌国,却依然不安分地追求新的目标。年轻有为、个性鲜明、富有激情是大学生创业的优势资源。

4. 坚韧的品格

创业者只有自信和激情还远远不够。商场如战场,有持久战,也有攻坚战;有独立作战,也有"三国演义";只有坚忍不拔才可能在残酷的商战中胜出。人们常感动于创业者的韧性和执着。"造车狂人"李书福经过8年奋战才拿到汽车制造许可证,创建了国内第一家民营汽车制造企业。李书福的成功告诉大学生:创业除了富有激情,还需要坚忍不拔的精神。

5. 乐观的心态

乐观的心态可以提高创业成功率。作为创业者来讲,为了顶住巨大的心理和身体压力,乐观的心态极其重要。创业者的乐观表现在对事业和个人的自信,也表现在对自我或对团队的鼓励。"80后"的创业者更需要用乐观的心态做自己喜欢做的事业。

6. 超常的胆识

很多人都说创业者是冒险家。没错,创业就必须冒险。创业者的胆识表现在勇敢地承担风险,而不是冒进的行为,更不是赌徒的行为。创业者凭借才能认知风险,识别机会,勇敢地做出果断的行动,这是创业者需要的胆识和卓识。所以比尔·盖茨弃学创业的胆识,至今令很多创业者敬佩。

（二）创业者的创业能力

创业能力是创业者的核心能力,大学毕业生的创业能力决定了创业的整体水平和创业成功率。创业能力虽然难以量化,但可以分解和比较。

1. 认知能力

认知能力是指接收、加工、储存和应用信息的能力。创业者不但要具备善于观察、获取有价值信息的能力,更重要的是要具备识别和应用信息的能力。创业者的认知能力集中体现在对事物本质的认识。创业者必须有理性的睿智,具备洞察事物的"火眼金睛"。

2. 变通能力

世界是变化的,情况也在变化。变通能力是创业者生存的重要因素。在商场上,创业者需要持经达变,一方面要把握原则,另一方面要在不同的场合、不同的人际关系、不同的法理环境中随机应变,达到解决问题的目的。

3. 领导能力

创业者的领导能力直接决定着事业的发展。走创业之路的人,不管是最初的个体经营还是后期的规模经营,都面临着领导力的考验。创业者的领导能力具体表现在对团队的调动能力,对利益和关系的平衡能力。优秀的创业领导者能带领团队齐心协力,激励团队成员积极进取,发挥团队巨大的力量。

4. 商机把握能力

机会总是垂青于有准备的人。创业者必须具备较强的商业敏感,感知事物的变化,发现商业机会,并且能够识别机会,快速地把握机会。优秀的创业者往往能在别人发现或识别机会之前把握机会。

5. 执行能力

"赢在执行"的含义是创业仅有好的想法是不够的,执行很重要。受传统文化和应试教育的影响,我国大学生的执行能力相对较弱。对于创业者而言,没有理由来包容执行能力弱的缺陷。一旦发现商业机会,就要马上行动,如果"运筹帷幄",却按兵不动,机会就会从身边溜走。

6. 营销能力

有效的营销能力是创业者打开市场的利器。创业者在创业初期为了赢得市场和顾客,必须具备顾客至上的意识,制订可行的营销战略,合理利用营销战术,将产品卖到消费者手中,将需求送到消费者心中。

7. 人脉掌控能力

在创业过程中,有时候人脉比知识显得更重要,人脉是创业者重要的社会资源。创业者的人脉掌控能力表现在人际沟通能力、交际感染力和合理利用人际关系的能力上。创业者善于掌控人脉关系,可以提高企业效率,降低企业风险和成本,加强企业合作,推进企业快速发展。

8. 资源整合能力

创业者必须整合人、财、物和信息等资源,将优势资源与创业机会相结合。整合资源的能力是一种综合能力,包括资源的获取能力、组织能力、控制能力、领导能力和匹配能力等,集中体现在对资源的配置上,还体现在发挥资源效率、抓住商业机会上。

9. 终身学习能力

在激烈的竞争环境中,事物不断变化,新事物不断涌现,新问题不断出现,创业者必须具备很强的学习能力,才能应对环境的变化。法国著名作家、社会活动家罗兰指出:"成年人慢慢被时代淘汰的最大原因,不是年龄的增长,而是学习热情的减退。"创业者不但要加强管理和专业知识的学习,还要扩展视野,增长见识;不但要向员工、顾问、管理者学习,还要向竞争对手学习,特别要加强创业隐性知识的学习。优秀的创业者通常能把团队建设成可持续学习型的组织。

有人说创业者是全才,必须具备全面的能力。创业者的确必须具备更为全面的能力,除了上面的 9 种能力,创业者还必须具备良好的融资能力、谋略才能、自我控制能力等。

【测试】

测测你是否适合创业

无论是刚从学校毕业进入就业市场的年轻人,还是在社会打拼多年的上班族,许多人都希望拥有一份属于自己的事业。当老板可不是一件容易的事,你是否适合创业,有多少创业潜力? 下列测验可帮助你决定自己是否应当加入老板的行列。请对以下问题答"是"或"否"。

1. 你是否曾经为了某个理想而设下两年以上的长期计划,并且按计划进行直到完成?

2. 在学校和家庭生活中,你是否能在没有父母及师长的督促下,自动地完成分派的工作?

3. 你是否喜欢独立完成自己的工作,并且做得很好?

4. 当你与朋友们在一起时,你的朋友是否常寻求你的指引和建议,你是否曾被推举为领导者?

5. 求学时期,你有没有赚钱的经验? 你喜欢储蓄吗?

6. 你是否能够专注地投入个人兴趣连续 10 小时以上?

7. 你是否有习惯保存重要资料,并且井井有条地整理,以备需要时可以随时提取查阅?

8. 在平时生活中,你是否热衷于社区服务工作? 你关心别人的需要吗?

9. 不论成绩如何,你是否喜欢音乐、艺术、体育等活动课程?

10. 在求学期间,你是否曾经带动同学,完成一项由你领导的大型活动,譬如运动会、歌唱比赛、画海报宣传活动,等等?

11. 你喜欢在竞赛中看到自己表现良好吗?

12. 当你为别人工作时,发现其管理方式不当,你是否会想出适当的管理方式并建议改进?

13. 当你需要别人帮助时,是否能充满自信地要求,并且能说服别人来帮助你?

14. 当你需要经济支援时,是否也能说服别人掏钱给你帮助? 你在募款或义卖时,是不是充满自信而不害羞?

15. 当你要完成一项重要的工作时,总是给自己足够时间仔细完成,而绝不会让时间虚度,在匆忙中草率完成吗?

16. 参加重要聚会时,你是否准时赴约? 在平时生活中,你有时间观念吗? 你是否能充分利用时间?

17. 你是否有能力安排一个恰当的环境,使你在工作时能不受干扰,有效率地专心工作?

18. 你交往的朋友中,是否有许多有成就、有智慧、有眼光、有远见、老成稳重型的人物?

19. 你在社区和学校社团等团体中,被认为是受欢迎的人物吗?

20. 你自认是个好的理财人物吗? 当储蓄到一定数额时,你是否能想出好的生财计划,钱滚钱,赚出更多的利润来?

21. 你愿意为钱辛苦工作吗,钱对你重要吗,你是否可以为了赚钱而牺牲个人娱乐?

22. 你有足够的责任感为自己完成的工作负起责任吗? 你是否总是独自挑起责任的担子,彻底了解工作目标并认真执行工作?

23. 你在工作时,有无足够的耐心与耐力?

24. 你是否能在很短的时间内,结交许多新朋友? 你是否能使新朋友对你留下深刻的印象?

以上问题答"是"得 1 分,答"否"则不计分,请统计你所得的分数。

评价:

0~5 分:你目前并不适合自行创业,应当训练自己为别人工作的技术与专业。

6~10 分:你需要在旁人的指导下去创业,才有创业成功的机会。

11~15 分:你非常适合自己创业,但是在所有"否"的答案中,你必须分析出自己的问题加以纠正。

16~20 分:你个性中的特质,足以使你从小事业慢慢开始,并从妥善管理中获得经验,成为成功的创业者。

21 分以上:你有无限的潜能,只要懂得掌握时机和运气,你将是未来的商业巨子。

——摘自王培俊《职业生涯规划与创业体现》

二、大学生创业者特质的培养方法

具有创新能力是大学毕业生成功创业的重要基石,培养创业特质和能力首先应从培养创新意识入手。在日常的生活、学习中,大学生要解放思想,敢于接受新事物,尝试新方法。如大学生要有意识地锻炼自己的自主学习能力,在学习中培养敏锐的观察力,独立思考和解决问题的能力。

创新能力的提高是一个日积月累、循序渐进的过程。在大学里有较多自由支配的时间,大学生应该珍惜这些时间,充分利用学校提供的各种资源,打牢创新所需要的知识基础。

大学生要充分利用学校的"第二堂课"资源,积极参加学术交流活动和社团活动,不仅开阔眼界,增长见识,还能在活动中锻炼自己的洞察力、反应能力和沟通能力。

大学生还可以通过担任学生干部锻炼自己的组织能力和领导能力,培养服务意识和团队精神。此外,社会实践是创新灵感的来源,通过社会实践可以提高调查与研究能力、动手能力和解决实际问题的能力。

夏清华的《创业管理》一书中指出,潜在创业者可以采用以下 10 种方法,全面提高个人的创业知识、素质和能力,具有较高的针对性。

(1)多与创业成功者交谈或向其请教,多阅读介绍成功创业者事迹的读物,从中获取创业的经验和教训。

（2）做成功企业家的助手或学徒，从中获取宝贵的经验；或尝试加入某个创业团队，以此作为学习机会，来锻炼自己。

（3）参加创业培训班或学习班，例如，参加国家人力资源和社会保障部主办的"创办并改善你的企业（SIYB）"培训，或选修有关创业的课程。

（4）阅读可帮助自己提高经营技巧的书籍。例如，阅读营销和励志方面的读物。

（5）制订未来创业的计划，增强创业的信心。大学生可以通过参加撰写创业计划书竞赛，以提高创业的能力。

（6）提高思考问题、评价问题以及应对风险的能力，积极参加创业团队的集体讨论，参加"头脑风暴"活动，培植创意潜力。

（7）学习并思考如何处理危机局面。有研究认为，汶川大地震发生后，政府处理危机的公关活动，对企业就有很大的启示。这对培养创业者能力也有启发作用。

（8）倾听别人的观点和新的想法，只要正确和适用，则多多接受。正所谓"兼听则明，偏信则暗"，一味固执己见，难以产生创意和获得团队的支持。

（9）分析问题的前因后果，并从错误中吸取教训。创业的道路不会一帆风顺，吃一堑长一智，哪里跌倒哪里站起来，这才是创业者思考问题的方法。

（10）更加努力地投入工作，只有努力工作，才能获得成功。创业成果不是凭空想就能得到，需要迈出坚实的一步又一步，无数个坚实的步伐组成成功的创业过程。

三、医学生创业能力的培养对策

医学生创业不仅能促进自身综合素质的提高，还能把医学知识和能力运用到实践中，更直接地服务于人民群众的身体健康。针对医学类大学生创业者的特殊情况，需注意从以下几个方面来培养创业能力：

（1）医学生要逐渐培养创业思维，提高创业意识，更新传统就业观念。就业观念决定了就业取向，医学生面对就业压力，应当调整就业观念，跳出单一的到医疗事业单位与专业必须对口的禁锢，对自己的大学学习和将来的职业选择做出规划，做两手准备：一是准备毕业后直接就业，二是准备毕业后自主创业。

（2）医学生要逐渐培养自己的创新精神。创业与创新有着密不可分的联系，无论是发现市场机遇还是撰写创业计划，或是创业融资、企业管理、风险控制等，都是一个创新过程。创新能力来源于创造性思维，一个墨守成规、循规蹈矩的人很难成为一个成功的创业者。因此，有志于创业的医学生有必要在读书期间积极参与学校内外的各种实践活动，获得社会活动经验，提升自己的综合素质，为以后的创新创业奠定坚实的基础。

（3）医学生要自觉补充有关的创业知识。由于专业的特殊性，医学生日常接触的大多是与本专业相关的信息。而要成为一个创业者，就必须是一个出色的管理者、优秀的销售员、合格的会计师等多重角色，这些都需要创业者在大学期间多学、多问、多接触，分析创业案例，开阔眼界和思维，全方面做好创业准备。创业者可以有意识地多听与创业有关的其他课程，注重与有创业志向的学生的交流与合作，站在不同的角度来思考自身专业的创业可能性。

大学生创业的三大雷区

方创资本创始人吴明华大学毕业后到上海创业。在创业期间，吴明华体验了创业的酸甜苦辣，接触过形形色色的大学生创业者，对大学生创业有着深刻的感受和认识。作为"过来人"，他提醒大学生创业者，注意规避以下雷区。

雷区一：眼高手低

比尔·盖茨的神话，使IT业、高科技行业成为大学生眼中的创业金矿，以至于不少学生不屑于从事服务业或技术含量较低的行业。其实，高科技创业项目往往需要一大笔启动资金，创业风险和压力都非常大，大学生如果对自身经验和能力认识不足，对创业的期望值又过高，一开始就起点较高，很容易失败。因此，大学生创业不妨放平心态，深刻了解市场和自己，然后从小做起，从实际做起，第一步走稳了再走第二步。

雷区二：纸上谈兵

缺乏经验是目前大学生创业中普遍存在的问题，不少大学生创业者不习惯对其产品或项目做市场调查，而是进行理想化的推断。例如："如果有3亿人需要我们的产品，每件售价100元，我们就有300亿元的销售市场。"这种推断方法是站不住脚的，而且常常起着误导作用。大学生在创业初期一定要做好市场调研，一些可行性研究也可委托专业机构进行，在了解市场的基础上创业，才能长久。

雷区三：单打独斗

在强调团队合作的今天，创业者靠单打独斗比团队合作获得成功的概率低。单打独斗的创业者首先要有良好的心态，其中有角色转变的心态，历经磨难的心态，快乐创业的心态，一定会成功的心态，这只是创业的基本前提。具备了这些心态之后，就是选择什么项目。首先要分析自己擅长什么，适合做什么。做自己感兴趣的事是最重要的，当然还要结合市场情况、资金情况而定。如果说自己理不清这些，说明还不完全具备创业的能力。假如资金允许，可以尝试一下品牌加盟，比如美特斯邦威、森马等品牌服装店……选择了项目之后，还要把各方面都分析透彻，不要盲目投资。

第三节 创业技巧的培养

【案例】

周莲鹏，湖北中医药高等专科学校中医药系2011级学生，在校学习期间品学兼优，多次参加社区的公益活动，2013年获"优秀青年志愿者"称号。入学前的暑假，他在黄石市一家木制品公司车间从事销售工作。2011年9月入学后，他想成立租赁车行。没有资金，自己先从摆地摊开始。他曾一天打多份钟点工，如每天课余时间去餐厅洗碗，为一些公司发传单，在超市里当过服务员，当过小学生家教，卖过家具、服装，当过导游等。2011年年底，他把通过打散工和摆摊赚的钱在学校附近开了一家租赁车行，经营了一年多的时间，有了3万元左右的盈利。2012年4月，因家中变故只好将店面转让，所有的资金也支援了家里，第一次的创业就这样结束了,他又开始了利用课余时间打散工和摆地摊的生活。2013 年 7 月,周莲鹏心中萌发了"服务家乡,发展自己"的念头。根据自己对木制品销售的经验,周莲鹏在 2013 年 9 月开始酝酿成立一家"双经营"模式的公司。好多同学嘲笑周莲鹏简直是痴心妄想,因为公司前期资金投入是摆在周莲鹏面前的一座大山。周莲鹏没有放弃,他利用空余时间奔波在荆州与黄石之间,向亲朋好友筹措资金,利用自己的人脉关系组建起公司的雏形,加上当地政府、学校和社会各界人士的帮助,黄石市晟鹏五金制品有限公司顺利成立。公司选派人员学习先进的生产经营模式,拥有了自己的技术骨干,于 2014 年 3 月份正式运营。目前公司业务已拓展到江西、安徽、湖南、重庆等区域,发展势头很好。2014 年 12 月 15 日至 17 日,黄石市晟鹏五金制品有限公司董事长周莲鹏作为黄石市青年创业代表,受邀参加了首届"湖北青年创业先锋训练营"。

一、准确分析创业环境

良好的创业环境能够有效激发创业者的热情,保证创业活动的正常开展,提高创业的成功率。不良的创业环境则会成为创业的障碍和阻力。为了保障创业活动能够达到预期目标,在创业前应该对创业环境进行全面、客观、深入地分析。

(一)创业的宏观环境分析

创业的宏观环境包括国家的政治、法律、经济、科技、社会文化等方面的状况,分析的目的是使自己的创业活动能够在国家的政策和法律、法规允许的范围内进行,更为重要的是,创业者要充分利用国家的优惠政策,更有效地开展创业活动。

在政治环境方面,要考虑国家的政策倾向和支持力度,如国家层面倡导的"一带一路""长江经济带""互联网+""健康产业"等经济发展战略,国家都给予了扶持政策。

在法律环境层面,创业者要对与创业有关的法律进行研究,如企业法、合同法、反不正当竞争法等,特别是我国加入世界贸易组织后,对外贸易日益增多,国际法、世贸规则也是创业者应该了解的。

经济环境调查的主要内容包括国民经济的发展水平、消费者的消费能力及消费结构、投资环境及市场化程度等。此外,创业者要考察经济环境的规范性和公平性,了解国家资金支持力度、金融支持力度,税费水平、用地价格、工资水平及生产服务成本(含房租、水电气、通信、交通等),创业者要善于把握经济运行形势,精准创业。

对创业地的人口环境、自然环境调查也非常重要。人口环境包括人口数量、人口密度、年龄结构、人口增长速度、人口购买特点等因素。自然环境包括原材料、能源动力等资源状况及环境污染程度等因素。人口环境、自然环境与市场的容量和生产成本关系密切,创业者应予以高度重视。

社会文化环境的主要内容包括文化传统、价值观念、社会风尚、审美观念、生活习惯等,也包括创业地的社会服务水平,如各类商业银行、投资公司、咨询公司、信息服务机构等的状况,有的地方还开辟了"大学生创新创业基地""大学生创业园"专门服务创业的机构。宽容、成熟的社会文化氛围对创业成功具有一定的促进作用。

(二)创业的行业环境分析

能否对行业环境进行客观准确的分析,是创业能否成功的重要因素。创业者在创业之前,必须深入了解行业的现状并预测行业的发展趋势,慎重选择创业项目。

分析行业环境可以从以下几个方面着手:

(1)市场规模:考察指标主要是行业销售收入和产量,其次是顾客的数量及相对规模。

(2)市场竞争:市场竞争可分为本地的、地区性的、全国性的、国际性的四个层级。主要考察对象是竞争者的数量及其相对规模,同业竞争者产品或服务的性质与差异,行业内的竞争程度及变化趋势等。

(3)行业的生命周期:市场的增长率、行业的盈利水平是行业周期的一个量化参考指标,对资本数量的要求和资本利用率,生产过程中技术变化速度的快慢要作为直观的考察项目。也要与其他的相关行业做一个横向的比较,以便综合考量行业的发展状况。选择一些新兴的朝阳产业,顺应市场发展的潮流,创业的空间就会增大。

(4)行业的成熟度:指行业是否已经形成较强的可供学习借鉴的经验,各种资源在该行业与其他行业之间流通的情况是否顺畅等。在成熟的行业环境里创业,利润空间可能会受到限制,但可以有效地降低创业风险。

(5)行业的熟知度:俗话说,做生不如做熟。初次创业者选择自己较为熟悉的行业作为切入点,成功的可能性会更大。在陌生的行业中,可能会遇到许多预料不到的问题,也不容易找到解决的方法。

通过对行业环境的分析,创业者要回答以下问题:我愿意在该行业创业吗?我所拥有的技能和资源能够满足该行业要求吗?我在激烈的市场竞争中能够胜出吗?如果经营状况不理想,我能够顺利撤出不至于损失惨重吗?

二、选择合适的创业项目

大学毕业生对社会的了解较少,商业经验、社会经验、管理经验、财务及营销经验都比较欠缺,因此,在创业项目的选择上,应当科学论证、扬长避短、寻找适合自己的发展道路。在选择创业项目之前,创业者应该明确自己创业的任务和大致方向。比如,你创业的目标和主要任务是什么?你的市场在哪里?你的主要客户有哪些?你的竞争对手有哪些?你的产品或服务需求度如何?你的风险有哪些?你如何应对创业风险?

选择创业项目应遵从以下原则。

(1)宜小不宜大:初次创业者应选择投资小、收益快、风险系数低的小型项目。选择小型项目可以降低创业风险,减少因创业经验不足带来的损失。小型项目还能够及时对市场变化做出快速反应,抢先抓住机遇,尽早盈利,鼓舞创业信心。这类项目有快餐、家政服务、数码速印、小型超市等。

(2)购买不如租赁:大学毕业生创业普遍面临缺乏资金的困难,除了从小项目做起,投资上尽量避免购买的方式,通过对设备、技术、建筑物等生产资料的租赁,可以大大地降低创业成本和投资风险。

(3)从校园周边做起:校园周边一般不是黄金地段,租金相对便宜。在校园周边开店,可以经常在学校里发放和张贴宣传广告,赞助学生社团的活动,能够较充分地吸引大学生顾客资源。大学生比较熟悉同龄人的消费习惯,也能推出一些受学生欢迎的促销手段,创业效果一般都比较好。

(4)加盟代理:对于创业资源捉襟见肘的初次创业者,借助连锁加盟的品牌、技术、营销、设备优势,可以比较轻松地实现创业梦想。一般来说,大学生应选择那些启动资金较少,人员、设施要求不高的加盟项目;选择运营时间5年以上,加盟店业绩优良的成熟品牌。在加盟前应当做一次全面调查,不要轻信广告宣传。

(5)借力电子商务:信息技术的发展,催生了"互联网+"营销的模式。电子商务具有低成本,不受时空限制,传播迅速、广泛等优势,已经越来越多地体现在创业要素中。但是,创业者不要只停留在开网店、卖一些传统商品,更应该结合自己的特点,开发自己的创意产品,使创业尽可能地深入下去。大学生还可以利用自己的知识、技术、智力优势,为客户提供一些网上智力服务,或一些有创意的电子商务。总之,要突出大学生创业的智力优势。

> **拓展阅读**
>
> #### 传承中医文化,95后大学生马政江自主创业
>
> "我想当中医,给妈妈治病"。小马的妈妈一直患有类风湿性关节炎,一到阴雨天,就会备受病痛折磨。"给妈妈治病",这个心愿就在他心里扎下了根。
>
> 2017年,马政江顺利考入湖北中医药高等专科学校针灸推拿专业,走出了他"梦想成真"的第一步。为了实现梦想,他一直很努力地学习,成绩也很优秀。
>
> 即将毕业时,在老师和朋友的建议下,马政江决定自己创业开一家推拿店。一开始父母并不支持他创业,经过反复沟通,父母最终同意了马政江的想法。小马拿出自己勤工俭学攒的2万元钱作为创业启动资金,和另外两位同学一起在荆州开了一家推拿店。
>
> 开店一年多时间,马政江的推拿手法越来越娴熟,在周边居民中有很好的反响。新冠疫情期间,他还创新开展业务,为有需要的顾客提供上门服务。顾客直接在App上或通过电话下单,马政江带上折叠床和相关设备,上门进行推拿服务。为响应湖北省委省政府"地摊经济"的号召,他和同伴们还在新南门广场上开展了体验服务,娴熟的技术获得了市民的好评。

三、组建创业团队

俗话说:"一个好汉三个帮。"一个团队同心协力,集合各自的优势,共同创业,其产生的群体智慧和能量,远远大于个体。在共同创业的过程中,创业团队成员是关键,直接影响创业能否成功。

创业团队,就是由少数具有技能互补的创业者组成的团队。创业者为了实现共同的创业目标,共同为达成高品质的结果而努力。共同创业有利于分散创业的失败风险。通过团队成员之间的技能互补也可以提高驾驭环境不确定性的能力,从而降低新创企业的经营失败风险。共同创业需要创业者拥有更强的资源整合能力,能同时从多个融资渠道获取创业资源,保证创业的成功。

团队创业的成功需要三方面的优秀人才:优秀的管理者、优秀的技术人员、优秀的营销者。创建团队时,首先考虑成员之间的知识、资源、能力或技术上的优势,充分利用每个人的知识和经验,形成互补。因此,创业团队需要具备5个重要的组成要素,简称为5P。

(1)目标(purpose):创业团队应该有一个既定的共同目标,为团队成员导航,知道要向

何处去。没有目标,这个团队就没有存在的价值。目标可在创业的过程中以创业的远景、战略以及经营理念的形式体现。

(2)人员(people):人是构成创业团队最核心的力量。3个及3个以上的人就形成一个群体,群体有共同奋斗的目标时就形成了团队。在一个创业团队中,人力资源是所有创业资源中最活跃、最重要的资源。应充分调动每一位团队成员的各种资源和能力,并将人力资源进一步转化为人力资本。

目标是通过人员的活动来实现的。在一个团队中,需要有人出主意,有人制订计划,有人去实施,有人做协调。不同的人在一起工作,还要有人去监督创业团队工作的进展,评价创业团队成员的成绩,成员之间通过不同的分工来共同完成创业团队的目标。在人员选择方面,还要考虑人员的能力如何,技能是否互补,人员的经验如何等,也要考虑志向、志趣、品德、团队精神等因素。

(3)定位(place):创业团队的定位有两层含义:一是创业团队的整体定位。即创业团队在企业中处于什么位置,由谁选择和决定团队的成员,创业团队最终应对谁负责,创业团队采取什么方式激励下属。二是团队成员的个体定位。即作为团队的一员,在创业团队中扮演什么角色。如果你是担任决策者的角色,就需要制订团队运行计划和运行规则,比如是大家共同出资共同参与管理,还是共同出资、聘请第三方(职业经理人)管理。

(4)权限(power):创业团队当中,领导人权力的大小与其团队的发展阶段和创业实体所在行业有关。一般来说,创业团队越成熟,领导者所拥有的权力相应越小,在创业团队发展的初期阶段领导权比较集中。高科技实体多数是实行民主的管理方式。

(5)计划(plan):计划有两层含义:① 创业目标最终的实现,需要一系列具体的行动方案,从这个角度讲,可以把计划理解成达到目标的具体工作程序。② 计划的另一个含义是工作进度。按计划实施可以保证创业的顺利进行,这样创业团队才会一步一步接近目标,从而最终实现目标。

世界上没有完美的个人,只有完美的团队。杰克·韦尔奇说:"优秀的领导者应当像教练一样去培养自己的员工,带领自己的团队成员去实现他们的梦想。"

在创业之前,认真考虑清楚自己是否真的需要创业伙伴。确定创业伙伴之前,必须了解清楚创业伙伴所具备的才能和长处,他能否弥补创业者自己的弱点。其次,要考虑创业伙伴的品格,主要从四个方面来把握:一是合作伙伴必须是一个性格诚实正直的人;二是合作伙伴必须具备较高的合作能力,比如过硬的创业素质;三是创业伙伴之间要有默契的配合;四是创业伙伴之间要有相同的预期,为着同一个目标奋斗。最后还要签订合作协议,以便界定每一个成员的权利和义务。

拓展阅读

一个团结协作、富有战斗力和进取心的成功团队,必定是一个纪律严明的团队。纪律永远是忠诚、敬业、创造力和团队精神的基础。

"纪律"一词,早在春秋战国时期就提出来了。《左传·桓公二年》记载:"百官于是乎戒惧,而不敢易纪律。"元朝大臣耶律楚材也曾讲到"兵行从纪律,敌溃自奔忙",道出了纪律的严肃性和重要性。我国历代兵家认为,纪律的重要性胜过一切,故有"兵当先严纪律,设谋制胜在后""军纪者,军队之命脉也"之说。

列宁曾说:"劳动者的组织性、纪律性、坚毅精神以及同全世界劳动者的团结一致,是取得最后胜利的保证。"一个团队有了纪律,才会有良好的秩序,才会有团队的成功。

——桑郁《纪律制胜》

四、撰写创业计划书

(一)创业计划书的含义

创业计划书,也称商业计划书,是由创业者为自己创业准备所做的书面计划。通过分析创办一个新的企业所需的各种条件和必须考虑的各种因素,对创业活动和创业者自身的条件进行系统的、全面的评估,从而对创业前景有更加清晰的认识,并且期望通过创业计划书获得投资者的资本支持。

(二)创业计划书的基本结构

创业计划书的基本结构,就是一份完整的创业计划书至少应该包括的项目和内容。创业计划书一般没有标准的模板,只有大致的规范要求,以阅读创业计划书的人想要了解的项目和内容为指引来设计。一般情况下,创业计划书至少应该包括如下几方面的内容:

(1)项目背景介绍。

(2)主要产品(服务)介绍。

(3)盈利模式设计。

(4)市场定位与竞争态势分析。

(5)需求分析与营销策略。

(6)资源运用及其约束情况。

(7)生产经营计划。

(8)组织结构与人员情况介绍。

(9)投资预算与安排。

(10)财务规划与盈利测算。

(三)撰写创业计划书的注意事项

1. 撰写创业计划书需要遵循 6C 规范

(1)概念(concept):让别人知道你要经营的项目是什么。

(2)顾客 (customers):顾客的范围要非常明确。

(3)竞争者 (competitors):即你的项目有无其他人经营,有无替代品,竞争者与你的关系是直接的还是间接的。

(4)能力 (capabilities):即要经营的项目自己懂不懂。

(5)资本(capital):可以是现金,也可以是其他类型资产,要清楚资本在哪里,自有的部分有多少,借贷的有多少。

(6)持续经营(continuation):当事业做得不错时,要拟出未来的计划是什么。

2. 创业计划书的自我检查

创业计划书完成之后,创业者要对计划书进行检查,看一下该计划书能否准确地回答投资者的疑问,能否解决创业中遇到的实际问题。对计划书的检查可以从以下几个方面进行。

(1) 创业计划书是否显示出创业者具有管理公司的能力。如果自己缺乏能力去管理公司,那么一定要明确说明,自己打算聘请一位代理经营者管理创立的公司。

(2) 创业计划书是否明确了创业者的偿还借款能力,要保证给投资者提供一份完整的收益比率分析。

(3) 创业计划书是否体现了创业者已进行过全面深入的市场分析,要让投资者坚信计划书中阐明的产品需求量是确实存在的。

(4) 创业计划书是否容易被投资者领会,应该有简明的索引和目录,以便投资者可以较容易地查阅各部分内容。

(5) 创业计划书是否有准确的计划摘要。计划摘要相当于公司创业计划书的封面,投资者首先会阅读它,为了保持投资者的兴趣,计划摘要应做到突出重点。

(6) 创业计划书是否在文法上全部正确,如果自己不能保证,那么最好请语文老师帮你检查一下。

(7) 创业计划书能否打消投资者对产品或服务的疑虑,如果需要,可以准备一件样品,使投资者有更直观的感受。

(四) 如何撰写创业计划书

一般来说,创业计划书包括三个部分。第一部分是形式部分,包括创业计划书的封面(图 6-1)、扉页(图 6-2)、目录(图 6-3)等,属于创业计划书的外包装部分;第二部分是创业本体部分,就是事业的主要内容,比如营业额、成本、利润、周转资金、经营模式、盈利预期等;第三部分是补充文件,包括专利证明、专业执照或证书,或者意向书、推荐函等。

1. 创业计划书封面

创业计划书

项目名称: _____

项目联系人: _____

联系方式: _____

图 6-1 创业计划书封面样式

2. 创业计划书扉页

保密承诺

本商业计划书涉及本公司商业秘密,仅对有投资意向的投资者公开。本公司要求投资公司项目经理收到本商业计划书时做出以下承诺:

妥善保管本商业计划书,未经本公司同意,不得向第三方公开本商业计划书涉及的本公司的商业秘密。

承诺人签字:

年 月 日

图 6-2 创业计划书扉页样式

3. 目录

目　　录

图 6-3　创业计划书目录样式

4. 创业计划书的主要内容

（1）执行摘要：执行摘要浓缩了创业计划书的精华，涵盖了计划的要点，简明扼要、条理清楚地阐明创业的基本思路、目标及优势。它要列在创业计划书的最前面，要求一目了然，以便读者能在最短的时间内评审计划并做出判断。执行摘要不要太长，最好 1~2 页。

在执行摘要中，企业必须要回答下列问题：① 企业所处的行业，企业经营的性质和范围；② 企业主要产品的内容；③ 企业的市场在哪里，谁是企业的顾客，他们有哪些需求，特别要详细说明企业的优势以及企业获取成功的市场因素；④ 企业的合伙人、投资人是谁；⑤ 企业的竞争对手是谁，竞争对手对企业的发展有何影响。

（2）企业介绍：企业介绍是对创业企业或创业者拟建企业的总体情况介绍。主要是明确阐述创业背景和发展的立足点，包括企业定位、企业战略以及企业制胜因素等内容。这一部分的主要内容包括 3 个方面。

1）企业设立的必要性和适当性：对企业进行介绍的最便捷方式是从描述创业机会入手，着重讲述为什么要设立一个企业，记述设立企业最合适的时间、地点等；接着阐述采用的企业形态，记述为什么要采用这种形态等；然后是竞争优势分析和商业模式概述。总之，这个部分应该简要说明企业设立的必要性和适当性。

2）企业的目标和发展战略：创业者应该进一步说明自己公司的背景和现状，清晰明了地表明公司的全盘策略目标，提出创业的最终盈利目的，使投资人能充分了解并信任其所投资的创业公司。

3）企业的股权结构：本部分首先介绍新创企业的股权结构，包括描述管理团队人员之间的关系。对新企业而言，最常见的问题就是没有清晰界定权责关系，当两个或多个创业者地位相当时更容易发生这种失误。为了表明创业者已解决这个问题，计划书必须加上结构图，同时配以简要的文字来说明结构图中的重要关系。

（3）产品(服务)介绍：在进行投资项目评估时，投资人最关心的问题之一，就是企业的产品、技术或服务在多大程度上解决现实生活中的问题，或者企业的产品(服务)能否帮助顾客节约开支，增加收入。因此，产品介绍是创业计划书中必不可少的一项内容。产品介绍通常包括以下内容:产品的概念、性能及特性,主要产品介绍,产品的市场竞争力,产品的研究和开发过程,发展新产品的计划和成本分析,产品的市场前景预测,产品的品牌和专利。

在产品(服务)介绍部分,创业者要对产品(服务)做出详细的说明,说明要准确,也要通俗易懂,即使不是专业人员的投资者也能明白。产品介绍都要附上产品原型、照片或其他介绍。产品介绍必须要回答以下问题:

1)顾客希望企业的产品能解决什么问题,顾客能从企业的产品中获得什么好处。

2)企业的产品与竞争对手的产品相比有哪些优缺点,顾客为什么会选择本企业的产品。

3)企业为自己的产品采取了何种保护措施,企业拥有哪些专利、许可证,或与已申请专利的厂家达成了哪些协议。

4)为什么企业的产品定价可以使企业产生足够的利润,为什么用户会大批量地购买企业的产品。

5)企业采取何种方式去改进产品的质量、性能,企业对发展新产品有哪些计划等。

产品(服务)介绍的内容比较具体,因而写起来相对容易。虽然夸赞自己的产品是推销所必需的,但应该注意,企业所做的每一项承诺都是"一笔债",都要努力去兑现。要牢记,企业家和投资家所建立的是一种长期合作的伙伴关系。空口许诺,只能得意于一时。如果企业不能兑现承诺,不能偿还债务,不能为投资人带来收益,企业的信誉必然要受到极大的损害,这是真正的企业家所不应为的。

(4)市场预测:当企业要开发一种新产品或向新的市场扩展时,首先就要进行市场预测。如果预测的结果并不乐观,或者预测的可信度让人怀疑,那么投资者就要承担更大的风险,这对多数风险投资家来说都是不可接受的。市场预测首先要对需求进行预测:市场是否存在对这种产品的需求,需求程度是否可以给企业带来所期望的利益,新的市场规模有多大,需求发展的未来趋向及其状态如何,影响需求的因素都有哪些,等等。其次,市场预测还要包括对市场竞争的情况——企业所面对的竞争格局进行分析:市场中主要的竞争者有哪些,是否存在有利于本企业产品的市场空当,本企业预计的市场占有率是多少,本企业进入市场会引起竞争者怎样的反应,这些反应对企业会有什么影响,等等。

在创业计划书中,市场预测应包括以下内容:市场现状综述,竞争厂商概览,目标顾客和目标市场,本企业产品的市场地位,市场价格和特征等。企业对市场的预测应建立在严密、科学的市场调查基础上。企业所面对的市场,本来就有变幻不定、难以捉摸的特点。因此,风险企业应尽量扩大收集信息的范围,重视对坏境的预测和采用科学的预测手段及方法。创业者应牢记的是,市场预测不能靠凭空想象,对市场错误的认识是企业经营失败的最主要原因之一。

(5)营销策略:营销是企业经营中最富挑战性的环节,影响营销策略的主要因素有:① 消费者的特点;② 产品的特性;③ 企业自身的状况;④ 市场环境方面的因素。最终影响营销策略的则是营销成本和营销效益因素。

在创业计划书中,营销策略应包括以下内容:① 市场机构和营销渠道的选择;② 营销队伍和管理;③ 促销计划和广告策略;④ 价格决策。

对创办企业来说,由于产品和企业的知名度低,很难进入其他企业已经稳定的销售渠道中去。因此,企业不得不暂时采取高成本、低效益的营销战略,如上门推销,开辟商品广告,向批发商和零售商让利,或交给任何愿意经销的企业销售。这种销售方式对发展企业来说一方面可以利用原来的销售渠道,另一方面也可以开发新的销售渠道以适应企业的发展。

（6）财务规划:财务规划需要花费较多的精力来做具体分析,其中包括现金流量表、资产负债表以及损益表的制备。流动资金是企业的生命线,因此企业在初创或扩张时,对流动资金需要有预先周详计划和进行过程中的严格控制;损益表反映的是企业的盈利状况,它是企业在一段时间运作后的经营结果;资产负债表则反映在某一时刻的企业状况,投资者可以用资产负债表中的数据得到的比率指标来衡量企业的经营状况以及可能的投资回报率。

财务规划一般包括以下内容:① 创业计划书的条件假设;② 预计的资产负债表、预计的损益表、现金收支分析;③ 资金的来源和使用。

企业的财务规划应保证和创业计划书的假设相一致。事实上,财务规划和企业的生产计划、人力资源计划、营销计划等都是密不可分的。要完成财务规划,必须要明确下列问题:① 产品在每一个阶段的出货量有多大？② 什么时候开始产品线扩张？③ 每件产品的生产费用是多少？④ 每件产品的定价是多少？⑤ 使用什么分销渠道,所预期的成本和利润是多少？⑥ 需要雇佣哪几种类型的人？⑦ 雇佣何时开始,工资预算是多少？

（7）人员及组织结构:有了产品之后,创业者第二步要做的就是组建一支有战斗力的管理队伍。企业管理的好坏,直接决定了企业经营风险的大小。而高素质的管理人员和良好的组织结构则是管理好企业的重要保证。因此,风险投资家会特别注重对管理队伍的评估。

企业的管理人员应该是互补型的,而且要具有团队精神。一个企业必须要具备负责产品设计与开发、市场营销、生产作业管理、企业财务等方面的专业人才。在创业计划书中,必须要对主要管理人员加以阐明,介绍他们所具有的能力,他们在本企业中的职务和责任,他们过去的详细经历及背景。此外,在这部分创业计划书中,还应对公司结构做一简要介绍,包括公司的组织机构图,各部门的功能与责任,各部门的负责人及主要成员,公司的报酬体系,公司的股东名单(包括认股权、比例和特权),公司的董事会成员,各位董事的背景资料。

（8）融资计划、投资回报与退出:融资计划、投资回报与退出部分是创业计划的关键部分,是风险投资者十分关心的问题,主要包括以下几项内容:

1）融资计划:该项说明创业者的具体需求和安排。创业者应在此列出资金结构及数量,并在全面估计后,提出最具吸引力的融资方案。比如,为保证项目实施,需要吸收多少投资？需要的投资中,需要投资方投资多少？对外借贷多少？公司自身投入多少？对外借贷、抵押或担保措施是什么？此外,还需要说明融资款项的运用、营运资金周转等具体的资金使用规划,目的在于使战略伙伴和创业投资者信任创业者,并能够放心交付资本。

2）投资回报:该项需要具体数字来描述投资人可以得到的回报,需要预计未来3~5年每年净资产回报率,包括投资方以何种方式收回投资、回报的具体方式和时间等。

3）投资退出:该项需要与风险投资者协商确定。创业风险投资公司往往要求在一定时间内收回投资,一般是3~5年。对新企业而言,注意有三种收回投资的方式,分别是公开上市、股份协议转让或被其他企业收购。此时,投资者就可以通过股票交易出售其股票,从而将股票转变为现金。如果离开这些主要交易市场,投资者很难为所持股票找到买家。

（9）投资风险:投资风险部分也是创业投资者十分感兴趣的问题,直接关系到商业利益,因此要仔细考虑和分析。尽管可能存在的风险因素非常多,但企业必须根据自身实际来描述确实存在的关键风险。这一项目指的是创业过程中创业者可能遭受的挫折,例如市场变动、竞争对手太强、客源流失等。这些风险对创业者而言,甚至会导致创业失败。因此,可能风险评估是创业计划书中不可缺少的一项。创业计划应该给读者的重要印象之一就是新企业管理团队准备得很仔细,已充分认识到企业面临的关键风险,并一一提出了妥善的预防和解决方案。

（10）经营预测:在创业计划书中最好分别提出近期计划、远景计划等。要提出响亮又务实的阶段目标。阶段目标是指创业后的短期目标、中期目标和长期目标,主要是让创业者明示自己事业发展的可能性与各个阶段的目标。这些目标和预测必须建立在现实、具体的数据上,经过统计分析推导出来。只有这样,投资者与创业者之间才能建立起战略伙伴关系,并使投资者认同创业者的规划,放心进行创业投资。

5. 补充文件（附录）

附录包括与创意人计划相关,但又不适合放在扉页或主干正文的一些内容,比如专利证明、营业执照或客户意向书、推荐函等。

思考与练习

1. 创业者应具备哪些基本素质和条件?
2. 大学毕业生应从哪些方面做好创业准备?
3. 如何撰写创业计划书?

附:

教育部关于做好 2022 届全国普通高校毕业生就业创业工作的通知
教学〔2021〕5 号

各省、自治区、直辖市教育厅(教委),新疆生产建设兵团教育局,有关省、自治区人力资源社会保障厅,部属各高等学校、部省合建各高等学校:

党中央、国务院高度重视高校毕业生就业工作。习近平总书记多次对做好高校毕业生就业工作作出重要指示批示。国务院《"十四五"就业促进规划》明确要求,持续做好高校毕业生就业工作。2022 届普通高校毕业生规模、增量创历史新高,就业形势复杂严峻。为深入贯彻党的十九大和十九届二中、三中、四中、五中、六中全会精神,落实党中央、国务院决策部署,教育部决定实施"2022 届全国普通高校毕业生就业创业促进行动",健全就业创业促进机制,推动就业创业工作提质增效,促进高校毕业生更加充分更高质量就业。现就有关事项通知如下。

一、完善市场化社会化就业促进机制

（一）加强校园招聘市场建设。各地各高校要进一步发挥校园招聘主渠道作用,切实加强校园招聘市场建设,建立完善就业资源开发机制,充分发挥专职就业工作队伍和党政干部、专业教师、校友等各方面积极性,千方百计拓展岗位信息来源。高校可通过组团、联盟等方式开拓就业岗位,推动校内校外就业资源共享。教育部会同相关部门、地方政府,发挥全国普通高校毕业生就业创业指导委员会作用,建设、打造一批全国性、区域性、行业性大学生就业市场。

（二）促进网络招聘市场建设。教育部升级打造"24365 校园网络招聘服务"平台,引入优质人力资源服务机构、行业协会等，深入实施"岗位精选计划"，推进就业信息联通共享。各地各高校要组织就业工作人员、毕业班辅导员和求职毕业生注册使用"24365 智慧就业平台"，加强线上服务联动。大力推进校园网络招聘市场建设，建设维护好本地本校用人单位需求库、毕业生求职意向库等，及时发布专业设置和生源信息。积极开展网络招聘服务，鼓励用人单位通过线上宣讲、远程面试、网上签约开展校园招聘，促进线上线下招聘相结合，提高招聘成功率。

（三）鼓励中小企业更多吸纳高校毕业生。各高校要为中小企业进校招聘提供便利，不得设置限制条件。教育部会同相关部门、大型平台企业，举办"全国中小企业人才供需对接大会""全国中小企业网上百日招聘高校毕业生""全国民营企业招聘月"等活动。各地要积极配合本地相关部门加大对中小企业支持力度，推动企业和高校毕业生用足用好税费减免、创业担保贷款等支持政策，创造更多适合高校毕业生的就业岗位，对符合条件的高校毕业生按规定给予社会保险补贴和职业培训补贴。

（四）促进创新创业带动就业。各地各高校要加大国家创新创业政策落实力度，加强创新创业服务平台建设，大学科技园、创业园、创客空间等要向高校毕业生提供场地优惠和专业化孵化服务，指导创业团队争取各类创业优惠政策，促进创新创业项目落地发展。办好中国国际"互联网+"大学生创新创业大赛，切实发挥大学生创新创业带动就业作用。建立完善大学生创新创业信息服务平台，提供创新创业相关政策发布、解读、项目对接等服务。组织双创导师深入校园进行政策解读、经验分享和实践指导，支持大学生返乡创业、到城乡基层创业就业。

（五）支持引导灵活就业。各地各高校要积极挖掘新产业新业态新模式中的就业机会，引导毕业生在数字经济、平台经济等多个领域灵活就业。配合有关部门完善灵活就业社会保障政策，切实维护高校毕业生劳动保障权益。组织开发一些面向市场的培训项目，开展新兴产业、先进制造业、现代服务业等领域新职业技能培训，增强毕业生就业能力和竞争力。

二、充分发挥政策性岗位吸纳作用

（一）健全毕业生基层就业支持体系。进一步完善并落实毕业生到基层就业学费补偿贷款代偿、考研加分等优惠政策，采取有效方式引导更多毕业生到中西部地区、东北地区、艰苦边远地区和基层、乡村振兴一线就业创业。组织实施"特岗计划""三支一扶""西部计划"等中央基层就业项目。配合有关部门设立"城乡社区专项计划""村医专项计划"等相关项目，鼓励各地结合实际扩大实施地方基层就业项目。持续开发科研助理岗位，增强科研助理岗位吸引力。

（二）做好大学生征兵工作。各地各高校要落实"两征两退"改革要求，配合兵役机关制定本地本校征兵工作方案，做好大学生特别是毕业生参军入伍工作。按照有关政策规定，落实退役普通高职（专科）士兵免试参加普通专升本招生、退役大学生士兵专项硕士研究生招生计划等优惠政策，研究制定细化方案和实施办法。密切军地协同，加强征兵工作站建设，办好征兵宣传教育进校园等活动，畅通入伍绿色通道，进一步推进以高校毕业生为重点的精准征集，提高毕业生入伍数量。

（三）促进升学与就业有序衔接。各地各高校要统筹安排好各类升学考试招生工作时间，硕士研究生招录工作在 2022 年 5 月底前完成，普通专升本和第二学士学位招录工作在 2022 年 6 月底前完成。坚持复合型人才培养定位，加强第二学士学位招生工作，高校教务、招生等部门要加强工作协同,扎实开展招生宣传、考试录取等工作,并纳入高校整体工作进行统筹部署。

（四）优化招考时间安排。各地教育部门要与相关部门加强协调配合,统筹推动各地尽早安排机关、事业单位招聘考试工作和各类职业资格考试时间,给高校毕业生离校前留出充足的求职时间。办好"国聘行动"第三季,发挥国有企业稳就业示范作用,并配合国有企业尽早完成招录工作。

三、强化就业指导服务

（一）建立健全就业育人支持体系。各地各高校要把就业教育、就业引导全面纳入大学生思想政治教育体系,多种形式开展就业育人主题教育系列活动,打造一批大学生就业创业教育基地,引导毕业生树立正确的职业观、就业观和择业观。要加强重点领域就业引导,鼓励毕业生积极投身重点地区、重大工程、重大项目、国际组织等领域就业创业。组织开展大学生就业实践调查活动,持续打造"互联网+就业指导"公益直播课,建立就业创业指导优质师资库,打造一批就业指导"名师金课"。加强职业生涯教育和就业创业指导,组织举办大学生职业生涯规划比赛活动。

（二）强化就业实习实践。各地各高校要将实习实践作为促进就业的重要举措,纳入人才培养方案,深化校企校地合作,开发更多实习实践岗位,推动更多毕业生通过实习实践实现就业。鼓励地方政府、高校和用人单位共同打造一批大学生就业实习实践基地。配合落实好将职业技能提升行动专项资金补贴性培训对象扩大至普通本科高校、中高职院校的政策,积极组织毕业年度毕业生参加职业技能培训。

（三）加强高职毕业生就业服务。各地各高校要针对高职百万扩招毕业生群体,制定专门就业工作方案,结合扩招毕业生生源类型特点,有针对性地分类开展就业指导服务,引导他们合理调整就业期望、找准职业定位,积极主动就业。支持高职院校紧密结合市场需求,按规定开展相关职业技能培训、项目制培训等多种形式的就业创业培训,并做好职业培训补贴政策的衔接工作。

（四）加强就业权益保护。各地各高校要配合有关部门积极营造平等就业环境,努力消除就业歧视。在各类校园招聘活动中,不得设置违反国家规定的有关歧视性条款,不得将毕业院校、学习方式（全日制和非全日制）等作为限制性条件。加强诚信和安全教育,引导毕业生诚信求职,树立遵纪守法意识,防范招聘欺诈、"培训贷"陷阱等。积极配合有关部门推进毕业生就业体检结果互认。

四、开展重点群体就业帮扶

（一）实施宏志助航计划。教育部组织实施"中央专项彩票公益金宏志助航计划——全国高校毕业生就业能力培训项目",设立"全国高校毕业生就业能力培训基地",面向有就业意愿的毕业生群体开展线上线下就业能力培训,帮助他们提高综合素质和就业能力。各地各高校和各培训基地要精心组织实施,加强政策宣传,提升项目培训效果,努力帮助参加培训的毕业生实现就业。鼓励各地创造条件,推动"宏志助航计划"覆盖更多毕业生。

（二）完善就业帮扶机制。教育部组织开展直属高校与地方高校、东部高校与西部高校就业对口帮扶,推动区域间、校际间就业渠道互补、就业资源共享。各地各高校要进一步完善就业帮扶机制,建立就业困难毕业生群体帮扶工作台账,对低收入家庭、身体残疾等毕业生重点群体,按照"一人一档""一人一策"开展重点帮扶。

五、完善就业统计发布机制

(一)加强就业统计核查。完善毕业生就业进展报送机制,及时汇总、通报就业进展情况。全面推广使用全国高校毕业生毕业去向登记与网上签约平台,推进毕业生求职、签约、登记、查询、反馈等"一站式"线上办理。继续开展毕业生就业状况布点监测。委托国家统计局开展毕业生就业状况抽样调查。严格执行就业工作"四不准"规定,确保就业统计数据真实准确。完善部、省两级就业统计举报机制,开展毕业生实名查询反馈,统一公布举报电话和邮箱。

(二)健全就业质量报告制度。高校毕业生就业质量年度报告要准确客观全面反映本校毕业生就业状况、就业工作进展、就业与招生和人才培养的反馈联动等情况。报告相关指标内容要与全国高校毕业生就业管理系统中的数据保持一致。报告经学校校长办公会、党委会审议通过后,按信息公开有关要求在每年 12 月 31 日前发布。

六、持续深化高等教育改革

(一)推动就业与招生培养联动改革。优化学科专业设置,引导高校重点布局社会需求强、就业前景广、人才缺口大的学科专业,对就业率过低、不适应市场需求的学科专业要及时调整。开展高校毕业生就业状况跟踪调查,将调查结果作为"双一流"建设绩效评价、本专科教学评估、学科评估、专业设置与管理等重要依据。研制发布就业状况白皮书,发挥就业大数据对高校招生计划安排、人才培养方案调整的作用,不断提高人才培养和社会需求的契合度。

(二)实施供需对接就业育人项目。教育部组织征集相关用人单位对人才培养合作的需求,定期发布就业育人项目指南,在定向人才培养培训、就业实践实习基地建设、人力资源提升等方面促进校企供需对接。各地各高校要用好项目资源,强化组织动员,积极对接用人单位,确保项目实施效果。要以实施就业育人项目为抓手,深化产教融合、校企合作,培养更多实用型、复合型和紧缺型人才。

七、加强组织领导

(一)落实就业"一把手"工程。各地各高校要把高校毕业生就业摆在突出重要位置,列入领导班子重要议事日程,建立健全主要负责同志亲自部署、分管领导靠前指挥、院系领导落实责任、各部门协同推进、全员参与的工作机制,并纳入领导班子考核指标。健全高校领导联系走访用人单位制度,主要领导要带头开展走访。严格落实常态化疫情防控要求,统筹做好疫情防控和就业工作,既要有效防范疫情风险,也要确保各项促就业工作有序推进。

(二)配齐建强就业工作队伍。各地各高校要积极创造条件,认真落实高校就业机构、人员、场地、经费"四到位"要求,明确相关标准和指标,配齐配强校级专职就业工作人员,鼓励在院系专门设立就业辅导员。要加强就业工作队伍职业化、专业化建设,定期开展业务培训交流,鼓励就业指导人员按要求参加相关职称评审,畅通就业指导人员职业发展渠道。

(三)加强就业工作督促检查。教育部把毕业生就业工作纳入省级人民政府履行教育职责评价、直属高校领导班子年度考核等重要内容,并视情开展对有关省份的就业专项调研工作,适时通报高校毕业生就业进展情况。各地各高校要进一步完善就业工作督查、通报、约谈、问责机制,确保就业工作落实到位。

（四）统筹就业工作安排。教育部在秋招季、春招季和毕业季三个就业工作时段,组织在全国范围内开展"校园招聘月""就业促进周"和"基层就业出征仪式"系列活动。各地各高校要统筹就业工作安排,精心组织相关就业活动。

（五）做好就业总结宣传工作。各地各高校要广泛开展就业宣传系列活动,深入宣传国家就业创业政策、各地各高校和用人单位促就业的好经验好做法,营造全社会支持毕业生就业的良好舆论氛围。组织开展就业育人典型案例和毕业生就业创业典型人物总结宣传工作。要认真制定年度工作计划,做好工作总结,有关进展情况及时报教育部。

教育部

2021 年 11 月 15 日

第十章 医学生职业素质与综合素质的培养

学习目标

1. 了解职业素质的培养方法。
2. 了解操作技能的培养方法。
3. 了解综合素质的培养内容。

第一节 医学生职业素质的培养

职业素质是指人们从事某种社会生产活动的能力。无论什么职业,必须有相应的素质作为保障。基本的职业素质是职业技能,能够根据岗位需要去完成某项任务或解决某类问题。岗位技能可分为3种:功能性技能、专业知识性技能、自我管理技能。下面结合医学生实际,探讨职业技能的培养。

一、专业能力的培养

随着社会经济、科学技术的飞速发展和人类的不断进步,医学科学技术发展迅猛,医学的内涵进一步深化,新的医学模式日臻完善……这无疑给现代医学生在医学道德、医学理论基础、专业技术能力、学习能力等多方面都提出了更高的要求,即医学生要努力成为具备现代医学技术的应用型和创新型人才。

(一)必须具备坚实的专业理论基础

现代医学科学的发展和医学模式的转变,需要医学生具备全方位的知识、智能结构以及坚实的专业理论。医学模式的日臻完善,要求医务工作者能够从整体化、系统化、科学化、社会化的观点去研究和处理健康与疾病问题,并要求打破传统的、常规的思维方法和行为模式,树立创新性的服务理念;卫生服务也将由单一的、片面的服务扩展为以人类健康为主导的心理服务、社区服务及预防保健服务等全方位服务。这就要求医学生夯实医学理论基础,重视医学基础课程的学习,只有这样,才能更好地指导临床实践,成为医学事业中的可造之才。医学科学的研究,需要过硬的理论知识基础。医学是一个复杂的系统工程,医学生必须具有勤奋学习、刻苦钻研、努力拼搏的精神,通过深刻学习理论知识,再产生更深刻的理论设想,然后创造性地发挥和运用。

(二)必须掌握精湛的医疗技术

医学是理论与实践结合紧密的学科,是一门综合性、实践性、服务性、社会性很强的科、技合一的科学。这就要求医学生不仅要有扎实的医学理论功底,而且要具备精湛的临床操作技能。如果把人体比喻成一个十分复杂的机器,作为维护人体运转、保证人体机器运转的医师,要具备高超的技术,就必须经过长期的临床实践。在医学高速发展的今天,医学生要抓住有利时机,大胆探索,勇于实践,尽快提高临床操作技能。同时,还必须能够熟练地操作现代化高科技设备。医学的发展是快速的,医疗器械发展的速度更是惊人,给疾病诊断治疗提供了良好的条件。学会操作、维修、保养高科技医疗器械,是未来医学生应该具备的能力之一。因为医学生将来必须面对的一个现实是:医院不断地引进高科技设备,只有具备过硬的操作技术,才能提高诊疗水平,才能为患者提供更好的医疗服务。因此,熟练掌握现代高科技的能力是非常重要的。

二、实际操控能力的培养

实际操控能力是专业工作者必须具备的一种实践能力。对于医学生来说,各种医疗服务都依赖于理论知识及正确的实际操作技能。医学生为了提高自己的操控能力,应该多看、多想、多练,应注重在实践的过程中,提高理论知识应用水平。

1. 教学计划内的实践环节

(1)军事训练:以大学一年级新生参加军训为主。

(2)劳动教育:主要是参加校内美化、绿化以及一些服务性的公益活动和生产劳动。

(3)课程模拟实验:一般是在实验室或实训基地完成。

(4)社会调查:结合专业学习,以科学方法为指导,组织医学生带着课题深入实际进行调查研究,如组织医学生参加医疗卫生服务"三下乡"活动等。

(5)专业实习:包括临床见习、临床实习、毕业实习等,这是教学计划内实践的主要形式。

(6)毕业设计:主要是毕业论文及答辩。

2. 教学计划外的实践活动

(1)校园文化活动:主要是第二课堂活动。在课外进行的形式多样的学习、娱乐和实践活动,如各种学科小组活动、社团活动、文体活动及其他竞赛活动等。

(2)勤工助学:指利用课余时间外出兼职打工。

(3)社会考察:主要是指大学生利用寒暑假到工厂、农村、革命老区、旅游风景区,进行参观、访问、调查、服务,接受社会主义、集体主义、爱国主义教育,从而认识社会、了解工农、锻炼并提高能力的一种社会活动。

(4)社会实践活动:例如,参加中医药类高等院校举办的"中医中药乡村行""中医药文化社区行"等特色实践活动。

3. 操作技能的培养

操作技能是完成某种任务的一种活动方式,它是通过练习获得的。医学专科生属于技术应用型人才,一定要重视操作技能的培养。操作技能的形成,是通过练习逐步掌握某种连锁性动作的过程。操作技能的习得一般可以分为3个阶段。

(1)认知阶段:在学习一种新的动作技能的初期,学习者通过指导者的言语讲解或者观察别人的动作示范,试图理解这一技能的要求,自己也会试图做一些初步尝试。任何操作技能的学习,都必须经历认知阶段,但认知阶段的长短因人、因事而异。这一阶段的主要任务是领会技能的基本要求,掌握技能的局部动作。学习者一般会出现全身肌肉紧张,动作忙乱而不协调,出现多余的动作,难于发现自己动作的错误和缺点等情况,但不必气馁。

(2)联系形成阶段:在这一阶段,重点是使适当的刺激与反应形成联系,这必须排除定势思维的干扰,并排除局部动作之间的互相干扰,从而建立新的动作连锁。这一阶段的主要特点是技能的局部动作被综合成更大的单位,最后形成一个连续性的整体。

（3）自动化阶段:技能学习进入这一阶段时,一长串的动作系列已联合成一个有机的整体并相对固定下来。整个动作互相协调似乎是自动而为,不需要特殊的注意和纠正。学习者可以一面熟练地操作,一面思考其他的事情。动作技能娴熟流畅是学习者进入本阶段的特征。

技能学习者还要注意"高原现象"(图 10-1)。高原现象是指学习者已经掌握了一定的知识,也具备了一定能力、水平,剩下的多是疑点、难点,加之精神、心理等诸种因素的影响,进步速度比较缓慢,尽管学习者很用心学习,但成绩提高不大,有时甚至会下降,水平总体上处于一种停滞状态。这时,学习者要坚持学习,不断探索,改进学习方法,克服学习上的困难,在掌握新的规律或技巧后,学习成绩又开始逐步上升,能力水平达到新的高度。

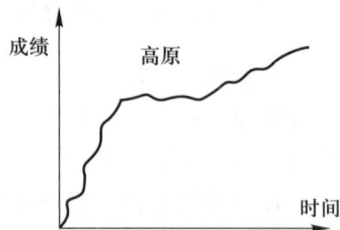

图 10-1　"高原现象"示意图

三、专业心理品质的培养

在做任何事情以前,如果能够充分肯定自我,就等于已经成功了一半。古希腊哲学家塞涅卡曾经说:"不是因为这些事情难以做到,我们才失去信心,是因为我们缺乏自信心,才使这些事情难以做到。"自信心对一个人的发展来说,具有无法估测的力量,在许多成功者身上,都可以很清楚地看到他们因自信而散发出的成功光芒。如果一个医务工作者缺乏自信心,就会在诊断、治疗、护理等多方面不能及时、正确地决策,失去治疗的最佳时机,导致贻误病情,增加患者的痛苦,甚至危及患者的生命。

当你面对挑战时,你不妨告诉自己,你就是最优秀和最聪明的,你要做胜利者,你要成功。从这一刻开始,利用心理暗示的力量,使自己进入一个成功者的身心状态,让积极的信念影响你的一生。

（一）悦纳自我——相信自己独一无二

首先,要认识到自己是独一无二的,正因为自己身上的优点和缺点,才构成了"独特的我"。不要拿别人的标准来衡量自己,因为你不是别人,也永远不可能用别人的标准来要求自己。不必为自己某些地方比别人强而沾沾自喜,也不必为自己某些方面不如别人而灰心丧气。应学会经常暗示自己:"我和别人是不一样的,我不和别人比,我只将自己的现在和自己的过去比,并努力去发挥自己的潜力。"

其次,要树立独立的自信心。要学会从自己的角度,而不是从社会的角度来评价自己。真正的自信心来自当自己身处逆境或事情未做好时,仍然相信自己能克服困难,能把事情做好。因此,你应学会根据自己的实际情况,树立独立的自信心。此外,还要善待自己的缺点。一般来说缺点有两种,一种是可以改进的,如不良的学习习惯等;另一种则是不可能改进的,如身材矮小、相貌不佳以及其他不能矫治的缺陷等。对于那些可以改进的缺点,就应该勇敢地承认它并积极地去改正它。对于不可能改进的缺点,则要坦然地承认它、接受它,并尝试着通过其他方面优势的发挥来加以补偿。

（二）发现自我——尝试做自己的伯乐

一个人之所以会缺乏自信，是因为他体验到了失败的感觉并扩大了这种感觉，因此，要增强自信心，就要多创造机会发现自我，捕捉成功的心理体验。如果你自认是一匹千里马，但却一直苦于找不到欣赏自己才能的伯乐，那么，不如先给自己做伯乐。给自己一个发展和表现的机会，做自己的知音。不管别人怎么认定自己，也不管那些认定的优劣，只要我们心中认定了自己的能力，我们必然能充满自信地前进。每个人都希望能遇到懂得鉴赏自己的伯乐，但这毕竟需要一点运气，而你一定知道自己有哪些能力与才华，只要你能够不断地发现自我，不断努力，那么你就有机会遇到真正的知音。

（三）改变自我——努力把劣势变成优势

现实中，人们所认识的自己的劣势或缺点，很多情况下都是没有信心的借口，就算拥有最好的竞争条件，如果缺乏自信，也会变成阻碍前进的劣势。

以前，许多人喜欢看 NBA 的夏洛特黄蜂队打球，更喜欢看明星球员伯格斯场上的奋力表演。伯格斯的身材不高，即使照东方人的标准也算矮小，但伯格斯可是 NBA 表现最杰出、失误最少的后卫之一，不仅控球一流、远投精准，甚至穿梭在高个儿队员中带球上篮也毫无惧色。伯格斯不仅安慰了所有身材矮小而酷爱篮球的人的心灵，也鼓舞了许多人的意志。他运用了自己身材矮小的优势，行动灵活迅速，几乎没有失误，而且正因为身材矮小，抄球反而更容易得手。伯格斯不在乎别人的嘲笑，并巧妙地把自己的劣势转换成优势，创造了球场上的奇迹！

成功与失败的关键在于你有没有信心，有没有努力前进的活力和动力，是否拥有一颗永远积极向上的心。只要努力并做好心理准备，完全可以将劣势变成优势，走向成功。

（四）决定自我——莫让别人决定你的一生

激励大师安东尼·罗宾在演讲时，经常告诉台下的听众说："其实，我们可以为自己做选择，勇敢地为自己做决定，不要让别人承担你的成败，更不要让任何人决定你的一生。"有一次搭乘飞机时，安东尼·罗宾的旁边坐了一个非常喜欢抱怨的人，当空中小姐前来询问乘客晚餐要吃鸡肉还是牛肉时，安东尼·罗宾要了鸡肉，而他旁边的旅客则表示随便。不久，空姐端来了安东尼·罗宾的鸡肉，并给了他旁边的人一份牛肉。接下来的 20 分钟，安东尼·罗宾只听到他不断地抱怨他的牛肉有多难吃。这位旅客一定在心里认为，这是空姐帮他挑选的晚餐，他却忘了，这顿难吃的晚餐其实是他自己决定的。实际上是他自己把选择权交给了别人。这个故事提醒我们，如果不想事后抱怨，凡事就要由自己决定，让生活的主控权回归到自己手中，不要依赖别人，也不要一味地按照别人说的去做，让自己决定自己的人生。如此一来，你将不会再有抱怨和后悔。

四、医德品质的培养

医德，是医务人员的职业道德，它是社会道德在医学领域中的具体表达，是医务人员自身的道德品质和调节医患关系、医际关系及医务人员与社会之间关系的行为准则及规范的总和。高尚的医德是医学生综合素质的最高表现。

1. 医德的主要内容

我国是一个历史悠久的文明古国，在医疗领域中，我们的祖先不但积累了丰富的医疗经验，更建立和发展了传统的医德规范。我国传统的医德规范主要包括如下几个方面：仁爱救人、赤诚济世的事业准则;清正廉洁、不图钱财的道德品质;虚心好学、刻苦钻研的学习作风;认真负责、一丝不苟的服务态度;不畏权贵、忠于医业的献身精神以及不断总结、敢于创新的勇气。现代社会道德是在传统道德基础上并结合社会时代特点不断发展起来的。现代社会道德对医务人员的要求主要包含以下内容:

(1)同情心和责任感:同情心是医德情感中最基本的,"恻隐之心,人皆有之"。医乃仁术,强调的是作为医务人员首先要有同情心。所谓同情心即面对经受病痛折磨、求医心切的病人,产生的急病人之所急、想患者之所想的情感,表现出对患者的体贴和亲切的关怀。现实中,之所以有医务人员对于患者病情熟视无睹,态度冷漠,语言生硬,开大处方,小病大治,甚至见死不救,一个很重要的因素就是同情心的缺失。责任感是医德情感中重要的组成部分,其外在表现就是医务人员把维护患者的生命当作自己崇高的职责,它是同情感升华的必然结果。现实中,有医务人员手术后将手术工具遗忘在患者体内,手术出现重大失误,对患者敷衍了事,这都是缺乏责任感的体现。通过对医务人员道德情感的教育,使广大医务工作者树立正确的人生观、世界观和价值观。因此,需要加强医务人员同情感和责任感的教育。

(2)树立社会主义荣辱观:社会主义荣辱观是构建和谐社会的伦理道德核心,是指导各行各业行风建设的旗帜,更是医德医风建设的理论基础。社会主义荣辱观体现了科学的世界观、人生观和价值观,对于和谐医患关系的建设具有重要的指导意义。社会主义荣辱观与医疗服务行业实践相结合,其具体内容主要体现在:以服务患者、爱岗敬业、团结互助、勤劳廉洁为荣,以损害患者健康利益的行为为耻。因此,社会主义荣辱观体现了医务人员的服务宗旨和根本职责。

(3)国家卫健委制定的医德规范

1)救死扶伤,实行社会主义的人道主义。时刻为患者着想,千方百计为患者解除病痛。

2)尊重患者的人格和权利,对待患者,不分民族、性别、职业、地位、财产状况,都应一视同仁。

3)文明礼貌服务。举止端庄,语言文明,态度和蔼,同情、关心和体贴患者。

4)廉洁奉公。自觉遵纪守法,不以医谋私。

5)为患者保守医密,实行保护性医疗。不泄露患者隐私与秘密。

6)互学互尊,团结协作。正确处理同行同事间的关系。

7)严谨求实,奋发进取。钻研医术,精益求精。不断更新知识,提高技术水平。

2. 加强医学生医德教育的有效措施

(1)与时俱进,改革医德教育评价机制:学校应建立较完善的医德评价机制,对学生进行年度考评,建立医学生医德档案,并作为评比"三好学生""优秀学生干部""奖学金"及入党的一个重要依据,对医德优秀的学生应给予表彰奖励,同时对医德年度考评不合格的学生给予应有的处置,以促进医德教育的成效。随着时代发展,建立新的医德评价标准,要以真、善、美为核心内容,可采用班级评价、自我评价和信访评价等多种途径,以构建科学合理的医德评价机制。

(2)改革教学方法,开展实例教育,提升医德认识:新时期的大学生反感空洞和漫无边际的说教,因此授课教师就必须立足于医学生学习、生活实际,结合时代特征,切实加强教育。在讲授医德教育理论课时,除了从理论上讲清医德的内涵及重要性外,还要多结合时事新闻来教育引导,如抗击"新冠"、地震救灾等过程中涌现出的大量医疗英雄人物,都是很好的榜样教育实例。

（3）树立现代教育意识，在课堂中加强医德教育：高尚医德的养成是一个潜移默化的过程，而不是单靠运动式、暴风雨式的教育，所以学生的医德教育应从新生入学那一刻开始，直至毕业。为了能在课堂中切实加强医学生的医德教育，需做到以下几点：首先，人文教师与专业教师携手同心，形成医德教育的整体合力，政治理论课、思想品德课和医学伦理学教师及医学专业课程的教师都应参与到医德教育中，以自身的人格魅力感召学生树立正确的人生观、价值观；其次，不断加强医学专业课教师自身的人文功底，对其进行定期或不定期的人文素质培训，鼓励他们根据授课情况，结合实例，把医德教育渗透到专业课程的教育之中，同时让人文教师多学习和了解医学知识，寻求更多的医学和人文的契合点；最后，在教学中贯穿科学史的教育，结合教学内容对学生进行道德教育，都是培养学生思维能力、科学方法，提高教学质量的有效途径。

（4）结合专业特点，开展社会实践活动："实践是检验真理的唯一标准"，也只有通过实践，才能拉近医学生与医德之间的距离，让他们觉得医德就在他们身边，达到提升医德认识的作用。学校应该多组织开展社区卫生服务调查、宣传预防艾滋病、义务支教、街头义诊等一系列社会实践活动，这样既能巩固提高学生在书本上所学的专业知识，又能增强自身的社会责任感和奉献精神，培养职业道德意识，丰富社会经验。尽管如此，社会实践教育也有一个不断完善的过程，需要从以下方面来改进：一是科学评定社会实践活动的绩效；二是做好实践活动前的培训工作；三是寻求社会支持和理解，以确保有充足的人、财、物来开展社会实践活动；四是组织学生轮流参与，条件允许应全员参与；五是做到内容丰富，方式灵活多样。

（5）将传统医药文化融入医学生的医德教育：市场经济环境下，出现了一些新的医德问题。主要表现在受利益驱动，医德出现失衡；价值背向，导致医德失去规范；效益冲突，导致医德失调。这些问题与中华民族优秀文化的价值取向是相背离的。中医药文化是中华民族优秀文化的本质体现，是中医药特色与优势的精神文明和物质文明的总和。据有关学者研究，古代医德风范的代表性人物共约557位。其中，有36位医家的医德言论在医德文化方面具有较大的影响。中医药学术思想或传说典故中也蕴含着德育思想。将医德教育与中医药文化相结合，不仅可以加强医学生的人文素质，还可以充分发挥中医药文化的德育功能。

（6）丰富校园文化活动，营造医德教育氛围：校园文化能塑造良好的性格和高尚的品格，校园文化影响着学生的思想品质、价值观念和生活方式的选择，具有极强的导向作用。为把医德教育融于校园文化建设之中，营造出"大医精诚"特点的校园文化环境，部分学校在思想道德教育实践中，在发挥学生的主观能动性能方面做了一些有益的尝试。例如，与兄弟院校联合举行新春诗歌朗诵比赛，播放励志影片，举办"女生文化节"、学生评优表彰大会，邀请校内外知名人士开展系列人文讲座等，这些活动不但丰富了学生的文化生活，提升了学生的医德情操，还培养了学生分辨真善美和假恶丑的能力。深入加强校园文化建设，是创建医学生医德教育环境的重要途径。

医学生崇高医德的养成是一项长期而又艰巨的任务，不仅需要医学生经常反躬自问，恪守"救死扶伤，防病治病，实行革命人道主义，全心全意为人民服务"的职业信念，而且要加强学校的教育引导，以及全社会的关注重视，共同营造医学生良好的医德形成环境，这样才会取得医德教育的最佳效果。

第二节　医学生综合素质的培养

一、医学生综合素质的含义

医学生的综合素质主要包括品德、学识、才能和体质等方面。21世纪,高等教育将更加注重人才综合素质的培养。提高教育教学质量,就是更加注重素质教育,注重人才培养的社会效果。社会到底需要什么素质的人才? 从以下几个企业招聘的例子或许可以找到答案。

宝洁公司是一家著名的跨国公司,他们招聘人才打破专业限制,不管学文、理、医、工,也不管专业,只要符合招聘条件都能录用。公司规定了素质检测的笔试和面试,重点是思维、交际、应变、文字语言、组织协调、领导鼓动等能力。经过培训,一年内工作做出成绩就当部门经理。他们的观点是,在技术和素质关系问题上,素质起决定作用。他们认为有优良的素质就能很快地掌握好技能;反之,一个技术熟练的人没有良好的综合素质将不会有什么发展潜力,在两者不可兼得的情况下,公司首选素质优良的人才。这是世界级公司的用人策略:以素质为用人第一要素。

强生公司录用员工时的几个原则:第一,挑选德才兼备的人才;第二,对才学很高但德行低下的人坚决不予录用,认为这些人对企业没有任何好处,只会带来危害;第三,对于道德素质很好但业务水平较低的人予以录用,他们认为这些人道德素质好,只要业务上加以培养提高,一定会给企业带来好的效果。公司把道德素质看成是择业和企业发展的第一资源。

有关人才需求调查表明,用人单位最看重的大学生素质中前5项指标分别是:道德素质高、解决问题的能力强;专业知识与技艺;学习意愿高、可塑性强;敬业精神;团结沟通协作能力。

二、医学生综合素质方面的主要问题

社会是一个充满激烈竞争的舞台,用人单位会从社会学、经济学、管理学的角度来挑选自己认为是合适的人选。在一些就业洽谈会和各种人才招聘会上,了解到大部分毕业生有合理的专业知识结构,有较高的思想素质、心理素质和人文社科素质;有较强的事业心、责任感和竞争意识。但有部分毕业生综合素质还不尽如人意,与医疗卫生事业的要求相差甚远。主要表现在以下几个方面。

1. 认知能力不强

当前,在市场经济的影响下,金钱至上、待遇第一的观念影响着医学生的就业观,很多医学生把能获得多少经济收入作为选择单位的首要标准,片面地认为只要工资水平高、社会福利待遇好就是找到了好的工作。大部分毕业生对于自己适合什么样的工作和将来在哪些领域中发展还没有认真地思考过,没有冷静地分析自身所处的环境是否与自身的条件相适应,不能用发展的眼光看问题,不能把人的发展和社会的发展有机地联系在一起,只顾眼前利益,不管将来发展。

2. 动手能力较弱

用人单位普遍反映:很多毕业生都具有英语、计算机等级证和各种各样的荣誉证书,有的还是优秀毕业生,学业成绩也都很好,但在实际工作中,动手能力太差,高分低能现象十分

明显。优秀医生强调的临床经验,就是将专业知识运用于实践操作,从而使专业知识得到验证、补充和完善。

3. 合作精神欠缺

受当今社会思潮的影响,一些学生个性更加鲜明,我行我素,做事、说话都不太注意别人的感受。这些人往往不懂得社会是一个有机联系的整体,不知道团队合作精神的重要性,自以为是,往往喜欢贬低别人而抬高自己。

4. 不善人际交往

传统的应试教育束缚了大学生交际能力的发展,加之近年来兴起的考研升本热潮,更是将即将毕业的学生卷入到茫茫书海,在实际工作中,这些毕业生往往难以应付日常生活的各种交际,更不可能灵活处理。

5. 表达不够通畅

部分毕业生缺乏基本的文字表达能力和口头表达能力,有的甚至不能用语言或文字表达出一件事情的来龙去脉。

6. 控制能力不强

很多医学生在工作中不能很好地控制自己的各种心理情绪,遇事不沉着,处事不稳重。此外,部分医学毕业生职业道德意识不强,缺乏自信,说话不诚实,做事不扎实,作风不踏实,这些也是不受用人单位欢迎的原因。

三、医学生综合素质的培养内容

高等学校是科学文化知识的创造基地,也是科学文化知识的传播场所。培养高素质的、能力强的综合性人才是高等学校义不容辞的责任,只有具备一定素质和能力的人才会得到社会的认可。因此,高校教育的目标是要把学生教育成具有高素质的社会的主人,不仅要使其得到知识和技能的教育,而且应将能力、态度、情感、价值观和行为方式的培养放在重要的地位,使每一个学生都能够做到“八会”,即会做人、会求知、会生存、会创造、会健体、会合作、会选择、会适应。有人才学家指出,当代人应具备的6种能力为自学、思维、研究、创造、表达和组织管理。

(一)优化医学生的政治思想素质

政治思想素质,从根本上讲,就是一个人的政治态度、道德水准和社会责任感,就是把自己的事业与祖国的前途、人类的文明、社会的进步融为一体的品格。大学生的心理素质不稳定,其模仿性和可塑性极强,因而他们的思想极易受到周围环境的影响。抓住这一特点,我们应尽力营造良好的社会及校园环境,使其形成良好的政治思想素质。在社会上要营造出一种勇于奉献、提倡个人利益服从和服务于国家利益、人民利益的积极向上的良好的社会环境;在校园里,要树立勤奋、严谨、求实、创新的良好校风和学风,引导学生勤勤恳恳求学、老老实实做人;要建设良好的校园政治思想文化,通过校园广播、报纸、宣传栏、文体活动等途径宣传党的方针政策;要努力提高教师的政治思想素质、师德水平、业务能力,通过言传身教,充分发挥榜样的作用,从而对学生的政治思想产生良性影响,以利于其形成良好的政治思想素质。

(二)提升医学生的专业素质

21世纪是高科技发展的世纪,21世纪的时代特征决定高等教育必须培养高层次专门人才。邓小平同志指出："只靠坚持社会主义道路,没有真才实学,还是不能实现四个现代化,无论在什么岗位,都要有一定的专业知识和专业技能。"怎样才能使医学院校毕业生符合医疗卫生行业需求,专业素质、能力至关重要。医学院校应该积极调整办学思想,深化教学改革,在培养模式、专业设置、教学内容与方法等方面做一些新的尝试。在教育学生加强专业基础知识学习的前提下,加强对学生思维能力和创新能力的培养。培养出来的学生要勤于思考,善于思考,能运用辩证的思维方法进行正向思维、反向思维、多向思维,在思维中有所收获,在创新中有所发现。

（三）增强医学生的职业素质

根据目前部分医学类毕业生存在的开拓创新意识不强、实际动手能力和解决实际问题的能力比较差、知识能力结构不合理、岗位适应期比较长、进入角色慢等问题,可以寻找突破口。加强院校合作教育,聘请医疗单位专家参与校内教学,构建校内、校外完整的合作教育体系。也可以通过组织学生到医疗卫生单位进行实践等方式,使学生直接接触社会实际,更加深刻认识国情、民情。如通过组织开展"医疗、文化、服务"为主的"三下乡"活动,促进学生将理论知识和社会实践相结合,在培养学生解决实际问题的能力的同时,使他们的创新意识进一步增强。

（四）强化医学生的文化素质

郭沫若先生曾指出,一个青年必须具备三大基础,即思想基础、科学基础、语文基础。除此之外,加强文化素质教育,使医学生具有健康的审美能力,能够正确处理人与自然、人与社会、人与人的关系。在培养教育过程中不断渗透人文科学、社会科学、自然科学、艺术鉴赏等内容,给学生提供多层次、多侧面、多角度的思想文化陶冶。加强科技创新活动和社会实践活动,培养学生的创新精神。

（五）提高医学生的身心素质

医学生应树立科学的世界观、人生观和价值观,要积极学习一定的心理学理论,明确良好的身心素质对自身健康成长、成才、成功的重要性,掌握一些维护身心健康的方法。医学生还应参加丰富多彩的课外活动,提高身体素质,增强意志,丰富情感,发展才智,从而促进心理健康,提高身心素质。老师应及时发现学生存在的心理障碍,科学地加强心理教育,不仅要教会学生学会做事,更要教会学生学会面对失败和挫折,从而笑对人生。

1. 正确地认识健康的科学内涵和大学生心理健康的标准

世界卫生组织把"健康"定义为:健康乃是一种生理、心理和社会适应都臻于完满的状态,而不仅仅是没有疾病和虚弱的状态。这就表明,人的健康是以生理健康和心理健康相互协调为基础,且具有良好社会适应性,是三方面的有机统一。一个人只有生理、心理和社会适应几个方面都处于完满状态,才算真正的健康。美国心理学家马斯洛和米特尔曼曾列举了十条大学生心理健康的标准,即有充分的自我安全感;充分了解自己,并能恰当估计自己的能力;生活理想切合实际;不脱离周围现实环境;能保持人格的完整与和谐;善于从经验中学习;能保持良好的人际关系;能适当地宣泄情绪和控制情绪;在符合团体要求的前提下,能有限度地发挥个性;在不违背社会规范的前提下,能适当地满足个人的基本要求。

2. 积极参加体育锻炼,保持健康的体魄

生命在于运动,运动是健康的源泉。居里夫人说:科学的基础是健康的身体。要保持健康的体质,就要积极参加体育运动,了解体育运动的基本知识,掌握科学锻炼身体的基本技能,养成锻炼身体的良好习惯,达到国家规定的合格标准。俗话说:流水不腐,户枢不蠹。大学生积极参加体育锻炼,能够提高人体生长发育的潜力,增强机体对环境的适应力以及对疾病的免疫力,从而提高学习、工作效率。实践证明,运动可以极大地增强人的心脏工作效率,改善呼吸功能,使神经脆弱者变得坚强,促进人体新陈代谢,使人力量增大,耐力持久,精神饱满。

3. 理论与实践结合,提高自我意识水平

自我意识是指个体对自己存在的觉察,即自己认识自己的一切,包括认识自己的生理状况、心理特征以及自己与他人的关系等。自我意识是一种多维度、多层次的心理系统。从结构形式来看,自我意识由知、情、意构成。从内容上来看,自我意识又可分为生理自我、社会自我和心理自我。生理自我是指个人对自己身体的意识,包括占有感、支配感和爱护感。社会自我是指个人对自己在社会关系、人际关系中的角色意识,包括个人对自己在社会关系、人际关系中的地位和作用的意识,对自己所承担的义务和享有的权利的意识等。心理自我是指个人对自己心理的意识,包括个人对自己的性格、态度、信念、理想和行为等的意识。一个具有较高自我意识水平的人,能够接受自己的一切,包括自己的优点和缺点,强质和弱质,能够对自己看得更清楚,肯定自己,包容自己,悦纳自己。这样才能利用优点,发展长处,改正缺点。心理学家柯里说:如果一个人只看到自己的不足,什么都不如别人,处处低人一等,就会丧失信心,产生厌恶自己并否定自己的自卑感,这样的人就会缺乏勇气,缺乏积极性。

4. 培育高尚的个性心理品质,提高心理承受能力和适应能力

个性心理品质是人的内在综合素质,主要表现为气质、性格和兴趣三个方面。高尚的个性心理品质能够增强心理健康的免疫力。一个人只有充分认识自己的心理状态,才能在实际生活中扬长避短,发挥优势,选择最适合自己气质特点的学习和工作方法,使自己的心理健康发展。一个人只有充分认识自己的兴趣,才能激发积极性,保持良好的心境,提高认识水平,增强活动能力,使自己视野开阔,心胸豁达,朝气蓬勃,增强克服困难的勇气,形成良好的意志品质。心理承受能力是一个人身处逆境时的自我保护能力,是人们克服困难和战胜困难的心理前提。心理适应能力是一个人面对陌生环境的自我调节能力,是人们战胜自己并顺应环境的心理基础。良好的个性心理品质有利于提高人们的心理承受能力和心理适应能力。

(六)培养医学生的社交能力

由于人的社会属性,在社会中求生存、谋发展,就会面临如何与人交往,与人协作的问题。在医学实践中,医学生不仅要善于与同事、领导进行沟通和交流,还要善于与患者及患者家属等进行沟通和交流。医学生的社交能力增强了,在将来的工作中才能建立良好的医际和医患关系,在生活中也可以少碰壁,少走弯路。相反,就很有可能人为地在自己与周围环境之间筑起一道心理屏障,既不利于自身的全面发展,又影响个人参与社会生活的广度和深度。因此,提高自身的社交能力,是医学生必须具备的基本素养。

社会交往能力包括与周围环境建立广泛联系和对外界信息吸收、转化的能力,以及正确处理上下左右关系的能力,具体包括表达能力、认知能力和控制能力三个层次。

表达能力是指个体能在人际交往中借助语言和非语言方式恰当地表达思想、情感,增进相互了解的能力。

认知能力是指对人际关系的认识能力,包括通过他人外表和行为认知他人内心世界的

能力,对自己在别人心目中的地位的认识,对自己与他人、他人与他人关系现状的认识。

控制能力是指个体能够根据情境随机应变,调整控制自己的语言与非语言性的表达和对情感加以必要掩饰的能力。

在人际交往的过程中,必须遵循以下原则:

(1)平等原则:平等是建立良好人际关系的基石,人际交往,首先要坚持平等的原则。平等意味着相互尊重,寻求尊重是人们的一种需要。"己所不欲,勿施于人"以及"己所甚欲,勿施于人",就说明在人际交往的过程中,应该互相尊重和支持。在人际交往中,希望被他人重视、接纳,同时也具有防止自我价值遭到否定的自我保护倾向。无论是工作上的联系还是生活上的交友,都不能因为自己的优势而趾高气扬,也不要因为自己的劣势而自卑,这些心态都会影响人际关系的顺利发展。

(2)诚信原则:诚信是中国传统文化中最崇尚的道德信条,也是公民的第二个"身份证"。在人际交往中,诚信是立人之石,交友之基,只有相互尊重,讲诚信,双方才有可能在困难的时候相互帮助、相互扶持,在成功的时候相互分享。对每一个立志成才的医学生来说,诚信会使你赢得同事和患者的尊重与信赖。

(3)相容原则:在人际交往中,由于认识水平的差异或个性习惯的差异,可能对某些事物的看法或处事方法不一致,这就需要与人相处时包涵、宽容、忍让。与人交往,不但要和与自己经历等相似的人交往,还要善于和与自己性格相反的人交往,求同存异、互学互补,更好地完善自己。在非原则性问题上,谦让大度,不计较对方的态度和言辞,并勇于承担自己的行为责任,是建立良好人际关系的润滑剂,可以避免很多冲突,赢得更多朋友的赏识。当然,在法律、道义、伦理面前,必须坚持正义。

(4)互利原则:人际交往是一种双向行为,故有"来而不往非礼也"之说。只有单方受益的人际交往是不能长久的。古人崇尚:人际交往中的互利,不仅有物质上的,还有精神层面的。"投之以桃,报之以李",交往双方都要讲付出和奉献。互利原则要求我们在人际交往中,了解对方的价值观倾向,多给对方以关心、帮助,并保持对方的得大于失,从而维持和发展与他人的良好关系。

(5)赞美原则:美国著名小说家马克·吐温说过:"仅靠一个赞扬我就能很好地活两个月。"可见赞美的功效是惊人的。恰如其分的赞美,能使人感受到人际间的理解和温馨,并有效地增进赞美者和被赞美者之间的交流,成功地缔造合作者之间的友谊。人际交往中,适时地赞美别人不但能使自己获得别人的真爱和尊敬,也可能对别人产生奇妙的影响。因为被赞美,证明了人们存在的价值;因为被赞美,人们才发现自己被关注、被尊重。如果只是为了讨好别人而去赞美,则违背了赞美的初衷和本义,它只是阿谀奉承。

(七)培养医学生的语言表达能力

表达能力是要将自己内心的思想表现出来,并让他人能够清楚地了解。作为医务工作者,经常与患者交流,更要具有良好的表达能力。表达的基本技巧表现在适时、适量、适度三个方面。

1. 适时

说在该说时,止在该止处,这才叫适时。有的人见面时不及时问候,分手时不及时告别,失礼时不及时道歉,对请教不及时解答,对求助不及时答复;有的人在热闹喜庆的气氛中唠唠叨叨诉说自己的不幸,在别人悲伤忧愁时嘻嘻哈哈开玩笑,在主人心绪不安时仍滔滔不绝发表长篇大论,在长辈家里乐不可支地详谈"马路新闻"……这样,会让周围的人觉得你不懂礼仪,不识时务。在医院里,说话要注意保护患者的隐私,这样才能取得患者的信任。

2. 适量

适量指声音大小适量。大庭广众之中说话音量宜大一点;私人拜访交谈音量宜适中;如果是密友间交谈,小声则可以表现亲密无间的特殊关系,给人一种亲切感。这些都是在社交场合与人交谈时应该掌握的技巧。在与患者交流时,更要注意音量适中。

3. 适度

适度主要是指根据不同对象把握言谈的深浅度,根据不同场合把握言谈的得体度,根据自己的身份把握言谈的分寸度。与患者交流时,特别要注意,有些病情不能告知患者本人,否则,会给患者带来极大的伤害。

语言表达能力不是天生具备的,是可以通过练习获得的。医学生在课堂讨论或分组讨论的活动中,应踊跃发言;在课余应积极参与第二课堂及社团活动,积极参加朗诵、演讲、辩论等活动。只要持之以恒,刻苦训练,你的语言表达能力一定会增强。当然,你也要清醒地认识到,语言表达能力必须有广博的知识做后盾,故需努力学习各类知识。

(八)培养医学生的组织管理能力

组织管理能力指成功地运用管理者的知识和能力影响机构的活动,并达到最佳的工作目标,是一个人的知识、素质等基础条件的外在综合表现。组织管理水平的高低,已经成为衡量一项工作、一个单位工作好坏的重要标准。医疗卫生体系是一个庞大的、复杂的系统结构,现代医学技术综合化、社会化、协作化趋势日益加强,一项医学任务的完成,往往需要很多医务工作者的协作,这要求加强组织协调。近几年,大学毕业生中学生干部往往成为用人单位的首选对象,主要原因就是看重他们的组织管理能力。因此,具备一定的组织管理能力,对医学生才智的发挥、事业的成功具有重要的意义。培养自己的组织管理能力,应注意以下两点:

1. 要抓住机遇

大学里有各种各样的学生干部岗位,大到学生会主席,小到寝室长,还有众多的学生社团干部等,担任学生干部的机会不少。有些同学可能对社团中的某些职位或寝室长之类的"小官"不屑一顾,这其实是有失偏颇的。应该看到,任何一个职位都可以使你的组织管理能力得到锻炼。

2. 要虚心学习

积极参与策划、组织各种活动,要有良好地倾听及整合所有成员意见的能力,并根据整理综合的意见制定目标,让全体成员清楚地了解你的观点,同时,还要以积极的态度配合自己的搭档并注意学习其长处。这样,就可得到全体成员的信赖和支持,有助于组织管理能力的提高。

思考与练习

1. 在某一届奥运会的击剑比赛上,一位著名的击剑运动员在第一次比赛中输给了一个与自己水平不分伯仲的对手。第二次相遇,由于上次失利阴影的影响,这名运动员又输掉了。第三次比赛前,这名运动员做了充分的准备,他特意录制了一盘磁带,反复强调自己有实力战胜对手,每天他都要将这盘录音带听上几遍,并梦想自己登上奥运会冠军领奖台的情景,结果他在第三次比赛中轻松击败了对手,获得了奥运会冠军。

讨论:

(1)试分析一下,他为什么能够战胜心理阴影并获得成功?

(2)在对自己的实际情况进行客观分析的基础上,谈一谈你准备如何提升自信心。

(3)这个案例对你开发自己的潜能有哪些启发,你准备怎样开发和利用自己的潜能?

2. 结合专业学习实践,想想如何培养自己的操作技能。

3. 医学生从哪些方面培养自己的医学综合素质?

参考文献

[1] 张明莉,龚克,唐蔚东.大学生职业生涯规划与就业指导[M].北京:中国中医药出版社,2022.

[2] 国家发展和改革委员会.2021年中国大众创业万众创新发展报告[M].北京:人民出版社,2022.

[3] 艾卫平.大学生职业生涯规划[M].北京:人民邮电出版社,2022.

[4] 邓峰.基于创新思维的大学生创新创业能力培养研究[M].北京:北京工业大学出版社,2022.

[5] 陈建校.创新创业典型案例分析[M].北京:机械工业出版社,2022.

[6] 谢颜.大学生劳动教育[M].北京:中国人民大学出版社,2022.

[7] 张敏,宋丁博男.大学生创新创业法律实务与案例解析[M]西安:西安交通大学出版社,2022.

[8] 范晓莹,刘九龙.大学生创新创业[M].北京:清华大学出版社,2022.

[9] 袁畅.大学生职业发展与就业指导[M].北京:高等教育出版社,2022.

[10] 周文超.职业生涯规划与就业创业指导[M].北京:中国医药科技出版社,2022.

[11] 马凤祥.大学生创新创业教育[M].北京:中国人民大学出版社,2022.

[12] 曹世奎.医学生创新创业基础[M].北京:中国中医药出版社,2022.

[13] 尹维红,金鑫.高职高专院校学生就业指导与创新创业教程[M].合肥:中国科学技术大学出版社,2021.

[14] 杨道远,邓剑虹.大学生职业发展与就业指导[M].北京:中国人民大学出版社,2021.

[15] 宁翔,马亚琴,赵慧敏.大学生就业指导[M]上海:上海交通大学出版社,2021.

[16] 秦福德,王卫民,刘敏.模拟职场规划未来:大学生职业生涯规划与就业指导[M]上海:上海交通大学出版社,2020.

[17] 刘巧元.职业生涯规划与就业指导[M].北京:中国医药科技出版社,2020.

[18] 覃玉荣.大学生职业规划能力提升与就业指导[M].西安:西安交通大学出版社,2020.

[19] 曲振国.大学生就业指导与职业生涯规划[M].北京:清华大学出版社,2020.

[20] 何玲霞.大学生职业发展与就业指导[M].北京:高等教育出版社,2020.

[21] 葛立帅,轿树卿.大学生职业发展与就业指导实用教程[M].北京:高等教育出版社,2019.

[22] 柳欣.大学生职业规划与就业指导[M].北京:清华大学出版社,2019.

[23] 蔡中华,杨爱华,樊斌.就业指导与创新创业教育[M].北京:人民邮电出版社,2019.

郑重声明

高等教育出版社依法对本书享有专有出版权。任何未经许可的复制、销售行为均违反《中华人民共和国著作权法》,其行为人将承担相应的民事责任和行政责任;构成犯罪的,将被依法追究刑事责任。为了维护市场秩序,保护读者的合法权益,避免读者误用盗版书造成不良后果,我社将配合行政执法部门和司法机关对违法犯罪的单位和个人进行严厉打击。社会各界人士如发现上述侵权行为,希望及时举报,我社将奖励举报有功人员。

反盗版举报电话　(010)58581999　58582371
反盗版举报邮箱　dd@ hep. com. cn
通信地址　北京市西城区德外大街 4 号　高等教育出版社法律事务部
邮政编码　100120

读者意见反馈

为收集对教材的意见建议,进一步完善教材编写并做好服务工作,读者可将对本教材的意见建议通过如下渠道反馈至我社。

咨询电话　400-810-0598
反馈邮箱　gjdzfwb@ pub.hep.cn
通信地址　北京市朝阳区惠新东街 4 号富盛大厦 1 座
　　　　　高等教育出版社总编辑办公室
邮政编码　100029